A GRUTA DO SOL

MARIZA VARELA

A GRUTA DO SOL

Edição atualizada pela autora

Editora
DIVINA PRESENÇA
10ª Edição

Direitos de edição da obra em língua portuguesa adquirida pela

EDITORA DIVINA PRESENÇA
Av. Protásio Alves, 266
Porto Alegre – RS – CEP 90410-004
Telefone: (51) 3377-9133
www.divinapresenca.com.br
divinapresenca@divinapresenca.com

Projeto Editorial:
EQUIPE **DIVINA PRESENÇA**

Ilustrações:
FRANCISCO GOMES

Dados Internacionais de Catalogação na Publicação (CIP)

V293g Varela, Mariza.
A gruta do sol / Mariza Varela. – Ed. atual. – Porto Alegre, RS : Divina Presença, 2014.
302 p. : il.

ISBN 978-85-62631-10-8

1. Espiritualidade. 2. Vida espiritual. 3. Amor. I. Título.

CDU 13
CDD 133.9

(Bibliotecária responsável: Sabrina Leal Araujo – CRB 10/1507)

PREFÁCIO

CHRISTINA OITICICA

No ano de 1969, a revista TIME publicou uma matéria de capa com o título "Deus Está Morto". Naquela mesma década, o sociólogo Herman Kahn, subvencionado pelas altíssimas verbas do Hudson Institute, editava uma volumosa e respeitada análise das principais tendências do ano 2000 – sem incluir nada de significativo sobre a busca espiritual das pessoas.

Assistiu-se também a um estranho fenômeno no campo das religiões. Assustadas com a tendência – aparentemente irreversível – da sociedade em racionalizar todos os seus conceitos de vida e de universo, as principais correntes religiosas começaram a se reorganizar dentro de uma perspectiva "lógica", revendo seus conceitos de dogma e mistério, e adaptando seus ensinamentos ao racionalismo que devia imperar nos próximos séculos. O lado sagrado dos cultos, de repente, passava a ser incômodo para um homem que tendia cada vez mais para uma visão materialista e lógica da existência. Tudo indicava que o homem do final do século XX não se envolveria mais com "superstições antigas" como o filho de Deus encarnado, ou a ideia de reencarnação.

Assim programou-se o final do milênio. Quem quisesse falar em Deus devia confinar-se aos guetos de algumas correntes que resistiam a um mundo cada vez mais pragmático e objetivo. E vinte anos se passaram.

Hoje assistimos a um extraordinário crescimento da busca espiritual – que nenhum sociólogo, futurólogo, ou teólogo convencional conseguiu prever. Na verdade, enquanto era obrigada a desafiar o radicalismo daqueles que se referiam a qualquer coisa espiritual como algo do tempo das cavernas, a caminhada do homem pelas fronteiras do desconhecido foi ganhando intensidade, força e verdade.

Mariza Varela é uma das grandes desbravadoras destas fronteiras. Usando uma linguagem clara e simples – que cada vez mais predomina na área que os antigos chamavam de "oculta" – ela procura nos dar um panorama completo das maneiras pelas quais a busca espiritual tem penetrado no cotidiano dos homens. Partindo do princípio de que os milagres são possíveis, ela nos descreve uma caminhada clássica em direção a estes milagres, e faz de tal maneira que constatamos que o milagre existe em cada um de nós. Daniel, o personagem principal, tem um pouco de cada um de nós – de nossas inseguranças, nossas ansiedades, mas, sobretudo, de nossa sincera e profunda vontade de descobrir qual o verdadeiro sentido desta vida. Partindo do princípio de que a fé torna os milagres possíveis, e nos dando um panorama das inúmeras possibilidades que o homem tem diante de si para continuar seu caminho, Mariza consegue mostrar que a magia está dentro de cada um de nós – desde que tenhamos persistência e dignidade para descobri-la.

Pascal, certa vez, definiu o homem como um ponto entre o Nada e o Infinito. Isto faz com que o desafio de viver seja cheio de riscos – afinal de contas, basta um passo para o lado do Nada que cairemos em seu abismo. Mas com uma incessante caminhada, e com a coragem para desafiar os preconceitos que ainda predominam em nossa época, certos trabalhos têm dado uma significativa contribuição – não apenas no que trazem de novo ao recuperar a memória do antigo, como também na capacidade que possuem de fazer com que todos aqueles que participam deste tipo de busca sintam-se menos sós. A GRUTA DO SOL é um destes trabalhos: seus raios trazem luz e fertilizam o caminho de muitos.

AGRADECIMENTOS

GLÓRIA E LOUVOR
AOS PODERES DA LUZ EM TODA PARTE!

GRATIDÃO ETERNA A:

- GRANDE FRATERNIDADE BRANCA E SUA DIVINA HIERARQUIA, que restabelece o Plano Divino para este planeta. E, especialmente, aos Gloriosos Arcanjos Rafael e Maria, aos Mestres Joshua, El Morya, Saint Germain, II Arion e Apek.

- SILÉSIO NASCIMENTO, que primeiro me falou do Mar e me impulsionou num barco.

- GUY BALLARD (Godfré Ray King), o capitão do barco que me conduziu ao Novo Mundo.

- LÊDA e CALIXTO JOSÉ VARELA, e a todos os que me receberam em suas casas e me revelaram a existência da Grande Família de Luz.

- TANIA DAMASIO ROCHA, FRANCISCO GOMES e LUIZ CARLOS SILVEIRA DIAS JÚNIOR, companheiros muito, muito antigos da minha Grande Jornada.

SUMÁRIO

INTRODUÇÃO 11

• Capítulo I
O SINAL 13

• Capítulo II
A QUEDA 33

• Capítulo III
PONTO INICIAL 41

• Capítulo IV
O FILHO DO REI 57

• Capítulo V
LIÇÕES DE AMOR 105

• Capítulo VI
ACENDENDO A LÂMPADA 149

• Capítulo VII
O LÍRIO DA VITÓRIA 195

• Capítulo VIII
VOO LIVRE 267

• Capítulo IX
DRAGÕES DA SABEDORIA 285

• Capítulo X
EIS O SANTO GRAAL. 295

INTRODUÇÃO

Ficção ou realidade? Essa questão poderá ser levantada no decorrer da leitura deste livro. De pronto, para facilitar uma avaliação justa, forneço alguns dados importantes:

1°) Daniel Filgueira de Carvalho só existe enquanto personagem. Sua vida é o voo da minha imaginação. Seu conhecimento é o meu (intelectual); sua experiência é a que eu gostaria de ter.

2°) Os Gloriosos Mestres Ascensionados, Elohim e Arcanjos, que compõem a Dinastia da Luz, são Reais. Eles são o Caminho, a Verdade e a Vida.

3°) Quando uma obra está alicerçada na Luz, ela é assinada, nos níveis internos, por Aqueles que nos inspiraram e que a sustentam e expandem. Apesar de minhas flagrantes limitações pessoais,

> EU SOU a Presença Mágica que tudo sabe, tudo pode e nunca erra. EU SOU o Conhecimento e o Verbo que O exprime. EU SOU o Amor que O traz à Vida.

Elevando-me, em Presença, à Presença dos Magníficos Irmãos Maiores, recebi a Força, a Sabedoria e a Efusão de Amor necessárias à criação desta obra que, se Deus quiser, será mais um instrumento da Luz na Terra.

Confio em que a Assinatura invisível e luminosa de cada um dos Gloriosos Ascensionados em que me inspirei, Sua Poderosa Radiação, abrirá a Porta para uma Nova Senda, um Novo Tempo, um Novo Nascimento.

Que assim seja!
MARIZA VARELA

Capítulo I
O SINAL

A mais linda imagem que trago em meu coração foi desenhada, há muito tempo, com gotas de orvalho de rosa branca: é o retrato da minha Mãe Maria.

Às vezes parece que já se passou uma eternidade, outras vezes parece que foi ontem que nós dois, eu e Mãe Maria, andávamos de mãos dadas pelo campo, ela muito alta sendo eu tão pequeno, e ela tão linda, sempre com uns vestidos de luz verde-prateada bem leves que, quando a brisa passava, enchiam de brilho o ar.

Aliás, nem sei dizer se a luz que via sempre brincando na cabeça de minha Mãe era de lua ou de sol. Não me lembro se nossos passeios pelo campo eram de noite ou de dia. Não sei.

Só sei que a gente andava por um caminho que ia dar num lago de água azulzinha, cercado de árvores frondosas; num semicírculo, em volta do lago e das árvores, havia muitas montanhas brancas, assim como que compondo um enorme anfiteatro. E, à medida que a gente ia percorrendo o caminho, desenrolavam-se infindáveis tapetes de rosas brancas, aquelas que minha Mãe plantava, regava com amor e usava como enfeite em seus cabelos claros. E também sei que tinha perfume de rosa e uma voz de onda de mar que descia do céu feito cachoeira e aí se derretia em paz que o vento espalhava pela terra.

– Daniel, meu filho...

À beira do lago, com sua voz de água correndo, Mãe Maria me ensinou muitas coisas durante o tempo que passamos juntos. Mas existe uma lição que foi a mais importante de todas. Porque era a própria presença de minha Mãe.

A Verdade.

Que verdade era essa?

Ela explicou:

– Hum... você gosta muito de brincar... Bem, vamos dizer que a verdade seja uma varinha de condão.

– Ah, mas eu não quero brincar de varinha de condão porque isso é coisa de fada, e eu não sou fada, sou homem!

– Certo, você é homem. (Parou um momento. Depois perguntou, como se fosse da minha idade:) Vamos brincar de mágico?

– Oba! Posso ser o mágico?

– Você é o mágico. Que tem uma cartola, ou capa, o que você quiser. O que é que escolhe para a brincadeira?

– A capa. Aí eu também sou super-herói.

– Pois que seja. Uma capa.

Tudo o que Mãe Maria explicava era assim. Era com brincadeira, de modo a gente entender tudo. Olhei para ela e levei um susto.

– Mãe, a flor do seu cabelo...

– O que aconteceu com ela?

– De repente ela morreu.

– Não morreu verdadeiramente. É aqui que começa a nossa brincadeira. Vamos arranjar logo a sua capa de mágico. Ou de super-herói.

Tirei a camisa e amarrei as mangas em torno do pescoço.

– Pronto.

– Muito bem, senhor mágico. – Tirando a flor de seus cabelos, entregou-me, ordenando: – Agora faça-a viver.

– Mãe!? É impossível!

– Como impossível? Você não é mágico?

– Sou, mas...

– Então?! Há um minuto atrás ela estava viva... Eu lhe pergunto: como é possível ela ter morrido?

– Não sei, mas olha: ela murchou. Agora está mortinha da silva.

– Mas você é mágico e super-herói. Usa até capa. Faça a rosa viver.

– Esta rosa?

– Esta mesmíssima rosa.

Olhei desolado para o cadáver da rosa estirado em minha mão.

– Com a capa?

– É, pra começar. Todo mundo começa sempre usando um objeto pensando que tudo acontece pelo objeto e não por si próprio. Só depois é que dispensa coisas e percebe que é o seu próprio poder que atua. Mas isso é uma segunda lição. Pode começar, Daniel.

Depositei a rosa no chão e cobri-a com a capa. Mãe Maria estava calada, atenta, e seu rosto mostrava que o assunto era sério. Para agradar minha mãe, ajoelhei-me no chão e falei à rosa:

– Vive, rosinha.

Olhei mamãe. Ela não dizia nada.

– E agora?

– Você já a fez viver?

– Ué, não sei.

– Como não sabe? Você não está sentindo que ela está viva?

– Não... ué, não sei... É, eu não...

– Então veja se ela está viva.

Mamãe não estava se comportando como em uma brincadeira. Às vezes ela parecia mais criança que eu. Ora, não estava vendo que isso não podia ser? Mas parecia tão convicta do que dizia que, de repente, me arrepiei ante a possibilidade da rosa ter revivido. Devagarinho levantei a capa. A rosa estava exatamente como eu a tinha deixado. Isto é, morta.

– Viu, mãe? Eu não disse que era impossível?

– Claro que é impossível. Se você declarou que era impossível, é impossível e vai continuar sendo. Em nenhum momento, Daniel, você acreditou que ela vivesse. Em nenhum momento *quis* que ela vivesse.

– Ah, sim, acho que agora entendi. Vamos fazer de conta. Então tá! (Cobri de novo a rosa.) Tcham, tcham, tcham, tcham – abracadabra, catapumba! E com vocês a rosa viva da minha Mãe Maria!

Descobri a rosa, morta, erguendo-a na mão como um troféu, e a entreguei à minha mãe.

– Taí. Pronto.

– Taí não, pronto não. A rosa está morta. Eu a quero viva.

– Mas você não queria brincar de faz de conta?

– Você pode começar pelo faz de conta. Afinal, o faz de conta é o desejo. E o desejo é necessário, é o ponto de partida, sem ele nada acontece. A gente tem que querer. Daniel, durante esse tempo em que estamos juntos...

Durante esse tempo em que estamos juntos... Foi essa a primeira vez que mamãe se referiu à nossa próxima separação; ela sabia e me preparava. Mas naquela ocasião suas palavras me passaram despercebidas.

–... vou lhe ensinar uma mágica espetacular, sen-sa-cio-nal!

– Eba!

– Feche os olhos.

– Pronto.

– Pense na rosa morta.

– Já pensei, dona mágica.

– Agora pense nela viva, desabrochada.

– Certo.

– Responda: como é que ela fica mais bonita – viva ou morta?

– Viva. Posso abrir os olhos?

– Ainda não. Escute o que vou lhe dizer: a beleza é a Verdade, o resto é mentira. A rosa verdadeira é a viva; quando ela aparece morta, murcha, tristinha – não acredite nisso porque é só um disfarce que ela está usando. Gravou bem o que eu disse?

– Gravei.

– Compreendeu?

– Tudo.

– Então eu quero que você prometa uma coisa: sempre que alguma coisa feia, triste, aparecer na sua frente, na hora você vai saber que isso é só um disfarce. E aí vai ver a Verdade, que é linda, perfeita e nunca morre. Só a verdadeira identidade de todas as coisas vive para sempre. *E seus olhos só vão ver o que é eterno, o que nunca morre, sempre a Verdade.* Então vamos tomar esse exemplo: você viu a rosa morta. O que é que acontece?

– Vou dizer a ela: sua bandida, bobalhona, sem-vergonha, você é uma rosa disfarçada. Porque a rosa verdadeira é a viva. Eu descobri a sua identidade secreta!

– É. Mas só que você não pode xingar a rosa, quando ela está disfarçada. Afinal de contas, não é a mesma rosa?

Fiz que sim com a cabeça.

– Pois então? Você não acredita no disfarce porque gosta dela, não quer que ela se mostre feia, triste. Você tem muito amor pela rosa. E quem ama não maltrata o seu amor. Além do mais, a rosa, na verdade, é viva e é linda.

– Tá bem. Posso abrir os olhos?

– Pode. Repetindo: você viu a rosa morta. O que acontece então?

– Eu vi a rosa morta mas não vi. Só vejo a rosa viva, que é a identidade secreta. Aí falo com ela assim: você é a rosa mais linda do mundo. Porque é a rosa branca da minha Mãe Maria.

– Muito bem, Daniel. Agora que você entendeu tudo, vou lhe ensinar a mágica de fazer a própria rosa tirar o disfarce e aparecer viva na sua frente.

– Tá bom.

– A mágica tem sete truques. O primeiro é querer que ela apareça viva.

– Ah, isso eu quero!

– Com toda determinação você quer, sabendo que a sua vontade é tão poderosa, tão poderosa, que é capaz de trazê-la à vida. Nada neste mundo pode resistir à sua vontade, que é a ordem para rosa tirar o disfarce. E você sabe perfeitamente que a ordem vai ser cumprida.

– A rosa tem que obedecer!

– Tem mesmo!... Bem, segundo truque. Responda: o que é preciso para a rosa viver e *ser* uma rosa?

– Ela tem que ter orvalho, perfume, tem que estar assim em pezinha, com a cabecinha pra cima olhando o céu, desabrochada, com pétala macia, folhas verdes, um caulezinho e, como é a sua rosa, estar como enfeite no seu cabelo.

– Isso mesmo. Então, o segundo passo é pensar em tudo o que é necessário, em todos os detalhes, para a mágica dar certo. Não pode esquecer nada! Vamos fazer um teste para saber se você compreendeu mesmo. Pense na imagem da rosa viva. Veja, com sua mente, a imagem completa.

Pensei. Ela estava linda, branquinha, no meio de uma luz dourada.

– A imagem está boa, nítida. Porém, estão faltando dois detalhes que você mesmo citou: as gotas de orvalho e o perfume.

Acrescentei o orvalho.

– Perfume também?

– Claro, ela não tem perfume? Mentalmente sinta o perfume, a maciez das pétalas, a forma da corola, o pistilo, tudo! Nenhum detalhe, por menor que seja, pode ser esquecido. Neste momento você é Deus criando a rosa.

Senti o perfume da rosa.

– Passemos agora para o terceiro truque, que é o amor. Somente pelo amor você adquire o direito de chamá-la à vida, e somente pelo amor ela é capaz de responder. Amor é o que atrai e dá ligadura; une. Olhe para a rosa. Parece morta, não é?

– É.

– Mas o que é a morte? O que aconteceu para que ela morresse?

– A vida fugiu dela.

– Exatamente! E a força que faz a vida fugir de uma forma se chama misericórdia. Misericórdia afasta, dissolve, manda embora. Amor é o contrário: une, chama de volta, liga e religa. Quando verdadeiramente amar essa rosa, você vai fazer com que toda a vida que fugiu dela retorne. Através do amor pode mantê-la viva eternamente e junto de você. É o cimento da Criação, que nada nem ninguém consegue romper.

– Nenhuma broca, né, Mãe Maria?

– Nenhuma. Quarto truque: não deixar nenhum outro pensamento entrar em sua mente enquanto estiver fazendo a mágica. Nenhuma dúvida, nenhum pensamento, não pense em mim nesta hora, em nada e em ninguém; pense apenas na rosa. Não comente com ninguém sobre esta mágica para não sofrer influências externas. Proteja a imagem da rosa viva de toda e qualquer contaminação ou interferência.

– Entendi.

– Quinto truque: reconhecer a vida da rosa como a única Verdade. As aparências não existem, são ilusão. A morte não existe. O que existe, e existe para sempre, é vida, identidade secreta, perfeição, luz. Concentre-se nesta Verdade.

– Sim.

– Sexto truque: fazer a mágica ritmadamente, quer dizer, todo dia, em hora marcada. Quando acordar, às nove da manhã, às três da tarde, às seis e antes de dormir, por exemplo. É o dever de casa que você vai fazer na hora certinha.

"E o sétimo e último truque é sentir muita paz, que é a certeza da realização. É saber que ela está viva embora ainda não possa vê-la porque ainda não se manifestou em seu plano. Deixe explodir a felicidade pela vida que pulsa na rosa. Enfim, quando atingir o clímax desse sentimento de paz, solte a paz no ar e esqueça a mágica; não pense mais nela. Só volte a praticá-la na próxima hora determinada.

"Essa é a mágica para fazer a rosa tirar o disfarce. É o plano infalível."

– Só isso?

Mãe Maria riu.

– Hoje, pra você, é tudo isso. Mas amanhã, quando for craque no assunto, vai ser só isso. Agora pode começar. Pense em tudo o que lhe disse e mãos à obra.

– Posso dizer alguma palavra mágica?

– Pode. Mas ela só funciona se você fizer a mágica do jeito que ensinei.

Tentei e tentei e não consegui. A rosa morta estava, morta ficou. Cada vez mais seca e se despetalando. Inventei tudo quanto foi palavra mágica – nheco-nheco, salamaleque, sacutiu, ioiô –, cobria a rosa com a capa e nada. Propus a Mãe Maria outra brincadeira, ela não aceitou. Tinha que ser aquela.

*

Eu e Mãe Maria, de mãos dadas, andávamos pelo roseiral.

– Mãe...

– Hum.

– Em vez daquela rosa murchinha, coitadinha, você não prefere uma irmãzinha dela, já viva, cheirosa, bonitinha, hein? Você merece!

– Não tente me enganar, Daniel. Eu quero aquela.

– Ah...

Na minha pouca experiência com mulheres, já fiquei sabendo que elas sempre querem coisas difíceis. Quanto mais complicado, mulher mais gosta. Mãe Maria queria uma rosa. E o que é pior: murcha. E o que é pior ainda: de murcha passando a viva.

– Então tá. Vou lhe dar o seu presente.

– Então tá.

*

– CRATAÚNA!

– BIRIU-BIRIU!

– OQUISFOCA!

– TÓIM! CHILEP — TÓIM!

A rosa, além de morta, era surda às palavras mágicas.

Mãe Maria esperava o seu presente.

*

Eu tentava. Pensei tanto na rosa... às vezes fechava os olhos e a via, toda cercada de luz dourada. Gotas de orvalho brilhavam nas pétalas. Como era linda e como eu a amava! Pouco a pouco a rosa ia se tornando viva pra mim. Na imaginação, puxava a capa e ali estava ela no solo, esperando que a colhesse. Eu vivia, antecipadamente, o momento de tê-la na palma da mão. E, ansioso, queria vê-la.

– Está quase, Daniel. Só falta tirar essa ansiedade e colocar a alegria, a certeza no lugar. Se o amor é que a fez nascer na Criação, a paz é o selo de toda manifestação. É o sinal de que está tudo preparado.

Pratiquei a paz, que é a certeza e a alegria da realização. Mais três meses.

Até que aconteceu. Tão simples! Eu disse uma palavra mágica, bobíssima, levantei a capa e lá estava ela. A rosa viva.

Por incrível que pareça, na hora não me surpreendi. Sabia que ia acontecer. Quando comecei a mágica e peguei aquele caule seco, retorcido, que era tudo o que tinha sobrado da rosa de Mãe Maria, senti, naquele momento, que a rosa já estava presente, mesmo que meus olhos ainda não a estivessem enxergando.

Tomei-a nas mãos com o mesmo amor com que a chamei à vida por todos aqueles meses. Corri para Mãe Maria.

Escondi o tesouro nas mãos, atrás do corpo, de maneira a fazer uma surpresa a mamãe. Mas qual não foi a minha surpresa quando Mãe Maria, ao me ver chegar, recebeu-me feliz, de braços abertos.

– Filho, você conseguiu.

Entreguei-lhe a rosa.

– Consegui.

Adormeci com a cabeça no colo de mamãe, a voz dela se tornando cada vez mais longe...

– O mundo nasceu obedecendo a uma lei de harmonia. Todos os...

Sonhei com as estrelas e planetas que andavam no céu e cantavam uma canção.

*

– AAAUUUMMM... Eu sonhei, mãe, com planetas e sóis que andavam no céu cantando assim: AUM... AUM... AUM... E esse

AUM-AUM, repetindo, acabava formando um outro som: OM. ASSIM, ó: OOOMMM, a vida inteira. OOOMMM...

– Que lindo!

– Gostei dessa palavra mágica. Vou usá-la nas minhas mágicas.

– Faz bem.

*

– Você não pode dormir sobre os louros. Tem que praticar sempre.

– E passar oito, nove meses tentando?

– Nem que fosse a eternidade. Valeria a pena. Mas para seu consolo, saiba que, cada vez mais, esse tempo vai diminuindo. É só prática. Então, começando por hoje: o lago.

De repente, o lago, sempre azulzinho, ficou poluído. A água escureceu, manchas de óleo se espalharam pela superfície, junto com detritos e peixes mortos. De fato, era uma imagem muito feia!... Surpreso, voltei-me para mamãe. Com sua voz de água correndo, ela explicou:

– Essa é uma imagem mental que usaremos aqui, neste lugar, apenas para você treinar, está bem? Afinal, você tem que ir se acostumando a descobrir a Verdade por detrás dessa visão, que vai ser muito frequente.

– Eu vou encontrar lago sujo? Onde?

– Muito longe... A princípio, você não vai perceber a minha presença ao seu lado.

– Por que não?

– Porque...

Mãe Maria parecia estar procurando as palavras.

– Eu sou mais velha que você. Bem mais velha.

– Mas você é linda. Apesar de já ter vinte anos.

– Eu, vinte anos?!... (Ela soltou uma risada.) Digamos, um pouco mais. E.. a tendência é que você siga o seu caminho. Você tem que fazer a sua parte. Vai ter que passar um tempo aparentemente sozinho para ir se descobrindo. Entendeu?

– Não. Eu não quero ficar longe de você.

Ela suspirou.

– Se lembre da rosa, Daniel. Ela não morreu. Ela estava ao seu lado em outro corpo, na sua mente, no seu amor. E, afinal, você voltou a encontrá-la, não foi?

– Você vai morrer?

– Eu não.

– Eu vou morrer?

– O que foi que a rosa lhe ensinou? Você não conseguiu ver a rosa viva de novo?

Respirei fundo, com o coração apertado.

– Mãe...

– O quê?

– Falta muito pra gente se separar? Fisicamente, eu quero dizer...

– Muito pouco tempo. Mas o importante é que você está preparado. E agora, o lago!

Antes de me voltar para o lago sujo, virei-me para Mãe Maria. Olhei-a com adoração e atentamente, como se esculpindo sua imagem em meu coração. Uma voz interna retiniu em meu íntimo: *Sua presença, mãe, é uma onda de doçura...* Ela sorriu, compreendendo o que se passava em meu íntimo, e depois lembrou:

– O lago!

Contemplei as águas sujas, fétidas.

–Você acha que este lago, do jeito que está, tem a assinatura de Deus? Quer dizer, foi Ele que criou isto?

– Não, de jeito nenhum.

– Como é, então, o lago feito por Deus?

Concentrei-me na imagem original do lago, enquanto mamãe ia lembrando:

– Primeiro, tem que ter a vontade de que o lago recupere a sua imagem perfeita. Você pode até não ouvir, mas essa vontade repercute no universo como se fosse um trovão, um som muito poderoso.

– Um som?

– É, um som, a ordem para isso aparecer. E ouvindo esse som, o universo inteiro fica pronto para cumprir a ordem recebida.

Fechei os olhos, respirei fundo e disse, com plena convicção:

– Eu quero o lago limpo, azulzinho.

– Então veja o lago que você quer, todo ele bonito, azul, limpo... E responda: como está a temperatura da água? Existe alguma planta crescendo no leito? E os peixes – quantos são?, como são?...

Na imaginação, eu mergulhei no lago, e senti a temperatura da água, os peixes nadando em volta de mim, a textura das pedras do leito, a brisa deslizando suave na superfície...

Mãe Maria continuou lembrando o plano infalível.

– Somente pelo amor você adquire o direito de voltar à vida, à imagem original perfeita...

Sua voz de água correndo descia do céu feito cachoeira, ecoava em meu coração e se derretia em paz que se espalhava pela terra, pelo lago, pelo ar, pelo sol...

A imagem do lago perfeito tornava-se cada vez mais nítida e concreta.

Então sorrimos: à nossa frente estava o lago que, de tão perfeito, tinha a assinatura de Deus.

*

Chegou o dia.

Mamãe disse:

– Filho, está na hora.

Eu olhava para ela calado, através de uma cortina de lágrimas.

– Você já aprendeu a distinguir a Verdade no meio de todas as aparências falsas. Não se impressione com nada. Não registre nada ruim na sua cabecinha. Não se esqueça da rosa branca. Nem do lago. E quando estiver longe, se puder, não deixe outras pessoas sujarem a água do mar. Se cuide. Sempre que se lembrar de mim saiba que estou junto de você, em outro mundo, tomando conta do meu filhinho.

– Eu nunca vou esquecer você, Mãe Maria, juro!

– Vai, sim. Vai me esquecer por algum tempo...

– Não.

– Você não vai me esquecer para sempre. No momento certo você vai se lembrar...

– Eu quero ficar com você.

– ... e aí estamos juntos, sempre. Na Gruta do Sol.

– Gruta do Sol? É uma gruta, uma caverna? Onde fica? Como vou pra lá?

– Você descobrirá. E ainda: vai receber um sinal e reconhecê-lo na hora, sem nenhuma dúvida. Esse sinal marcará o início de um caminho muito bonito...

– Que sinal é esse?

– No momento certo você vai saber. Reconhecê-lo, sem ter nenhuma dúvida... Está na hora, filho. Deus te abençoe. Boa sorte!

As lágrimas taparam até os meus ouvidos. Aconteceu um silêncio profundo. A imagem de Mãe Maria foi se tornando embaçada até que sumiu. Então o meu vagido de recém-nascido cortou a madrugada.

*

Mônica Filgueira de Carvalho – profissão de mentira: secretária; profissão de verdade: mãe; identidade secreta: irmã.

Walter Seabra de Carvalho – profissão de mentira: professor; profissão de verdade: pai; identidade secreta: irmão.

E eu entre eles: careca, de olho fechado e orelhas de abano.

– Por que eu não abria o olho?

– Porque tinha muita remela.

– Eu era feio, né, mãe?

– Horroroso.

– Não me conformo é com essas orelhas...

– No Japão e na China orelha grande é sinal de vida longa.

Minhas orelhas, agora, são normais. Quando era nenê (Mônica falou), eu passava o dia inteiro com as orelhas grudadas na cabeça por esparadrapo para consertar o abano. E consertou mesmo.

Virei a página do álbum de retratos. Na foto seguinte eu estava no colo de vovó. Ao nosso lado, Mônica com uma ROSA BRANCA NOS CABELOS!

Dei um pulo.

– Uma rosa! Uma rosa branca?!

– Sim, uma rosa branca... Por quê?

– Não sei... Engraçado, isso me faz lembrar alguma coisa, só não sei o quê... Uma rosa branca!

– Essa fotografia foi tirada no dia do nosso quinto aniversário de casamento. Seu pai me trouxe uma dúzia de rosas brancas, lindas! Tirei uma do buquê e coloquei no cabelo.

Tinha visto esse álbum antes umas mil vezes; só naquele dia eu *vi* a rosa branca que enfeitava os cabelos de Mônica. Uma rosa branca...

MÃE MARIA! Seu nome arrebentou na areia como uma onda do mar. Quase gritei.

– A Gruta do Sol!

– O que é, menino?

Vieram todas as lembranças: a rosa, a capa, a mágica, o lago, ai meu Deus, a Gruta do Sol – o lugar do nosso encontro!

– Você sabe onde fica a Gruta do Sol?

– Que Gruta do Sol?

– E você, pai, sabe onde fica a Gruta do Sol?

– Nunca ouvi falar. O que é isso?

Perdi o interesse pelo álbum. Corri para o quarto. Mãe Maria! Ela estava me esperando na Gruta do Sol... Mas que gruta era essa, onde ficava?... Ah, Mãe Maria! Onze anos de esquecimento! E eu, que jurei não esquecê-la... Mãe Maria prometeu um sinal; através dele iria descobrir a Gruta. Que sinal é esse?

Nisso, lembrei de um sonho que tive aos nove anos, logo depois da festa de meu aniversário.

Um dos meus coleguinhas, o André, me trouxe um livro de presente. Ao abrir o embrulho, dei de cara com um super-herói, desses que usam capa como eu gosto, armado de uma espada que soltava raios azuis. Ele ia lutar contra uma serpente dourada, monstruosa, de duas cabeças e olhos vermelhos.

Logo que a festa acabou e todos saíram, li o livro. Não gostei. Mas a capa me impressionava. O que é que tinha naquele desenho que tanto me chamava a atenção? Fiquei pensando, pensando e dormi.

Sonhei que era super-herói. Era o menino de sempre, magrelo, mas só que no sonho tinha muque, que nem o mocinho do livro. Usava o calção azul com que jogava pelada na rua, sem camisa e descalço, e com uma capa mágica que me permitia voar por cima de toda a cidade. Na mão trazia uma espada azul brilhante, mágica também, que me livraria de qualquer perigo.

De cima, no céu, eu podia ver os prédios da cidade, os carros correndo pelas ruas como formigas, as torres das igrejas, o Maracanã, o Cristo Redentor. Depois fui me afastando, voando para mais longe.

Sobrevoei mares, florestas, montanhas, até que cheguei a um deserto por onde passavam cavalos alados.

No meio do deserto havia uma montanha cujo pico era da finurinha de um dedo. Pois aí se equilibrava um ninho de águia-real. (Nem sabia se, de fato, existem águias-reais, mas no sonho era assim.) O ninho estava desocupado porque as águias tinham ido passear.

Nesse momento, a espada azul caiu da minha mão e, assim, não podia mais voar, apesar de estar usando a capa. Me despenquei lá de cima. Caí no ninho vazio.

Olhei pra baixo da montanha. Duas serpentes douradas, gigantescas e de olhos vermelhos, vinham em minha direção, cada uma subindo por um lado.

Gritei por socorro, o ninho se desequilibrou e me precipitei no abismo. Mas em vez de cair no abismo, fui parar nas geleiras do Himalaya, à porta de um castelo medieval, sem pontes levadiças e cujas torres emitiam um brilho prateado na paisagem branca. À minha direita, ao lado do castelo, um lago azul. Silêncio profundo. Mas tinha certeza de que ali morava alguém que eu conhecia.

Bati à porta. Três, cinco vezes. Ninguém respondeu.

– Ó de casa!

Nada. Com suavidade forcei a porta, estava aberta. Entrei no palácio deserto; pelos salões ecoava uma música vibrante, majestosa. Quem morava ali?

Por fim, no último aposento encontrei o habitante do castelo, talvez o dono. Eu o conhecia, sim, e muito bem. Era meu irmão. (Explico: quando tinha cinco anos de idade, sentia tanta falta de um irmão pra brincar que inventara um. E essa fantasia sobrevivera por anos.) Era exatamente ele, tal como o imaginara pela primeira vez: alto, magro, barbudo, porte majestoso, de príncipe e... caramba, PRÍNCIPE! Então era isso: ele era um príncipe oriental! Daí aquelas roupas estranhas que usava – túnica indiana e um turbante, a título de coroa. Afinal, estávamos no Himalaya.

Mas era meu irmão, com quem brincava tantas vezes, só que, no sonho, não sabia seu nome.

– Como é que você se chama?

Aí ele pronunciou um nome, desconhecido para mim, e nesse momento senti um choque tão forte no alto da cabeça, bem no meio, que acordei.

Sentei na cama e com surpresa descobri que aquela região da cabeça continuava vibrando, latejando, mas era uma incrível sensação de bem-estar. Respirei fundo. Qual era mesmo o nome do meu irmão? Assemelhava-se a Maria, engraçado. Mária? Não podia ser.

E por que, ao me recordar de Mãe Maria, me ocorria esse sonho? Haveria alguma relação? Um sinal oculto, um código cifrado que ligasse as duas coisas? Por mais que pensasse, não chegava a nenhuma conclusão. Mãe Maria tinha sido clara: recebendo o sinal eu o reconheceria, sem ter nenhuma dúvida.

Será que a foto...? Tirei-a do álbum, examinei-a até invertida e contra a luz, esperando detectar o sinal prometido. Não havia.

A rosa branca! A mãe de Tomás cultivava rosas. Fui à casa dele. Lá chegando, me dirigi àquela única rosa branca em meio às outras, vermelhas e amarelas, procurando o sinal nas pétalas. Nada encontrando, falei à consciência dela, ao amor que a havia criado rosa; pedi que soltasse pólen no ar, ou mais um pouco de seu perfume, que me levasse até aquela irmãzinha de espécie, a rosa branca de Mãe Maria. Pedi ao céu para localizá-la. Que o vento me empurrasse até ela. Que, quando eu andasse, o chão começasse a latejar, formando o caminho para a Gruta do Sol.

Cessei os apelos e passei ao plano infalível de Mãe Maria. Sim, nossa separação era um disfarce. A verdade era estarmos juntos na Gruta do Sol. Eu queria, portanto ia encontrá-la. E como seria o reencontro? Assim: ia me acercando da Gruta, já podendo divisar a luz intensa, o perfume, a Verdade que é a presença de mamãe. Nessa luz eu mergulhava para ressurgir diante dela, Rainha que sorria, enfeitada de rosas brancas e braços abertos. Ao vê-la, eu diria bem assim:

–.....................................

Não diria nada porque não ia conseguir. Me ajoelhava e lhe oferecia minha vida. Então ela me tomava em seus braços, saciando-me a sede de milhões de anos. O amor cimentaria nossa ligação por outros tantos milhões de anos. Não permitia que nada deste mundo interferisse na imagem do reencontro. Me concentrava – era a única Verdade. Sustentava o plano num ritmo intenso, na hora certinha. Afundava de cabeça numa imensa onda de felicidade porque já nos encontrávamos na Gruta. A alegria era tão grande, tão grande... que explodia:

PAZ!

Durante os três anos que se passaram até receber o sinal, escrevi muitas cartas a Mãe Maria. Declarações de amor preenchiam as páginas:

> "Você é a minha fada, Mãe querida, você é o meu anjo.
>
> (...) muito elegante. Ao andar, seu vestido verde-prateado enchia de brilho o ar da atmosfera; fui muito feliz ao seu lado. Ontem, na praia, a água estava verdinha, e eu, mergulhando, tive a impressão de estar coberto por seu manto de luz. Aí de novo experimentei aquela sensação toda de felicidade que quase me fez afundar, ou então voar, em céu aberto, rumo às rosas."

A esperança normalmente era forte,

> "O tempo não tarda. Estou de braços abertos esperando a chegada de uma doce presença."

mas às vezes mancava um pouco:

> "Tá demorando muito, Mãe! Demais da conta! Falta muito ainda, hein? Quanto tempo? Não aguento mais!"

Aí eu pensava no que mamãe disse ("Nem que fosse a eternidade. Valeria a pena.") e corrigia:

> "Esperarei sempre, se preciso for. Você é a minha eternidade.
> Um beijão louco, caduco, alucinado, arrepiado de tanto amor.
>
> Daniel"

*

Enquanto esperava o sinal, Mãe Maria fez um milagre.

Até a idade de dez anos, minha vida familiar era perfeita. De fato, tive uma infância felicíssima. Cresci cercado de amor, segurança, proteção e respeito. Meus pais sempre foram amorosos e nunca se envergonhavam de demonstrar, livre e sensorialmente, o amor que sentiam um pelo outro e também por mim. Sabendo-me amado, é lógico que fui uma criança emocionalmente segura.

Sorrateiramente, porém, a discórdia se infiltrou no relacionamento de Walter e Mônica. Até onde posso me lembrar, a desarmonia começou nas situações mais bobas: uma camisa que não estava passada, faltou pão que alguém esqueceu de comprar, a empregada (Luísa) mexeu nas coisas de um deles e o outro não o impediu, o recado que um deles deixou de transmitir, a roupa largada no banheiro etc. Aos poucos, os motivos foram ficando mais sérios, porque eram todos frutos da desconfiança e do ciúme: onde estava?, com quem estava?, até esta hora?, não é possível... A raiva foi crescendo, assim como o tom das vozes. Críticas cada vez mais ásperas, e o respeito mútuo diminuindo. O companheirismo minguando a olhos vistos: eles começaram a evitar a companhia um do outro, e cada um deles passou a sair mais com seus próprios amigos.

A casa, antes luminosa, ficou sombria. Ambiente pesado. Eu, me sentindo sufocado por aquela sensação de perigo iminente, tentava, na medida do possível, conciliar os dois, que estavam muito refratários. As brigas tornaram-se diárias, com acusações sempre mais duras.

Até que, um tempo depois, solenemente me disseram o que se diz nessa ocasião: que papai e mamãe eram amigos, se gostavam, mas não podiam mais viver juntos e blá-blá-blá. Ou seja: papai e mamãe iam se separar. Eu estava com doze anos.

Foi triste demais ver Walter saindo de casa, com uma malinha de roupas ("depois venho buscar o resto") e mais alguns objetos pessoais. Segundo me disse, ele ficaria um tempinho na casa de vovó, e depois, com calma, iria procurar um outro lugar para morar. Despediu-se de mim com um abraço apertado. *Cuide de sua mãe; você agora é o homem da casa.*

E a porta se fechou.

Pela primeira vez, então, nesta vida conheci a tristeza profunda, vendo a casa tão escura e solitária, sem a presença de Walter. A angústia crescia em meu peito ao ouvir, na calada da noite, os soluços abafados de Mônica no quarto vizinho; de manhã, vendo-a colocar compressas de chá nos olhos inchados; e à tardinha, ao encontrar Walter, abatido, mas risonho e cheio de presentes para mim, tentando comprar minha solidariedade, sem saber que a ganhara de presente desde antes de eu nascer.

Não era o primeiro nem seria o último filho de pais separados: no colégio existiam tantos outros! Porém, eu não aceitava a situação. Porque, honestamente, não acreditava que o amor tivesse acabado. Creio que, mesmo nessa ocasião, já possuía compreensão suficiente para concordar com a separação caso sentisse que eles eram incompatíveis. Mas tinha a certeza de que a rosa continuava viva! Desde que me entendo por gente, sempre respirara o amor que existia entre os dois; a antiga harmonia era perfeita, era uma integração que ainda não percebera em casal nenhum, fosse da família ou não. Só que eles se enredaram nas aparências e aí... Ambos sofriam e muito, e exteriorizavam essa dor.

Alimentei esperanças de uma reconciliação até que entrou em cena uma figura aterradora: a do advogado. Era amigo deles e o acordo seria amigável. Enquanto Mônica saía para a primeira entrevista marcada, eu, no quarto, tinha uma conversa seriíssima com Mãe Maria. Eu falava com ela assim: *se a rosa está viva, Mãe, por favor mostre-a agora! Se está morta, enxugue nossas lágrimas e nos prepare para o enterro.*

Quando Mônica chegou do advogado estava calma, meio dispersa, e naquela noite não chorou. No dia seguinte, outra novidade: veio do trabalho excitada, esbaforida, com um embrulho na mão.

– Presente pra mim, mãe?

– Não. Pra mim. (Sem graça, abriu o embrulho e mostrou a caixinha sofisticada.) Perfume francês, do bom. Há tanto tempo não tenho um! E agora, filhote, mamãe tá com pressa. Preciso sair, tenho um compromisso. Luísa coloca o seu jantar.

Luísa, a empregada, arrumou a mesa e serviu o jantar enquanto Mônica tomava banho e se vestia; depois, envolta na fragrância francesa, despediu-se, meio misteriosa.

Dois dias depois encontrei Walter e também ele parecia recomposto. Entendi: Mãe Maria enxugara as lágrimas da família toda. A rosa morrera, infelizmente, mas havíamos sido consolados. Fora um milagre, em resposta imediata ao meu apelo. Então, aceitei a situação.

Passaram-se três meses. Mônica e Walter evitavam conversar comigo sobre o andamento da separação legal, talvez temendo uma reação igual à que eu tivera ao falarem no assunto pela primeira vez. Mas Mônica tinha uma bomba preparada:

– Estou namorando.

– É?

– É. Um antigo namorado da adolescência, que reencontrei faz pouco tempo. E aí, pintou um clima, pintou o amor. Você vai conhecê-lo, gente fina. Quem sabe na sexta-feira?

Quer dizer: enterro da rosa. Mãe Maria me secara as lágrimas e me dera a aceitação. Agora, me mantinha calmo para o enterro.

Estava absolutamente sereno quando, na sexta-feira, depois do jantar, a campainha tocou. O novo namorado de Mônica tinha chegado. E eu o receberia muito bem.

– Vá atender, Daniel.

Fui. Abri a porta. Quase desmaiei. Era Walter.

Mônica explicou, com um largo sorriso:

– Eu não menti. Walter é o antigo namorado da adolescência. Que, de fato, reencontrei. E aí pintou o clima, pintou o amor...

Mãe Maria mostrava a rosa viva! Soube depois que o milagre aconteceu justamente diante do advogado que faria a separação consensual. Houve um tcham, o amor se reacendeu e ali reataram o namoro, sem esquecer que tinham um filho mas, de certa forma, como se nunca tivessem se conhecido antes. Parece mágica e é.

Eles namoraram, noivaram, escolheram a data para a nova união, celebrada com bolo numa festinha íntima a que comparecemos eu, Luísa e vovó. Depois, como sói acontecer com recém-casados, viajaram em lua de mel. Isso foi uma mostra do aspecto lúdico que existe nas relações humanas. Quer dizer: as crianças brincam e os adultos também. Mesmo hoje, quando eu sou a plena manifestação do Sol da minha Gruta, considero saudáveis esses jogos-rituais dos marmanjos. E ai de quem não brinque! Ai de quem perdeu a graça!

Quando voltaram da viagem, eu vi, acima da cabeça de Mônica, a imagem de uma criança: ela estava grávida.

Em sonhos, encontrei aquela que seria minha irmã. Entre outras coisas ela revelou o nome que queria usar nessa vida – Ísis – e justificou: uma homenagem à Deusa Ísis a quem se sentia ligada desde que vivera no Antigo Egito. Ísis – completou – é a esposa de um Grande Ser chamado Serapis Bey, que fora o próprio Osíris.

Minha irmã Ísis nasceu quando eu tinha treze anos de idade e continuava sustentando o plano infalível.

No ano seguinte, com quatorze completos, recebi o sinal.

*

Foi em sala de aula; o professor entregara as provas e comentava os erros. Sentado perto da janela, olhei o céu. E vi...

... com os cabelos arrepiados, quase sem poder respirar de emoção, vi a pomba branca pousada no parapeito. Tendo ao fundo o fantástico céu azul de maio, ela me encarava. Branca luminosa como a rosa branca de Mãe Maria.

O sinal! Era esse o sinal! Eu o reconhecia claramente.

Atabalhoadamente recolhi meus cadernos e livros espalhados pela carteira, joguei-os dentro da mochila, voltei-me para a pombinha (o símbolo clássico do Espírito Santo, não é mesmo?), ela continuava imóvel me olhando, penugem alvíssima brilhando ao sol da manhã no fundo azul, à minha espera, levantei o braço para pedir licença pra sair bem na hora da sineta tocar anunciando o recreio.

Saí correndo da sala, rolei naqueles degraus que conduziam ao pátio, dei a volta em torno do prédio, cheguei à parte lateral onde estava localizada minha sala. Procurei a janela.

A pomba branca tinha desaparecido!

Tamanha foi a decepção que, fugindo ao meu controle, as lágrimas começaram a me rolar pelas faces. Envergonhado e com medo de que algum colega (especialmente João Alfredo) me visse chorando, me virei para o muro que cercava o colégio. Fingindo que amarrava o tênis, sequei o rosto na manga da camisa do uniforme. Foi então que vi a sombra no chão.

Ergui a cabeça. A pomba branca estava pousada no muro.

Batendo as asas de modo muito suave, ela se colocou à minha frente, a menos de um metro. Esperou que a seguisse. Aos meus primeiros passos, começou a voar, indicando o caminho.

Saímos do colégio, passando por colegas, professores, inspetores. Ninguém me abordou. Ninguém parecia perceber minha presença. Parecia que eu estava invisível.

Começou assim a viagem à Gruta do Sol.

Capítulo II
A QUEDA

Saímos do colégio e ficamos na parada do ônibus. Pelo visto, ela queria dar uma volta pela cidade. Vários ônibus passaram e ela permaneceu imóvel. Porém, quando apareceu o "Rodoviária", se agitou e voou em direção a ele, indicando que deveríamos tomá-lo. Fiz sinal e entramos.

Ao passar pela roleta, ela se acomodou no meu ombro e permaneceu imóvel, fato que ninguém parecia estranhar ou perceber: logo ela, tão branca, luminosa... Sentei ao lado de uma mulher gorda, acomodando a mochila no colo. A pomba branca, empoleirada no meu ombro direito, emitia um brilho meio prateado; mesmo assim, ninguém, nem mesmo a minha vizinha, parecia vê-la. O ônibus continuava rodando pelas ruas movimentadas. Até que, ao se aproximar do ponto final, ela voou, dirigindo-se à saída. Eu fui atrás, sendo o primeiro passageiro a desembarcar.

A pomba branca luminosa acelerou, e eu sempre em seu encalço, já correndo. Entramos na rodoviária.

A Rodoviária Novo Rio, aliás como sempre, estava apinhada. Guiado pela luz emitida pela pomba branca, dirigi-me a um guichê onde vendiam passagens para Minas Gerais. Pairando sobre o nome de uma cidade escrito no letreiro, ela indicou para onde iríamos: São Lourenço.

– Uma passagem, por favor, para São Lourenço.

Comprei a passagem com o dinheiro da mensalidade do colégio, que iria pagar naquele dia, na hora do recreio. Por coincidência, havia apenas uma vaga no ônibus para São Lourenço, que sairia em cinco minutos. Passei pela roleta, desci as escadas e preenchi a passagem, deixando vazio o campo onde teria que escrever o número da carteira de identidade que, claro, ainda não possuía.

Quando vi o comissário na porta do ônibus exigindo a identificação de cada passageiro, e conferindo com o que estava escrito, e sendo eu menor, uniformizado e sem a companhia de um responsável, me preparei para ser barrado.

Surpresa: não só ele não me barrou, como também não me pediu qualquer documento. Apesar de o fiscal ter recebido minha passagem e devolvido o canhoto, ele parecia não me ver.

Entramos no ônibus, a pomba branca cada vez mais cintilante, mas nem assim as pessoas percebiam. Tive a nítida impressão de estar vestido com uma capa mágica que me tornava invisível.

Acomodei a mochila no bagageiro acima de minha cabeça. O ônibus deu a partida. Perguntei à mulher que estava sentada ao meu lado a duração da viagem. Era de cinco horas. Portanto, chegaríamos a São Lourenço por volta das três e meia da tarde.

Já tínhamos passado a Avenida Brasil quando mergulhei em pensamentos. No plano de reencontrar Mãe Maria na Gruta do Sol; em como me entregara a ele durante mais de três anos a fio. E agora, o momento chegava. Glorioso momento, por que esperei desde antes de nascer!

Olhei pela janela. As paisagens se sucediam. Morros, casebres, gado pastando, carros e ônibus na estrada. A visão se transformou: revi aqueles tapetes de rosas brancas e o caminho para o lago. As lições de Mãe Maria e a nossa despedida.

Fechei os olhos. A pomba branca me indicava o caminho para Mãe Maria. Era dela que me vinha a força, a confiança de seguir para muito longe de casa, sem nem sequer saber para onde.

Abri os olhos, fitando com gratidão o próprio símbolo do Espírito Santo. A pomba branca abriu as asas; de seu coração jorrou uma torrente de luz muito clara, que me entrou pelo alto da cabeça e chegou até os pés, me banhando por inteiro. Senti como se raios elétricos tomassem todo o meu corpo, agindo sobre os músculos, o sangue, e me senti revigorado.

Uma paz... Aí minha mente respondeu: OOOMMM. O som dos sóis e dos planetas passeando pelo espaço sideral.

Foi como se eu não estivesse mais naquele ônibus. Estava, sim, no meio de uma onda imensa, azul. Era um oceano vastíssimo, e no meio dessa imensidão surgia uma rosa branca, lentamente se abrindo e expandindo raios de luz em todas as direções. A rosa boiava na superfície das águas e, por cima, o céu.

Submergi no mar, aflorei na rosa, me estendi sobre os raios que dela saíam, toquei com minha cabeça e meus pés toda a extensão deste sistema solar.

Contemplei, no centro de uma poeira luminosa, os imensos corpos celestiais que constituíam galáxias, visíveis e invisíveis.

E vi o sol. Vi o coração solar, aquele núcleo radiante de consciência e de Vida que anima todo este sistema, com seus planetas e satélites, e todos os seres que nele habitam. Depois, no próprio disco solar, vi um casal. Ele alto, forte, musculoso; ela esguia e louríssima. Ouvi seus nomes: Hélios e Vesta. As figuras se diluíram. Outra figura se formou: um jovem dourado, belíssimo, coroado de louros, vestido de uma túnica grega curta; montado num corcel branco, ele conduzia, às suas costas, o carro do sol, ou seja, o próprio disco solar. Logo identifiquei aquele personagem da mitologia grega: era Apolo, que, segundo a lenda, todas as manhãs levava o carro do sol para o alto do céu, enchendo a Terra de luz, cores e perfumes, e que, doze horas mais tarde, descia no horizonte e se escondia por trás das montanhas misteriosas...

Viajando no carro do sol, meu pensamento focalizou a Terra. O mais belo entre todos os planetas do sistema solar. Só que sua beleza original estava completamente encoberta por uma espécie de fuligem negra que a cobria. Porém, nem tudo estava perdido: no coração da Terra brilhava um fogo, e eu sabia que era a Gruta do Sol. Onde me esperava Mãe Maria. Uma pergunta: o sol nascia numa gruta? Mas e o sol – o núcleo de consciência de todo este sistema – que eu estava vendo? Como conciliar essas duas ideias?

O coração sabe a resposta, sussurrou uma voz interna.

O ônibus rodava. No final dessa estrada havia uma gruta e Mãe Maria. Hum... Mãe Maria em São Lourenço, Minas Gerais? Tinha algo estranho.

Bem, não era em São Lourenço, porque saltamos na estrada. Foi assim: não mais que de repente, me dei conta de que a pomba, que estivera o tempo inteiro acima do meu banco, já estava na porta do ônibus, batendo as asas, pronta para sair. O motorista olhou para a cena inusitada e, com naturalidade, abriu a porta do ônibus. Mal tive tempo de pegar a mochila e sair correndo atrás dela.

Não tinha a menor ideia de onde estávamos. Só pude ver, de relance, que era um descampado. À direita, talvez a uns duzentos metros, havia gado pastando e um homem a cavalo, tocando a boiada. A pomba começou a voar mais rápido, e ainda mais rápido, e eu correndo atrás dela, ofegante, tentando alcançá-la.

Passamos por muitas plantações de banana e de laranja, por goiabeiras, amendoeiras – em algum momento daquela corrida alucinada tentei memorizar o caminho, mas a pomba branca voava numa velocidade cada vez mais vertiginosa, e eu não estava conseguindo alcançá-la. Onde estávamos? Para onde estávamos indo?

Eu nem havia prestado atenção ao ponto da estrada onde saltamos. Pudera, durante a viagem estivera tão imerso em divagações que, quando me dei conta, a pomba, que estivera o tempo inteiro acima do meu banco, já estava na porta do ônibus pronta para sair!

Ela continuava voando, e se elevando na abóbada celeste. Era impressão minha ou ela estava ficando menor? Tinha virado um ponto luminoso no céu azul ou era a luz do sol a pino que, ardendo, quase me cegava e não me deixava vê-la com nitidez? Estava exausto, no limite das minhas forças, e mesmo assim continuava correndo. Num esforço derradeiro precipitei meu corpo para a frente, dei uma topada numa pedra e caí.

A terra cedeu sob meu corpo abrindo um buraco de dois metros de profundidade, segundo meus cálculos. Se não fosse mais. Na queda, a manga da camisa descosturou, sujei o uniforme, o cadarço do tênis se soltou e, o que era pior, não via mais a pomba branca.

Gritei por ela várias vezes mas não obtive resposta. Me lembrei do homem que tangia a boiada. Será que ele viria nessa direção? Gritei. Ô boiadeiro, acuda, boiadeiro! Aqui, nesse buraco! Por favor, alguém me ajude! Socooorrooo!

Como resposta, apenas o silêncio.

A situação já estava ficando chata – para não dizer preocupante. Voltei a gritar, berrar, e nada. Por fim, tive a lembrança de jogar para cima a mochila, tentando jogá-la na vertical de modo que não caísse fora do buraco. Assim, chamaria a atenção de alguém que, por acaso, passasse por ali. Tirei os livros para que ficasse mais leve e joguei-a pra cima várias vezes, pedindo socorro.

Sem resultado.

Exausto, sujo e faminto. Sem a menor noção das horas. Consultei o relógio. Marcava nove e quarenta e cinco, a hora em que soou a sineta para o recreio. Parado.

E também estava morto de fome. Em cima dos livros, no chão, o lanche que Mônica tinha preparado. Sanduíche natural de pasta de cenoura e iogurte com mel. Comecei a mastigar mecanicamente, analisando as possibilidades de sair dali.

O local era deserto: embora no meio de tantas plantações, não havia uma única casa por perto, pelo menos visível. Que horas seriam? Impossível saber; o sol não iluminava aquele recinto. O buraco ficava justamente sob a copa de duas árvores, que se entrelaçavam – daí aquela obscuridade. A que horas teria descido do ônibus? Passei a viagem inteira tão ausente que não podia nem calcular. A julgar pelo meu cansaço, deveria ter corrido atrás da pomba branca bem umas duas horas... Ou menos, bem menos? Uma hora talvez? Ou menos ainda? Ou mais, bem mais? Estaria perto ou longe de São Lourenço?...

Pensei em Walter e Mônica. Caramba, deviam estar aflitos por minha causa. Já deveriam ter se comunicado com a direção do colégio e sabido do meu desaparecimento. O que eles estariam fazendo para me localizar, se ninguém viu quando deixei a escola? Afastei mais essa preocupação, inútil a essa altura do campeonato. Me forcei a comer. Mas não dava nem pra sentir o gosto dos alimentos. Perdera a fome, de repente.

Havia animais selvagens por ali? Engoli em seco. Que animais? Um leão, por exemplo... Que leão que nada! Não era nenhuma selva africana para ter leão assim a toda hora, a gente estalava os dedos e lá estava ele, urrando, afiando os dentes, pronto para cravá-los num pernil tenro e gostoso que nem eu.

Olhei pra cima, mais confiante. Fiquei paralisado! Tinha uma figura, sim, ali, me observando com extremo interesse. A surpresa foi tão grande que a primeira reação foi me perguntar se, realmente, eu queria sair do buraco.

Depois, sua pequena estatura, o olhar curioso, o chapéu de palha gaiatíssimo semelhante ao usado pelos lavradores daquela região para se protegerem do sol forte, enfim toda a sua figura me conquistou a simpatia.

Era um gnomo. E como este não é um livro de ficção – muito ao contrário, estou escrevendo sobre minha vida e tudo o que experimentei neste nosso mundo – quero avisar: gnomo existe.

Parecia um velhinho, de pernas finas e compridas, braços, mãos e orelhas muito grandes para o resto do corpo. Na posição em que estávamos, calculei que tivesse uns quatro palmos de altura.

E aí, como me comunicar com o gnomo? Será que falava português?

– Eu (bati no peito) estou preso (cruzei os braços e contraí o corpo) neste buraco (levantei os braços e os abaixei, rente ao corpo, para mostrar o buraco ao gnomo). Me ajude (ajoelhei-me no chão, em postura de oração, com os olhos cheios de fé para ele), me ajude!

O gnomo desapareceu, deixando-me só. Mas daí a uns cinco minutos voltou com uma folha de bananeira, umas três vezes maior que ele.

Não entendi o que ele queria fazer com aquilo. Mas imediatamente se agachou no chão lá em cima e segurou numa ponta da folha: queria que eu segurasse na outra! E aí puxaria, tirando-me do buraco.

Só naquela cabecinha podia caber a ideia de que uma folha sustentaria meu peso. Mas, pensando bem, tinha acontecido tanta coisa extraordinária... Será que, por um milagre, aqueles bracinhos finos feito patas de aranha não teriam uma força descomunal, hein? E se a folha de bananeira fosse de uma espécie desconhecida, cujas fibras pudessem suportar meu peso? Sim, por que não tentar? Afinal, era a única ajuda que estava recebendo.

Pulei na tentativa de agarrar a folha. Consegui. Mas é lógico que ela se partiu, o gnomo caiu para trás e eu pra mais fundo ainda. A terra cedeu mais, o buraco se tornou cratera, com cerca de seis a sete metros de profundidade. E uns dois de largura. O tombo foi grande, mas não me machuquei.

Enquanto eu sacudia vigorosamente a terra grudada em todo o meu corpo, proveniente desse novo deslizamento, o gnomo conferiu o resultado de sua boa ação, fez um gesto que interpretei como um cumprimento e foi embora. Aos berros, chamei-o de volta, mas não me obedeceu. Enfim, eu estava mil vezes pior que antes. E agora, José?

Fiquei em pé olhando pra cima, bestamente. Mudo. De que adiantava gritar? Pra receber outra ajuda igual? Melhor não tê-la. Mas por que não aparecia ninguém? Talvez a gente da região estivesse almoçando ou lanchando... Precisava dominar meu medo. Relaxar, esperar um pouco, tomar fôlego. Depois da refeição dos possíveis moradores locais, seria mais fácil... Talvez o boiadeiro passasse por ali. Os lavradores. Sim, havia plantações por perto, alguém tinha que cuidar delas.

Respirei pausadamente, forçando-me a relaxar os ombros e a nuca, especialmente. Sentei. Livros espalhados pela terra. Catei a mochila, coloquei dentro dois livros para servirem de travesseiro. Aquela situação, eu a senti de repente familiar, como se já a tivesse vivido antes. Quando, como? O sonho que tivera, aos nove anos? De fato, havia pontos de concordância. O voo, a queda. Ainda bem que não tinha serpentes. Deitei.

Quando deitei, alguma coisa me machucou as costas. Na pouca claridade local, examinei a terra. Uma fina camada recobria alguma coisa circular. Cavando a terra com as mãos, toquei numa argola que estava presa a uma superfície. Uma caixa, que parecia de cimento.

Trabalhei com afinco afastando a terra, até descobrir toda a superfície da caixa. Empenhei toda a minha força para remover a tampa, mas, para minha surpresa, ela abriu facilmente porque não era de cimento e sim feita de um material levíssimo que eu desconhecia. Tipo acrílico com cara de cimento. Entenderam? Eu também não.

Mas o mais difícil foi acreditar no conteúdo da caixa. Para começar, não era caixa. E sim uma escada que parecia descer até o coração da terra. De algum ponto lá no fundo brilhava uma luz tão forte que quase me ofuscava a vista.

Tremendo, compreendi: era a GRUTA DO SOL!

Capítulo III
PONTO INICIAL

– Salve, Rainha da Gruta do Sol! – gritei, com as mãos em concha, lá pro fundo, para a Luz que é a presença dela.

O eco de minhas palavras reforçou a consciência da profundidade daquele túnel que conduzia ao coração da terra. Deveriam ser milhares de degraus, todos profusa e homogeneamente iluminados pela luz que vinha lá de baixo e só por ela; de fato, não havia iluminação elétrica nem no teto nem nas paredes, que aliás nem sequer conseguia distinguir. A impressão era de um negro abismo e, no meio, uma escada.

Testei a potência daquele microfone natural. Em frequência modulada, falei em tom de baixo:

– Mãe... – as profundezas da terra trataram de espalhar a saudação: mãe, mãe, mãe, mãe, mãe...

Como tenor:

– Sou eu... – e o eco voltou a repetir várias vezes.

Como barítono:

– Daniel! – minutos após ainda dava para discernir a ressonância do meu nome: eeelll...

Sussurrei:

– Sou eu, minha Rainha tão linda! Recebi o sinal e aqui estou eu, Mãe! Atrás de mim ficou o mundo, que também trabalhou para que isso acontecesse: Mônica e Walter, a rosa, o álbum, o plano infalível, a pomba branca, a estrada, o boiadeiro que não veio, o gnomo, até o leão imaginário. Mas era você em cada elemento do mundo, que me guiava. Você! Mãe Maria, que saudade! Mas aqui estou eu, na Gruta, e vou seguir a Luz...

Então me lembrei de outra Gruta (ou será que as duas são na verdade uma só?), a de Belém, com a Estrela que indicava o caminho.

– Quero seguir sempre a sua Estrela, Mãe! Me recebe agora em seus braços, porque esta é a única Verdade, a Verdade que você me ensinou.

Desci o primeiro degrau. E até o último fui louvando Mãe Maria, sem nenhuma preocupação com rimas ou metros, mas apenas com as palavras que meu coração, livre e leve, proferia:

Salve, minha Rainha,
tão cheia de graça,
de luz
e de brilho!
A você eu chego,
rindo e brincando
de capa
e de mágica!
Salve, Mamãe linda,
super-heroína,
cheia de magia
e de Verdade!
Salve, Mamãe cascata
de rosa
de vento
e de paz!
Salve, Mãe fada,
Mãe anjo,
do lago
e da Vida!
Mãe escondida,
Mãe disfarçada,
Mãe desabrochada,
Mãe Maria!
Rosa Maria,
Maria mar
Mar profundo,

Mar eterno,
Energia,
Alimento,
Fruto e
Pão!
Mamãe eterna,
Mamãe bela,
Esperança minha,
Estrela minha,
Salve, salve!
Mãe da Gruta
do Sol
e da Terra.
Mamãe jovem
de vinte anos,
Mãe antiga
de tantos milhões de anos,
quero ser
somente
seu filhote!

Parei para tomar fôlego. Inclusive porque era duro aguentar aquela luz forte ferindo a retina o tempo todo.

De qualquer forma, a breve sensação de medo que experimentara há pouco se diluíra por completo, já era coisa do passado. Agora, uma doce certeza me invadia: a de estar na trilha da Gruta do Sol, onde me esperava Mãe Maria (existe felicidade maior?). Além do mais, eu sentia que estava começando a viver uma aventura com a qual sempre sonhara: a de entrar no interior da terra, como no livro de Júlio Verne, *Viagem ao Centro da Terra*. Muitas vezes me imaginara na pele de Axel, o sobrinho do professor Lidenbrock, acompanhando-o na empolgante jornada ao centro da Terra (na verdade, era a teoria da Terra Oca que sempre me encantara)... E na infância, me identificara com o coelho maluco de *Alice no País das Maravilhas,* justamente pela velocidade com que ele se movimentava na terra, aparecendo e desaparecendo. Nas aulas de Biologia me chamavam especialmente a atenção o tatu, a toupeira, esses bichos que entram no solo e conhecem seus mistérios. No estudo da Geografia, tal como é ensinada nos colégios, prefiro a Geologia. Amo a terra, o mais perfeito laboratório já criado.

O ar e o mar os homens já desvendaram – pelo menos em parte. Mas a terra ainda resguarda os seus maiores segredos. Certa vez, em sala de aula, o professor disse que o centro da Terra é incandescente como uma bola de fogo. Tive ganas de gritar: já leu *A Viagem ao Centro da Terra*? Pois nesse livro, Júlio Verne, na pele do professor Lidenbrock, disse que, se nas entranhas da Terra houvesse uma temperatura de milhões de graus, o mundo simplesmente já teria explodido há muito tempo.

Além do mais, no centro da Terra está encravada a Gruta do Sol, essa luz arrebatadora... E aí, a Terra é oca?

Mas não importa nada disso agora, não é, Mãe querida? Só importa que sou eu, sua toupeirinha, furando a terra, brincando na sua barriga, dentro dela.

E lá vou eu, sempre descendo, coelho ou tatu, me recebe em seu ventre, Mãe Maria!

Salve, Mãe Natureza
Mamãe campo
Mamãe chão
Mãe das raízes
          flores
          frutos
          árvores
germinando
          grãos
          sementes
          bolotas
diluindo o antigo
no ácido da terra,
gerando o novo,
tudo lavando
na seiva do solo.
Mamãe fértil
grávida
e fecunda.

Líquida
de lençóis d'água,
dura em minérios.
Berço e caixão,
você é princípio,
meio
e fim.
E eu, Mãe Maria,
louvo você
sob todas as formas
em todos os elementos,
eternamente.
Mãe Maria
Mamãe
OOOMMM
Na dança dos astros
OOOMMM
Nos deuses solares
OOOMMM
Para sempre
OOOMMM
Mamãe
OOOMMM.

E assim fui descendo até o final da escadaria.

Quando terminaram os degraus, e enfim pisei em superfície plana, não conseguia abrir os olhos tal a intensidade da luz ambiente. Por alguns momentos mantive-os fechados, comprimindo bem as pálpebras. Então, devagarinho, piscando muito, tentei abri-los, olhando primeiro para o chão. Vi meus próprios pés. Forcei um pouco mais, procurando ver à frente, no chão. Aí, diante de mim, vi um par de sapatos brancos, masculinos.

Piscando, ergui os olhos – calças brancas, cinto lilás, camisa branca, parecendo seda, mãos grandes, um anel de pedra violeta no anular direito, uma corrente de ouro no pulso direito, ombros largos, barba e bigodes alourados, olhos castanhos expressivos, fronte larga adornada por uma fita metálica, composta de pequeninas placas de ametista. Altíssimo, devia ter bem uns dois metros de altura; de todo o seu corpo saía uma luminosidade que o envolvia; eu, diante dele, estava também dentro de sua esfera luminosa. Talvez tivesse uns trinta anos, mas a profundidade do olhar, semelhante ao de Mãe Maria, trazia a sabedoria de muitos séculos.

Cumprimentou-me:

– Boa noite.

Porque imaginava que fossem, no máximo, umas três da tarde, o espanto foi grande.

– Noite?

– Quase noite. O sol está se pondo. Lá fora.

– Mas como pode estar havendo pôr do sol a essa hora? Lá em cima devem ser no máximo três horas.

– Diferença de fuso horário.

– Ah... engraçado. Parece tão perto!

– Parece.

Apesar da dificuldade de abrir os olhos completamente, examinei o local.

Era um recinto circular, provavelmente de uns quinze metros de diâmetro. Atrás do meu acompanhante, perto da parede à minha frente, havia uma mesa, que (não me perguntem por quê) achei que seria um altar, embora não houvesse sobre ela nenhum objeto que me sugerisse tal possibilidade. Aliás, racionalmente falando, a mesa poderia se destinar a reuniões, pois ao seu redor e dispostas pela sala, havia diversas cadeiras, elegantes, forradas de um tecido na cor rubi, parecendo bem confortáveis. Ao longo do recinto, tanto à nossa direita quanto à nossa esquerda, havia diversas portas – se não estava enganado, eram sete ao todo. E o mais surpreendente: não havia luz elétrica em nenhum lugar, nenhum ponto de luz aparente.

– Quase não consigo suportar a luz deste lugar.

– É só na chegada. Depois você acostuma. Ou então se lembra de um passado não muito distante.

Teria sido uma referência ao meu passado com Mãe Maria? Conferi:

– Bem, esta é a Gruta do Sol, não é?

– Não.

– Não?! Ué, aqui não é a Gruta do Sol?!

– Não.

– Mas você... você não é um mensageiro de Mãe Maria?

– Seria uma honra. Temporariamente sou apenas o seu guia.

– Mas para a Gruta do Sol, então, certo?

– Não para a Gruta do Sol. Não em todo o percurso da Gruta do Sol. Sou o guia designado apenas para encaminhá-lo a uma das atividades ou aspectos da Luz que conduzirá você ao seu objetivo.

– Mas falta muito pra chegar à Gruta do Sol?

– Mesmo o tempo necessário à gestação e nascimento de um sol no firmamento representa um instante na Mente do Criador. Não se preocupe com o tempo. Tudo tem a sua hora certa.

– Não gostaria de ser mal-agradecido ou indelicado mas... para falar a verdade, também não gostaria de ter que esperar o tempo de nascimento de um sol para encontrar a Gruta. Entende?

– Os conceitos de perto e longe, de imediato e remoto, são relativos. São como a Verdade, que pode estar mais próxima de você que o seu pé ou a sua mão.

– Sendo assim... já melhora.

– Cada um de nós é uma Ideia do Criador. E é livre. O universo que nos circunda também é um pensamento ou um sonho do Pai, como dizem os orientais. Esta sala é um pensamento. Somos ideias vivendo num mundo de ideias. Quando a compreensão desta Verdade estiver incorporada a cada átomo do corpo de um Filho de Deus, este estará vivendo no Eterno Agora, se sobrepondo ao tempo e às distâncias. A vivência desta Verdade é o caminho à Gruta do Sol.

– Se esta sala não é a Gruta do Sol, onde estamos?

– A esta sala vêm aqueles que, sinceramente, com todas as fibras de seu ser, procuram a Gruta do Sol. Fisicamente ela está localizada num determinado ponto do planeta; os meios de se chegar a ela é que variam de pessoa para pessoa. Este é um local sagrado que marca a iniciação para a Grande Jornada. Naquelas cadeiras (apontou-as) assentam-se Grandes Seres da Luz. Para começar, por que você não reverencia este foco de tão poderosa radiação?

Agi espontaneamente. Primeiro descalcei os tênis sujos de terra, tirei a mochila das costas e, por fim, me ajoelhei no chão, perante a mesa, reverenciando a Luz e Seus Mensageiros, a Gruta do Sol e Mãe Maria. Agradeci em silêncio por toda a ajuda recebida, pelo que conseguia e ainda não conseguia entender. Pedi forças para a viagem à Gruta do Sol e – por que não confessar? – também pedi que não demorasse muito para chegar. Depositei aos pés da Adorada os meus esforços e o meu amor.

Quando descerrei os olhos e me preparei para levantar, a surpresa foi imensa: à frente, nas cadeiras apontadas pelo instrutor, estavam sentados três magníficos seres. A beleza e a majestade de cada um deles era tão extraordinária que a tarefa de descrevê-los se torna quase impossível. Mas vou tentar.

O do centro era moreno, de cabelos pretos, de olhos penetrantes e, ao mesmo tempo, de uma serenidade absoluta; vestia uma túnica de cor laranja que lhe deixava a descoberto um dos ombros. Ao contemplar sua figura, tive a sensação de estar diante do sol, tamanha a força e a vitalidade que exalava. Numa única frase, minha mente sintetizou todas as impressões que aquele ser me inspirava: "Um domingo de sol." Mas também poderia ser: "A explosão da vida."

À direita sentava-se o seu oposto: o brilho azul-prateado de uma noite de lua cheia espalhava-se ao redor dele e abrangia parte da sala. Era uma figura etérea, absolutamente sutil. A sensação que eu tinha era de que, a qualquer momento, ele iria se diluir na própria luz que emanava. Era o mais alto dos três e muito esguio. A tez, de tão branca, parecia de porcelana; olhos azuis acinzentados e cabelos de tonalidade louro-cinza que, repartidos ao meio, caíam-lhe na testa, contornando as sobrancelhas e emoldurando o rosto, para depois se derramarem pelos ombros. Trajava uma túnica clara, simples, com um riquíssimo manto por cima; numa das mãos, apoiada na mesa, segurava um cetro, talvez feito de ouro branco ou platina; uma das extremidades era oval e recoberta de pedras preciosas – dentre elas pude reconhecer o rubi e a esmeralda. O fulgor desse cetro poderia constituir um capítulo à parte. Dele, poderia dizer sem medo de errar: "É um Rei."

O terceiro ser glorioso possuía rosto quadrado, olhos azuis, vivos, cabelos, bigode e barba claros, esta última se bifurcando levemente a partir do queixo. A radiação dele emanada era rosada com fulgurações douradas; no ponto em que se mesclava com a luminosidade solar do Irmão que ocupava o centro da mesa, o tom rosado ficava esmaecido, transparente. Trazia uma capa púrpura por sobre a túnica clara. Ele se levantou. Ergueu a mão direita (dedos mínimo e anular abaixados e os demais erguidos), numa clara atitude de bênção. De sua mão estendida partiram raios luminosos que me envolveram e agiram em meu corpo como um bálsamo; comprimi as pálpebras, me dando conta de que a luz daquele local ainda se tornara mais intensa.

Tudo se passou num breve instante. Logo em seguida, tudo voltou ao normal. Ergui a cabeça. ELES JÁ NAO ESTAVAM ALI! OS TRÊS! Não era possível. Tinham desaparecido! Ali estavam a mesa, as cadeiras, a sala, meu acompanhante, mas aqueles seres gloriosos não mais. Virei-me para o guia:

– Sumiram! Engraçado como não percebi eles entrando na sala e tomando seus lugares, e muito menos quando se retiraram! Quanto à entrada, é até compreensível, porque eu fiquei de cabeça baixa durante muito tempo, reverenciando o altar, falando com Mãe Maria, e além do mais não estava conseguindo suportar muito bem a luz desta sala...

– Mas agora já consegue. Certo?

– É mesmo. Caramba, engraçado, já consigo! Extraordinário!... Mas quanto à saída daqueles seres... não entendo! De repente, eles sumiram! Desapareceram! Assim, como num passe de mágica! Catapumba! Cadê?

– Com certeza eles sabem que são uma Ideia de Deus e que são livres. Compreenderam e vivenciam esta Verdade completamente. E aí aparecem e desaparecem à vontade. Por que não? Simples.

Ah, imagine, quanta simplicidade!

Quer dizer que é só isso: eu, por exemplo, sei que sou uma ideia de Deus e que sou livre. E aí, cadê eu? Sumi! É assim?

– Você some e aparece no lugar que escolheu.

– É só isso e mais nada?

– Estando puro, é só isso e mais nada. O universo é inacreditavelmente simples e obediente à voz de comando da autoridade constituída. À voz de um Filho de Deus.

Mas eu ainda tinha dúvidas:

– Eles não foram um sonho, uma alucinação?

– Não. Eles são reais. Eles são o Caminho, a Verdade e a Vida. E você é o testemunho vivo: não conseguia suportar a luz e agora vê perfeitamente. Isso é alucinação?

Hoje, escrevendo este livro, mais uma vez me impressiono com o absurdo do fato: naquela ocasião, estando diante dos três Maiores Mestres da Luz deste planeta, nem sequer perguntei os seus nomes. Tudo o que realmente me interessou – confesso constrangidíssimo –

foi a desmaterialização. Ah, ignorância... Mal sabia eu que só os veria novamente muitos anos mais tarde...

Ante o meu silêncio, o guia continuou:

– Não há diferença entre ressuscitar uma rosa e se materializar ou desmaterializar. Você materializou a rosa viva, isto é, reuniu os elementos que a formavam. É exatamente o mesmo processo.

– Ao lado de Mãe Maria até que era fácil. Longe dela parece impossível! O cachorrinho de uma colega de classe morreu. Corri lá para a casa dela quando soube, disposto a ressuscitar o Banzé. Como tentei! Mas o Banzé morreu, foi enterrado morto e continua morto até hoje. Faço tudo exatamente igual ao que eu fazia com a rosa. Inclusive fiquei cansado de tanto gritar: "Sai do teu sepulcro e anda, Banzé!" Mas o Banzé é danado de teimoso e continua lá – mortão! Na cova dele, no quintal, não tem sequer uma terra fofinha como sinal de que ele está se mexendo e vai sair a qualquer momento. Quando estava com Mãe Maria, tentando reviver a rosa, na minha inocência eu dizia que, além de morta, a rosa era surda. Vai ver que é isso: além de morto, o Banzé é surdo!

– Ressuscitar a rosa branca de Mãe Maria teve um propósito no seu discipulado: ensinar a discernir a Verdade através das aparências e sustentar o Plano Imaculado da Perfeição. Você nasceu, nesta vida, com possibilidades de atingir a completa Liberdade que é a Gruta do Sol. Em seu caminho esse exercício é fundamental.

"O Banzé não é surdo. O Banzé estava quase completamente cego, tinha problemas cardíacos, estava velhinho porque viveu até o limite da vida de um cão. Foi amado desde que nasceu e até o fim. Por isso, a alma-grupo da raça canina foi enriquecida pela experiência daquele que se chamou Banzé, enquanto tantos outros são maltratados pelos homens. Ele cumpriu, no cenário da vida, a tarefa que lhe foi atribuída. E não quer voltar. Daniel, dê a liberdade ao Banzé, a liberdade que ele conquistou. Solte-o nos campos livres da Mamãe Natureza, no cadinho da Criação. Não prenda mais o Banzé.

"Além do mais, você não tem o direito de sair por aí ressuscitando. Cada exemplar vivo que surge no plano físico das manifestações tem um programa, uma média de vida estipulada, um passado, raízes e ligações grupais e, no caso dos homens, livre-arbítrio. Quem ressuscita algo ou alguém deve respeitar esse conjunto de condições, ter um propósito superior e, mesmo assim, depende muito daquele que pode retornar à vida. Para uns, ser ressuscitado pode ser um benefício; para outros, um obstáculo no processo de crescimento.

"Como seu guia atual, é minha obrigação reiterar a necessidade de visualizar e sustentar a Perfeição que existe sob as aparências adversas. Suplique aos céus não a ressurreição mas, acima de tudo, a remissão dos pecados que geraram a deficiência. Queira a cura verdadeira e não o retorno artificial à vida ou a uma condição anterior, às vezes já esgotada. Talvez soe como paradoxo, mas a cura real frequentemente pode estar inserida no processo a que chamamos morte. Exemplo: um corpo foi irremediavelmente danificado ou gasto; alguém, por misericórdia, intercede e logra o perdão à doença ou decrepitude. Mas naquele momento o veículo físico está tão inutilizado que seria melhor ser substituído por outro, em melhores condições, se isso convier a seu possuidor. Aí a morte física é um processo de renovação, da mesma forma com que, numa determinada hora, a serpente abandona sua velha pele e a lagarta se transforma em borboleta. O universo das manifestações é mutável e a energia que nele tramita é, na prova final, uma espiral que se movimenta sempre em sentido evolutivo, ascensional. O discípulo que adquiriu o poder sobre a Vida tem que ter, obrigatoriamente, a sabedoria necessária para decidir como e quando. Senão, a responsabilidade do ato poderá cair sobre sua cabeça e derrubá-lo.

"Para concluir, tem ainda outro ponto a ser considerado: Banzé pode ter ficado preso aos seus chamados, mas ele não voltaria à vida simplesmente porque você ainda não tem condições de ressuscitar nada no plano físico. O mundo em que vivia antes de nascer, ao lado de Maria, é de outra densidade; é constituído de uma matéria mais plástica, mais etérea, entende?, suscetível de ser manipulado mentalmente, mais obediente a um controle mental. O que não ocorre no físico. Você treinou naquela massinha que as crianças usam para modelar, e apenas duas vezes: a rosa e o lago. Muito pouco! E logo depois quis passar direto para o bronze: a vida do Banzé. Daniel, tem que treinar mil vezes mais na massinha.

"Por exemplo: você pode criar muitas outras rosas brancas de Maria e ofertá-las ao mundo. Imaginar uma no quarto, uma na sala, no seu colégio; coloque as flores, perfumadas com a Presença de sua Mãe, onde bem entender.

"Pode criar milhares de pombas brancas da Paz e soltá-las por aí, nos hospitais, nos parques, soltá-las em bando nas ruas da cidade para levar alegria a todos os que estão passando pelo local. Faça a imaginação funcionar. Pode cercar a sua casa com um anel azul de proteção, invulnerável, que repele qualquer desarmonia. Use a capa de super-herói do sonho que teve aos nove anos; use a espada de raios azuis que corta perigos como ervas daninhas. Solte a imaginação! Brinque com ela! Sustente essas imagens e os sentimentos que você está insuflando.

"Um dia verá que tudo o que criou na imaginação existe porque é uma ideia, da mesma forma com que você também é uma ideia; e toda ideia criada, energizada, ritmicamente alimentada com amor se toma mais forte que o aço e nada pode dissolver. Maria disse: 'o Amor é o cimento da Criação.'

"Você verá que tudo o que criou mentalmente quando estiver saturado de amor começa a se manifestar no plano físico. Treinando sempre, chegará a ter poder sobre a Vida, que usará com sabedoria, quando for preciso. Maria mostrou como se faz. Agora é seguir o doce caminho traçado por nossa Mãe querida."

– Poxa! Sabe, estou me sentindo meio envergonhado com a minha ignorância, com os erros que cometo...

– Você está aprendendo. Eu estou aprendendo, a cada minuto. Até o nosso próprio logos solar (a consciência do sol deste nosso sistema), que você conseguiu visualizar na viagem a São Lourenço, está aprendendo. Isso é maravilhoso! Há limites para a eternidade? Não. "O Pai trabalha incessantemente." A Vida se renova. É o moto-perpétuo. Cada dia é diferente dos demais, e traz novos conhecimentos e novas formas de Amor.

– Você falou do Banzé, do meu sonho, do que eu vi na viagem a São Lourenço. Você sabe tudo a meu respeito, não é?

– Apenas o necessário para poder guiá-lo com segurança.

– Como é o seu nome?

– Pode me chamar de João.

Estendi a mão, ele a apertou e fiquei deslumbrado com a força de um guia.

– Aaaiii, prazer, João!

– Seja muito bem-vindo aos domínios da Luz. É um prazer enorme revê-lo, Daniel.

– Ué, já nos encontramos antes?

– Provavelmente. Com tantas encarnações que já vivemos...

– Hã... Você é João de quê? Sobrenome?

– Você quer um sobrenome... Então, vejamos... me chame de João Alegre. Afinal, ao me tomar o Sol da minha Gruta, EU SOU a Alegria perene. EU SOU a Alegria por estar agora, com você, aqui.

"Este solo é sagrado. É o ponto inicial da última etapa da senda à Gruta do Sol. Ao atingi-la, o discípulo se toma um Mestre, um Filho de Deus, habitante da Casa do Pai. Faz-se livre e reina sobre os universos, tomando-se, com Deus, cocriador.

"A senda nada mais é do que o desvelar, ou seja, a retirada dos véus que amortalham a Divindade Interna de cada ser, que é eterna porque, com o Criador, sempre existiu e existirá. A Divindade é Essência, é o que é, é o verdadeiro EU, é o EU SOU, é Aquilo que EU SOU porque é Deus em Ação. A senda, portanto, é o processo de autoiluminação.

"Esta sala pode ser tomada como símbolo da Luz que a todos está predestinada.

"Está inserida no mundo sem ser o mundo; aparentemente dissimulada pelos caminhos, sua entrada, porém, é facilmente descoberta por aqueles que verdadeiramente buscam. A passagem que conduz ao Salão Principal é estreita – é a transição das trevas para a Luz. A atmosfera do interior é distinta da que existe no externo; os que nela penetram têm que adaptar seus corpos à Nova Realidade. A sala é um círculo; a Luz é um círculo, cuja circunferência está em toda parte e em parte alguma. No círculo há um ponto central, um ponto de emanação, onde se assentam os Poderes, a Divina Hierarquia. O recinto não tem iluminação elétrica, artificial; ele é o Fogo, a própria Essência Criadora, que arde ininterruptamente.

"E por falar em símbolos, você percebeu, nesta sala, a existência de sete portas. Isto porque:

a Luz é Una: é o Fiat Cósmico, quer dizer, o impulso inicial de toda a Criação, que é basicamente a Vontade e o Poder. É o Primeiro Aspecto e, também, o Primeiro Raio da Luz manifestada. Na Santíssima Trindade, esse aspecto é identificado como o próprio Criador, ou seja, o Pai.

a Luz é Trina: à Vontade-Poder inicial, juntam-se-lhe a Sabedoria (que concebe o Plano Evolutivo da Criação) e o Amor (que é a força de coesão atômica; este é o Segundo Aspecto da Divindade, o Segundo Raio, que corresponde à Segunda Pessoa da Santíssima Trindade, que é o Filho.
A Inteligência que organiza a vida, a atividade da Criação, é também chamada de Espírito Santo ou de Grande Mãe Cósmica porque dá à luz toda a Criação; em outras palavras: produz todas as formas que existem. É este o Terceiro Aspecto da Luz Divina, o Terceiro Raio.

a Luz é Sétupla: o movimento da Vida apresenta vários atributos ou qualidades, que constituem os Raios de Atributos ou Raios secundários. São eles:
Quarto Raio: o da Harmonia, do Equilíbrio, da Ressurreição da Beleza e da Perfeição Original.
Quinto Raio: o do Conhecimento Concreto, da Ciência, da Verdade e da Cura.
Sexto Raio: o da Devoção e do Idealismo, do Amor e da Paz.
Sétimo Raio: o da Magia Cerimonial, da Ordem, do Ritmo e da Alquimia.

"São estes, atualmente, os Sete Raios (ou energias fundamentais) da Luz de Deus neste planeta, no seu atual estágio de desenvolvimento. Porque à medida que o planeta e sua humanidade forem evoluindo, outros Raios ou atributos começarão a se manifestar. Mas tudo tem o seu tempo certo. Portanto, fiquemos nestes sete, com seus Aspectos e Atributos.

"Os Sete Raios existem nessa ordem; porém, no processo da Criação (seja a de um objeto ou a de um sistema solar inteiro) invertem-se as posições do Sexto e Sétimo Raios. E o atestam o Plano Infalível ensinado por Maria e as Escrituras. Lembre-se de que, segundo a Bíblia, o Sétimo Dia foi o repouso de Deus-Construtor. O que é esse repouso senão a Paz, a certeza da realização? Ora, quando o Construtor manifestou, no Sétimo Dia, a certeza da realização, este foi um impulso para que a própria Criação vivesse e trabalhasse autonomamente. Percebe? Não houve propriamente um descanso, mas a Paz que sela a Criação. E a Paz é ativa, dinâmica.

"Cada um desses Raios da Luz de Deus fica em evidência, ou atua mais fortemente, num período aproximado de dois mil anos; são ciclos de atuação dos Raios, que correspondem às exigências da evolução da vida planetária. A Terra atravessou muitos desses ciclos ou estágios. Há quase dois mil anos, portanto no tempo de Joshua..."

– Joshua?

– Jesus, em português... No tempo de Joshua, iniciava-se o período do Sexto Raio, o da Devoção, do Serviço Abnegado, da Caridade, do Amor Universal. Ora, todos os profetas e avatares têm uma única Mensagem: o retorno à Casa do Pai. Justamente no tempo do Raio do Amor, qual foi a pedra de toque da doutrina do Rabi da Galileia? O Amor. "Ama ao Pai sobre todas as coisas e ao próximo como a ti mesmo." A grande maioria dos que, nesse período de dois mil anos do Sexto Raio, buscavam a Gruta do Sol conseguiram atingi-la pela estrada da Devoção e do Amor ao próximo, inspirada por Joshua.

"Já no período de dois mil anos que antecedeu o do Sexto Raio, portanto na era de Moisés, a convocação de retorno à Casa do Pai foi formulada de modo absolutamente diverso.

"Nesta era de dois mil anos que se inicia, a Eterna Mensagem de Volta ao Pai pode ser resumida em quatro itens:

1º) (re)conhecimento e aplicação da Divindade pessoal, que é o EU SOU, que é Deus em Ação. O homem tem que reconhecer que Deus está nele; que ele é, potencialmente, o próprio Cristo e que, por isso, tem a capacidade de externar este Poder e este Amor estupendo.

2º) a revelação das leis e técnicas do uso da Luz como elemento alquímico, que transmuta, sem sofrimento, através de uma aceleração atômica, os erros passados e as condições imperfeitas da vida presente. Há um ditado popular que diz que 'ou se aprende pelo amor ou pela dor'. Agora, na época presente, o homem terá a capacidade de entender que a dor pode ser suprimida de sua experiência e aprenderá como fazê-lo.

3º) nesta nova etapa de desenvolvimento espiritual, as palavras de ordem são: inclusão, tolerância, unidade, não violência, não agressividade. Na Nova Era, os únicos pecados serão o ódio, a discriminação, a separatividade.

4º) o resultado infalível: a Liberdade, tanto individual quanto coletiva (grupal, social, nacional, mundial). Sob o impulso da nova energia espiritual que começa a entrar em vigor, o homem terá necessidade de se libertar do que o oprime, de todos os seus grilhões. A sociedade ficará contagiada pelo anseio de liberdade. Os regimes ditatoriais, todos eles, terão que cair por terra...

"Como estamos na era do Sétimo Raio, o Violeta, é por ele que seu treinamento vai começar. Para isso estou aqui: para guiá-lo a esse Reino de Luz e assisti-lo nessa passagem... Vamos começar agora. Com uma caminhada. Acho ótimo para estimular os músculos."

João se dirigiu à última porta que estava à nossa direita e a descerrou.

– Vamos caminhar. É uma boa ideia?

– Ótima. Para onde for, vamos!

Capítulo IV
O FILHO DO REI

Da soleira da porta olhei a paisagem.

Era um vale; a sala subterrânea onde estávamos localizava-se no meio de uma densa floresta. Vegetação luxuriante; árvores seculares misturadas a plantas pontilhadas de flores silvestres; quase na frente da porta divisei uma pequena picada aberta no mato; ouvi, ao longe, os sons da floresta, talvez de pequenos animais, e também o canto de uma cigarra. O mais belo pôr do sol que jamais tivera a oportunidade de contemplar. Sim, era quase noite – incrível, considerando-se a relativamente pequena distância do buraco onde tinha caído!

– Lindo o pôr do sol aqui. O céu. Essa explosão de cores. Dizem que no Pantanal Mato-Grossense o pôr do sol é assim.

– Na minha opinião aqui ainda é mais bonito. Mas vamos indo. – Com a mão fez um gesto para sairmos. – Por gentileza.

Desci um pequeno batente natural enquanto meu guia se voltava para fechar a porta; fechada, ela se confundia com o próprio morro em que estava incrustada. Se houvesse outros moradores nessa terra subterrânea – refleti – eles não seriam capazes de descobrir, por si mesmos, a entrada para a superfície; a não ser que a conhecessem de antemão, é óbvio.

– Onde estamos?

– No planetinha Terra, às nossas ordens.

– Ora, mas é claro! Ou eu estaria pensando que estávamos em Marte? Impossível!

– Se você declarou que é impossível, é e continuará sendo impossível. No entanto, o que agora nos separa de Marte é apenas um pensamento não formulado.

Tomamos a pequena trilha e caminhamos em silêncio por algum tempo porque eu estava deveras encantado com o pôr do sol e o vigor da floresta; aqui e acolá começamos a ver alguns de seus habitantes – pássaros, chimpanzés, gazelas, esquilos, cavalos, lobos...

– São lobos mesmo?

– Sim, claro.

– Eles são agressivos?

– De modo algum. Todos os animais aqui são dóceis, amorosos; o código genético deles não comporta a agressividade.

– Então aqui, nesta floresta, não há animais ferozes?

– De maneira nenhuma.

– Então isto aqui é o paraíso!

– Certamente. O paraíso está escondido em cada coração humano. Se as pessoas decidem expressar o Amor e a Paz que estão alojados em seu coração, o paraíso se faz ao seu redor; a natureza se acalma; os animais, os vegetais e os minerais são inundados por essas energias; o paraíso acontece. Porque o externo é o mero reflexo do interno. É simples: aqui moram pessoas muito amorosas – em consequência, os reinos sub-humanos e a própria natureza, que são os espelhos da raça humana, refletem suas imagens e tudo o que elas trazem no coração.

– Eu adoro a terra, o mato, os acampamentos, a vida na selva. Mas para falar a verdade, eu tenho medo de certos animais selvagens – os ferozes, como por exemplo tigres, leões, ursos, cobras...

– Você não vai entrar num ninho de cobras nem num reduto de tigres para desafiá-los porque ainda possui sua própria ferocidade interna, que fatalmente iria estimular a ferocidade dos animais. E também porque não é com um desafio desse tipo que conseguiria domar uma fera. Porém, estou lhe dizendo que você é o filho do Rei, o Supremo Soberano de tudo isto que o cerca, e que, por isso, é dotado do mesmo Poder que Ele tem. Estou dizendo que a Vida que pulsa em você também pulsa no corpo do animal. Que uma porção dessa Vida Una, que em essência é Amor e Harmonia, não pode causar danos a outra porção. Que se o Filho do Rei foi criado é porque, em essência ou como herança natural, tem autoridade para governar o Reino. Aprenda esta primeira lição, que se chama *O Filho do Rei* ou *A Ideia do Criador* ou, ainda, *A Liberdade de Ser uma Ideia*. Bem assimilada, ela opera maravilhas. Aliás, foi praticando cabalmente esta lição, até as últimas consequências, que aqueles Seres Gloriosos que você viu na sala há pouco conseguem realizar a tarefa tão prosaica que é a materialização.

– Por falar em Seres Gloriosos, você me disse que me levaria a um Reino de Luz, o Sétimo Raio. Esta mata é a sede do Sétimo Raio?

– Os Raios da Luz de Deus são as energias fundamentais da vida. Isto significa que em todo o planeta, e mesmo além dele, em toda manifestação visível e invisível, em todas as épocas e em todos os lugares, existe o sopro da Vida, com suas qualidades e atributos (em outras palavras: com seus Raios), pelo menos em estado latente. Portanto, os Raios estão em todo lugar. Contudo, como a humanidade terrestre se afastou muito da Lei de Deus e se enredou na lei cármica (a lei de causa e efeito), a energia da Vida, tal como é em essência – pura e perfeita – foi muito contaminada. Daí que atualmente se precisa invocar os Raios, ou seja, invocar a energia correta, a ordem correta para manifestar aquilo que se deseja. "Pedi e recebereis", disse o Mestre da Galileia. Por essa razão é que podemos dizer que onde houver alguém usando, por exemplo, a energia da transmutação, ali é o Sétimo Raio; onde houver alguém usando a energia da cura ou pesquisando algum medicamento ou substância para a cura de alguma doença, ali é o Quinto Raio; onde houver alguém em estado de profunda devoção, adorando Deus, ali é o Sexto Raio. E assim por diante...

"Por outro lado, devo esclarecer que existem determinadas áreas na superfície terrestre que, não por acaso, recebem um determinado Raio diretamente do cosmo e o irradiam de forma especial e concentrada para o planeta. Por causa disso, esses lugares são considerados as sedes dos Raios, seus focos principais... Enfim, cada Raio tem a sua sede, o seu foco principal. E a sede do Sétimo Raio não é aqui, nesta floresta."

Tínhamos chegado a um rio. Sentamo-nos nas pedras que havia à margem.

– Eu o convidei para uma caminhada pela terra, o elemento que você tanto ama, porque é um bom exercício físico e mental. Mas a sede principal do...

João não concluiu a frase porque percebeu que minha atenção tinha sido atraída para umas pedras amarelas que refulgiam no chão, aos nossos pés. Apanhei uma e a examinei à luz do ocaso.

– Sim, é ouro – ele confirmou. – O solo é fértil. Os maiores tesouros da terra permanecem ocultos aos homens. O ouro é o mais nobre dos metais, pois é a condensação dos raios solares. Na próxima Idade do Ouro, que começa aproximadamente no ano 7699 desta era cristã, o ouro será usado em larga escala; nessa era, todas as riquezas e principalmente o ouro estarão totalmente disponíveis para a humanidade que aqui estiver morando. A liberação dos tesouros do universo poderá acontecer muito antes dessa data se os homens, obviamente, tiverem adquirido a Mestria... quer dizer, se tiverem recuperado a consciência de serem realmente filhos de Deus... Bem, mas como eu estava dizendo, vou conduzi-lo até a sede principal do Raio Violeta.

– Naturalmente se eu perguntasse onde está localizada essa sede você me responderia que no planetinha Terra, certo?

– Certo. Na Terra e, mais exatamente, na Transilvânia.

– Espere aí... A Transilvânia fica... Onde é mesmo a Transilvânia?

– A Transilvânia é uma região montanhosa que constitui o centro geográfico da Romênia, sudeste da Europa.

– Europa? E quando nós vamos lá?

– Agora.

– Agora? E vamos de quê?

– Depois de tudo o que conversamos, você não poderia estar perguntando isso... Liberdade, Daniel! Esqueça tempo e espaço! Eles existem, sim, mas o Filho do Rei se sobrepõe a tudo. Pense, resolva, determine a direção a seguir, seja criativo – quanto mais, melhor! ... Agora deixe essa pepita no local onde a encontrou. Vamos de mãos vazias.

Joguei a pedra no chão. João Alegre colocou a mão no meu ombro e instantaneamente já nos encontrávamos em outro lugar, sem que eu tivesse percebido o menor deslocamento. Só a paisagem é que tinha mudado.

– Chegamos. Numa velocidade superior à da luz. Estamos na Romênia; aqui funciona o principal foco de irradiação do Sétimo Raio, o Violeta. Ainda existem outros dois muito utilizados pelos Mestres dirigentes desse Raio: um no Deserto de Saara, a que chamamos de Cidade de Ouro, e outro na Antártica.

A primeira coisa que via à minha frente era uma cadeia de montanhas, recortando-se na linha do horizonte.

– Esses são os Montes Cárpatos – explicou João Alegre. – Nesta área, que é a região meridional, eles recebem a denominação de Cárpatos Meridionais ou Alpes Transilvanos. A leste, são chamados de Cárpatos Orientais ou Moldavos, e se apresentam recobertos de bosques e florestas; a oeste, ficam os Cárpatos Ocidentais ou Metalíferos, onde prevalecem os maciços vulcânicos.

Do alto do monte onde nos encontrávamos, contemplei as colinas próximas, que pareciam dispostas de forma irregular, e seus vales, cobertos de bosques e vegetação rasteira. Por se espalhar por uma área muito grande, uma plantinha em especial me chamou a atenção; ou era impressão minha ou suas folhas pequenas me pareceram azuladas...

– É o linho – disse João Alegre. – Toda essa área é tradicionalmente destinada à colheita e batedura do linho.

Era um belo lugar, sem dúvida.

– Nessa direção para lá – indicou João com um movimento de cabeça – corre o Rio Danúbio, eterna fonte de inspiração do Mestre Saint Germain, dirigente do Sétimo Raio... Por falar nisso, vamos conhecer sua sede principal... – Ato contínuo, ele me pegou pelos ombros, me virou e, no instante seguinte, estávamos de frente para o prédio central do Sétimo Raio.

A surpresa foi imensa! Eu mal podia acreditar no que estava vendo! Era o prédio da Casa Branca do Governo dos Estados Unidos da América!

– Foram eles que copiaram. Em determinado período da História dos Estados Unidos, Grandes Seres de Luz, embora veladamente, orientavam e intercediam nos acontecimentos, levando-os a um bom termo dentro das possibilidades, porque algumas figuras históricas da época estavam conectadas com Mestres da Luz, que compõem uma irmandade chamada Grande Fraternidade Branca. Quem idealizou a planta da Casa Branca não o fez por inspiração própria. Segundo o plano original, a construção física deveria ser também a residência da Liberdade. Como é o nosso Palácio. Se não cumpre o objetivo, o problema é deles. E nosso também. Mas dias melhores virão. Vamos entrar.

Foi aí que parei para observar as pessoas que estavam entrando e saindo do Palácio naquele momento. Todas elas verdadeiros monumentos de beleza, elegância e bom gosto. As mulheres, sem exceção, trajavam longos cintilantes e usavam joias. Os homens, em sua maioria, vestiam túnicas com preciosos mantos por cima (lembraram-me aqueles Seres da sala subterrânea), mas também vi dois orientais vestidos a caráter, isto é, de quimono; apenas poucos trajavam-se à maneira ocidental – de *smoking* ou de terno, camisa social e gravata, ou, ainda, de *blazer* no lugar do paletó. Mas qualquer que fosse o figurino, era sempre da melhor qualidade, como se tivesse sido executado pelos maiorais da alta costura. Comparei aquele verdadeiro desfile de moda com a cerimônia de entrega do Oscar, que assisti pela televisão e era a minha única referência de suprema elegância e requinte de vestuário.

– Está havendo alguma festa no Palácio?

– Não. Todo dia é assim.

Então eu olhei os meus trajes. Me senti miserável. Sujo até a alma. Camisa descosturada, gravata do uniforme amarfanhada. Unhas negras de terra.

– Não posso entrar aí assim. Aliás, quem sou eu para entrar num Palácio?

– Um filho de Deus chamado Daniel Filgueira de Carvalho. Confere? Então vamos! (Ele me segurou pelo pescoço e gentilmente me impeliu para a frente.)

– Não, eu não posso! Vestido assim, não me sinto bem. João, estou muito constrangido...

– Você pode, aqui mesmo, se quiser, restaurar sua aparência. Mas já que neste momento você não está conseguindo assimilar esta ideia, ou seja, não está conseguindo *aceitar* esta ideia, então o jeito é se limpar lá dentro. Confie em mim. Eu lhe prometo que você vai se restaurar completamente – no corpo, na mente, na roupa, em tudo! Então, venha comigo – sem perguntas, sem dúvidas e sem conflitos. Confiando. Se você não confiar em mim, que sou o seu guia, em quem mais poderia confiar? Nos assuntos da Luz, o discípulo tem que se entregar inteiramente nas mãos do instrutor. Aprenda mais esta lição. Em marcha!

Obedecendo ao meu instrutor, me deixei conduzir por ele, que, aliás, parecia ser ali muito popular, pois cumprimentava a todos com familiaridade. Atravessamos o elegante vestíbulo de entrada, intensamente iluminado, mas sem que eu pudesse detectar pontos de luz aparentes. O mobiliário era requintado; havia belos quadros afixados nas paredes e uma profusão de objetos em ouro, cristal, porcelana e pedras preciosas. Tudo isso eu via *en passant* porque procurava andar o mais rápido possível para fugir de eventuais olhares à minha triste figura.

Andamos muito; atravessamos salas amplas, corredores extensos; pelas portas abertas ou entreabertas das salas, vi pessoas trabalhando na operação de equipamentos que me pareceram computadores, porém de *design* muito mais sofisticado do que os usuais; passamos por auditórios e laboratórios. Uma dos salões me pareceu uma enfermaria, com pacientes deitados recebendo a assistência de médicos e enfermeiros.

Com a mão firmemente cravada em meu pescoço, João sussurrou:

– Falta pouco. Estamos chegando.

– Se você pode, numa velocidade superior à da luz, viajar de São Lourenço à Transilvânia, por que não usou seus poderes agora para me levar direto para o banheiro, onde poderia dar um jeitinho na minha roupa ou talvez até trocá-la, se você me arranjasse outra, em melhores condições?

– Porque sou um rapaz muito gentil e excelente companheiro. Não iria permitir que você perdesse a oportunidade de conhecer as dependências do Palácio e algumas das infinitas possibilidades da Luz. Por isso estamos dando tantas voltas aqui dentro.

– Ah... – gemi, sem o menor vestígio de gratidão pela gentileza do meu instrutor.

– A propósito: devo lhe avisar que aqui não tem banheiro.

– Não?! Então como é que essas pessoas fazem pra...

– Não fazem.

– Como não fazem?!

– A primeira lição, denominada O Filho do Rei, é muito abrangente... Em nenhum momento eu falei em banheiro; apenas disse que aqui no Palácio você restauraria tudo em você, incluindo suas vestes. Cumpro o prometido: é aqui!

Amplo salão branco, cujo chão era formado por uma grade; não havia móveis ou objetos de qualquer natureza. Existia apenas um

Fogo Vivo, Violeta, inundando todo o recinto e transformando-o numa câmara ardente.

– O Fogo arde aqui permanentemente e vem das fundações do Palácio. Esta sala funciona como uma grande central que distribui o Fogo da Misericórdia, que tem a tonalidade violeta, para as demais subestações da Terra; a ela vêm estudantes do mundo inteiro para banhar-se nessa energia e aprender a aplicá-la em suas vidas. Usando essa energia, o alquimista transforma o vil metal, que é a personalidade humana, no ouro da consciência divinizada. Banhe-se no Fogo; suas vestes serão restauradas.

O contato com as labaredas foi um choque altamente revigorante. Toda a sujeira se dissolveu como num passe de mágica; até a gravata do uniforme se reconstituiu e ficou como se engomada e passada a ferro com perfeição. Depositei a mochila no chão para facilitar os movimentos e me entreguei...

*

– Ali, naquele grupinho, estão os soberanos do Palácio e do Raio Violeta durante os próximos dois mil anos: Saint Germain e Pórtia.

Olhei na direção indicada. Era um grupo constituído de três homens e uma mulher – Pórtia, é claro. Ela é loura, alta e longilínea; estava com os cabelos presos em coque, adornados por uma tiara de diamantes; vestido longo, branco e justo, e sandálias de fios trancados; completava o figurino uma gargantilha de pequenos diamantes, de onde pendia uma cruz de malta de ametista. Quanto aos homens, um era nitidamente nórdico: olhos azuis, cabelos quase brancos de tão louros, um bigode contornando-lhe os lábios; o outro era moreno e o mais alto deles, e ambos usavam túnicas. Já o terceiro homem, justamente o mais baixo (calculei um metro e noventa), estava de calça e sapatos brancos e uma camisa de mangas compridas, com pequenos detalhes em azul e branco. Tinha barba, bigode e cabelos castanho-claros; quando seus olhos de cor violeta se encontraram com os meus, senti uma vibração indescritível.

Carismático – refleti. Profundamente carismático. Deve ser ele. Só pode ser ele!

E era. João Alegre se acercou do grupo e se dirigiu ao Mestre Saint Germain; de onde eu estava, pude ouvir o que ele dizia: "Saint Germain, ali está o Daniel. Ele já se banhou no Fogo Violeta, e agora vim apresentá-lo." Os olhares se voltaram em minha direção; todos se levantaram das poltronas onde estavam sentados. A curta distância, eu observava, atento e um tanto paralisado. Saint Germain me incentivou:

– Venha, Daniel. Aproxime-se.

Hesitei. Numa velocidade superior à da luz, as dúvidas foram se amontoando: e agora, como me comportar diante de Reis? Eu não tinha a menor noção! O mais perto que chegara, antes, de uma autoridade foi na parada de Sete de Setembro, quando meu colégio desfilou em frente ao palanque do governador... Mas o Rei estava chamando, eu tinha que ir. Aliás, já estava indo. Um passo, o mais lento possível, *já sei, vou lá e dou um beijo no anel deles*, outro passo, *e se eles não estiverem de anel,* terceiro passo, *a gente chama eles de quê? De Vossas Majestades?,* quarto passo, uma lembrança: os Beatles diante da Rainha da Inglaterra!, quinto passo, *o que é que John Lennon fez na hora com a Rainha?* Eu vi o filme – aliás, eu vi vários filmes sobre os Beatles mas mesmo assim não conseguia lembrar! Outro passo, *mas também o John Lennon era bem atrevidinho*, outro passo, *é isso: os Reis de antigamente!, quer dizer, os cavaleiros vinham, se ajoelhavam e aí*, outro passo, os Reis pegavam uma espada e... eu já estava quase em cima dos Reis, quase esbarrando neles. Caí duro, ajoelhado, mudo, cabeça baixa. Respeitosamente.

Rindo, o casal pousou as mãos sobre minha cabeça. Recebi o gesto como um carinho e uma bênção.

– À luz da Cruz de Malta, símbolo e estandarte da perfeita alquimia a que nosso Palácio se dedica, damos-lhe as boas-vindas à Pátria. É um prazer tê-lo aqui conosco.

A seguir, os Reis ofereceram poltronas para nos sentarmos. Os outros dois Mestres, o louro e o moreno, despediram-se e se retiraram. Eu me sentei no local indicado, entre o casal. João acomodou-se na poltrona à minha frente. A Rainha Pórtia observou:

– Quer dizer que hoje Daniel conheceu as dependências do Palácio; é uma vitória! Nossos votos são de que as visitas se tornem cada vez mais frequentes...

– Obrigado. Veja a senho... perdão, Vossa Majestade...

– Me chame de você. Afinal, somos irmãos. Eu, você, Saint Germain, João, todos! E fique tranquilo, relaxado, não se preocupe com protocolos... Essa mochila aí às suas costas não está incomodando?

– Pra falar a verdade, está, sim. Um pouco. (Tirei a mochila e acomodei-a no colo.) É... eu saí à procura da Gruta do Sol, viajei para São Lourenço e saí na Transilvânia! ! É demais!

– O que você está denominando de Viagem à Gruta do Sol ¬ Saint Germain falando – é um processo que começa quando o estudante se volta para a sua própria Divindade Suprema e a reconhece como a Lei de Perfeição e Abundância fluindo, permanentemente, através de seu ser, para abençoar a si próprio e a toda Vida. Caminhar em direção à Gruta do Sol significa a entrega, gradativa e crescente, de todo poder a essa Presença de Deus Individualizada, em detrimento da personalidade. Alcançar a Gruta é fundir-se no corpo de glória da Presença EU SOU, tornando-se um com Ela. O princípio, o meio e o fim são, somente, estágios diferentes de exteriorização da Presença EU SOU.

"Mas antes de discorrer sobre a aplicação dessa Invencível e Toda Poderosa Presença, quero lembrar o processo de individualização – nosso próprio nascimento."

– Ah, isso eu já sei.

– Não sabe. Ou mais precisamente: sabe porque todos sabem e esqueceu porque esta é justamente uma das histórias cobertas pelo véu do esquecimento. A título de introdução, vou contá-la da maneira mais simples, a fim de que as informações sobre nosso aparecimento no Universo sejam assimiladas desde agora. À medida que for progredindo na Luz e se aprimorando no uso dos Raios, o conhecimento se aprofundará. E eu asseguro que esse conhecimento será empírico e não meramente intelectual.

"Na noite dos tempos, antes desta Criação, existia Deus, o Todo Absoluto, o Imanifesto, o Incognoscível, o Espaço Eterno, as Trevas na Luz e a Luz nas Trevas. É a Causa sem Causa.

"Numa determinada Hora (pré-cósmica), Ele entoou o Verbo, anunciando a aurora da Manifestação. E expirou, exalando o Seu Alento que, se expandindo, criou sete planos.

"O Primeiro Plano ou Logos é o Ponto Focal da Manifestação ¬ a Mente que tudo idealizaria. É a Primeira Causa e, sendo assim, é o Pai.

"A Mente concebe a Vida e a expande pelo Espaço, constituindo o Segundo Logos: o Espírito Santo, também chamado de Reservatório Universal.

"As Águas da Vida do Espírito, sempre em ebulição, foram identificadas com frequência na ciência esotérica como a Mãe que concebe e dá à luz o Universo das Formas, a Criação propriamente dita – esta última é o Terceiro Logos.

"E mais quatro planos foram criados, mas no momento vamos nos ater somente a estes, que constituem a Santíssima Trindade.

"Nosso crescimento ou manifestação seguiu exatamente o mesmo processo: do Primeiro Logos, a Mente Paterna, fomos emanados como Ideia ou Centelha-Pensamento. Afastando-se do Grande Centro, a chispa mental imergiu nas Águas Fecundas da Vida e, vivente, manifestou-se como Imagem no Mundo das Imagens: o Filho.

"Pela primeira vez mostrava-se como Deus Individualizado, um Eu, que é a primeira expressão de individualização. Fulgurante corpo de glória e esplendor, eletrônico, é a Presença da Perfeição e Abundância do ser, que igualmente possui outros corpos que se manifestam nos quatro planos ou universos subsequentes.

"Quando Joshua enunciou 'EU SOU a Porta Aberta', referia-se a essa Gloriosa Imagem, que é eterno derramamento de Perfeição. Ao dizer 'Ninguém vai ao Pai senão por Mim', indicava que um indivíduo só estabelece contato com o Pai e com o Espírito Santo se estiver acoplado à consciência da Divina Presença, se for o EU SOU. Sim, a Santíssima Trindade está fora e dentro de cada Filho de Deus.

"Sendo derramamento da Perfeição para os veículos inferiores, a Presença revelará ao ser as outras Pessoas da Trindade. Canal da Eternidade para os mundos inferiores, é também a escada que conduz ao Altíssimo.

"A Presença é Mágica porque tudo sabe e tudo pode. A todo instante, deve-se usar seu Amor-Sabedoria e Poder. Quanto mais se aplicar essa energia eletrônica, eterna, mais e mais a Presença se acercará do indivíduo ordenando seu corpo e seu mundo com perfeição. Assim, chegará o momento em que o veículo físico e a Presença EU SOU se fundirão num só corpo. Que é você, só você, Daniel, eternamente."

– Isso quer dizer que cada pessoa tem a sua Presença diferente das outras?

– Exatamente. Cada indivíduo tem a sua Presença diferente das demais. Sendo a Imagem Original, cada um tem a sua.

– Por exemplo, a Rainha Pórtia...

– Não há outra Pórtia no universo. Sua Presença é única. Ela é única, como cada pessoa, cada Filho de Deus também é único.

– Ela não nasceu criança?

– Na Mente do Criador nunca houve a criança nem o velho. A criança ainda teria que crescer para controlar seus veículos – corpo e mente. O velho é a decadência, a forma gasta. Você viu alguma criança ou velho neste Reino de Luz?

– Não.

– Porque não há. Se alguém mora aqui é porque já atingiu a estatura espiritual necessária e readquiriu a imagem adulta. Todos os Filhos de Deus nasceram adultos e perfeitos, com absoluto controle de corpo e mente.

"Quando, pela última vez, um ser nasce na Terra com possibilidades de realizar a ressurreição da carne, o corpo físico desse indivíduo é imagem e semelhança da Divina Presença. No decorrer dessa última encarnação, o crescente derramamento de luz eletrônica da Presença que se aproxima do veículo físico do candidato à ascensão detém o natural processo de envelhecimento. Por outro lado, se o físico do discípulo que vai ascensionar se apresenta ainda sob forma infantil ou adolescente, a luz do EU SOU o fará adulto para, só então, absorvê-lo na Presença Eletrônica.

"Você, meu querido estudante, é um candidato à ascensão, ou, como estamos denominando aqui, à Gruta do Sol. Nesta encarnação seu físico manifesta a configuração da Presença – cabelos castanhos, rosto quadrado, olhos verdes. Pela contagem de tempo no plano físico, está com quatorze anos, portanto ainda em fase de crescimento. Mas mesmo como Divina Presença você é muito alto (dois metros e dez centímetros), quase tanto quanto Paolo Veronese, um dos Mestres mais altos da Fraternidade da Luz. Assim, no físico você crescerá muito além dos padrões normais."

– Então este meu corpo físico já é igual ao da Presença, não é isso?

– Sim, apresenta as mesmas características.

– Saint Germain, eu tenho uma dúvida.

– Estou ouvindo.

– Eu tenho pé chato e quando nasci tinha orelhas de abano...

– Mas a sua Presença não tem pé chato nem orelhas de abano, nenhuma imperfeição que você, amado estudante, manifestou por ter se identificado, no presente ou no passado, com o mundo mutável.

– Que alívio!

– A Presença é perfeita, o que equivale a dizer: você é um ser perfeito que não pode manifestar imperfeições. Porque é Filho de Deus, que é o Único Rei e Senhor, e cujo legado é Perfeição. Quando compreender isso e exercer o Poder em Nome do Filho, a Perfeição jorrará abundantemente através de você. Toda e qualquer anomalia ou disfunção pode ser corrigida pela Presença Mágica.

– Só para conferir: se eu não tivesse usado esparadrapo nas orelhas quando era bebê...

– A Presença Mágica corrigiria, como vai corrigir o formato de seus pés.

"Essa questão me lembra a minha própria história. Em um tempo remotíssimo, quando as condições sanitárias e higiênicas ainda eram muito incipientes, eu peregrinava pelas regiões desoladas da Sibéria, na Rússia.

"Uma noite, encontrando-me solitário no casebre de um colono, situado junto a uma vara de porcos, um de meus pés congelou-se devido ao inverno rigorosíssimo da Sibéria. Inutilmente procurei aquecê-lo com as ataduras de trapos de que dispunha e achegando-me ao fogão, onde a lenha úmida tentava incendiar-se, espalhando fumaça por todo o ambiente e alimentando o caos e o desconforto.

"Repentinamente um Mestre que eu conhecia e de quem recebia lições projetou um raio de seu pensamento em meu auxílio. Pude reconhecer sua Presença pela vibração peculiar e porque minha tensão, de súbito, se dissipou. Não vi sua venerável figura; não ouvi sua voz; porém, em minha mente surgiu a imagem de pés perfeitos como jamais havia visto antes, tanto fosse pela visão externa como interna. Eles pairaram abaixo de meus pés como se fossem sóis geminados, cada um debaixo da arcada do pé; em sentido vertical subia o calor da irradiação desses sóis. Sustentei essa visualização a tal ponto que o ambiente cm torno se desvaneceu. Imergi na perfeição desses pés divinos que contrastavam com o miserável formato dos pés físicos, deformados pela criação humana. Concentrei-me somente na perfeição. Finalmente a voz do Mestre fez-se ouvir: 'Eis aqui os pés com que foste provido desde o começo; usa-os!' Logo em seguida o Mestre retirou seu raio e a visão desapareceu.

"Mas eu já possuía o modelo que ele me dera; então olhei fixamente os meus pés imperfeitos moldando-os na Perfeição que havia contemplado, não admitindo a paralisia e a dor. Eu os *soube* saudáveis. De imediato, meu organismo reagiu: a temperatura interna subiu; um calor agradável percorreu-me as pernas e pude andar. Nessa encarnação, como consequência do que aconteceu no casebre naquela noite, pude aperfeiçoar meus pés. E quando, depois de inúmeras encarnações, chegou a hora de me tornar a Presença EU SOU (ascensão), os pés foram os primeiros a se tornarem visíveis no conjunto de minha configuração eletrônica."

– No meu caso, eu acho que a ascensão vai começar pelas orelhas; depois virão os pés; e então o resto do corpo. Já pensou?! De repente, na luz eterna, surge um par de orelhas ascensionadas, divinas, flutuando no ar! Aí, muito lentamente, lá embaixo, aparecem uns pés... Deve ficar engraçadíssimo para quem estiver assistindo...

Eles riram com a piada. Saint Germain fez um comentário:

– É tão importante a alegria! Eu já disse várias vezes, mas muitos discípulos ainda não se conscientizaram da necessidade dessa vibração leve da alegria, do riso. Ninguém ascensiona triste, severo; o processo de iluminação interna, o caminho à Gruta do Sol, é uma reedição de Alegria Primeva, aquela alegria de que os Filhos de Deus desfrutavam como ideias livres do Criador, ao se manifestarem como Presenças e até quando se encarnaram, pela primeira vez, sobre a face da Terra e eram chamados, com muita propriedade, de Santos Inocentes. A rigidez, a ausência de senso de humor e de espontaneidade são pedras que impedem um corpo de se elevar na Luz. O Irmão Koot Humi Lal Singh, o Grande Mestre da Humildade, sempre repetia uma frase enquanto ainda São Francisco de Assis: "Frade triste? Triste frade!"

– Eu digo muita bobagem, não é?

– Você está aprendendo. E ousa perguntar, com naturalidade; é alegre, possui esse sentimento que vibra tão aceleradamente no corpo emocional – embora ainda existam, é claro, muitas coisas que precisam ser limadas, falhas a serem corrigidas. Na luz crística, tudo o que está oculto e é imperfeito vem à tona para ser consumido.

O processo de limpar o que estava oculto, como Pórtia anunciou, começou no dia seguinte, sob a supervisão de João Alegre.

– Outras informações sobre a Criação da Divina Presença deverão ser transmitidas hoje à noite, durante o seu sono. Por ora, como resultado deste nosso primeiro contato, pediria que passasse a praticar o seguinte exercício:

"Relaxe o corpo físico e a mente; visualize-se inteiramente preenchido de Luz, da cabeça aos pés. Quanto a estes, perceba-os divinos e perfeitos.

"Abençoe a Luz, ame-A e glorifique-A, entregando-se dócil à Presença que A emana. Em seguida, identificando-se com a Suprema Divindade Interna, decrete:

EU SOU a Divina Presença.
EU SOU a Luz, o Amor e o Poder.
EU SOU o Caminho, a Ressurreição e a Vida.
EU SOU a Porta Aberta que nada nem ninguém pode fechar.
EU SOU o que EU SOU.

"Pratique esse exercício pelo menos três vezes por dia, isolando-se de toda atividade externa."

Então eu tive um sobressalto: lembrei-me de Walter e Mônica. Deus meu, eu os esquecera por completo! Eles deviam estar alucinados com o meu desaparecimento! Como pude... Mas imediatamente Pórtia me tranquilizou:

– Não há motivos para preocupação. Veja você mesmo.

Foi como se o chão da sala tivesse desaparecido ou então se tornado transparente. Lá embaixo, como num andar térreo, vi minha sala de aula, vazia, e... eu mesmo, debruçado sobre a carteira, dormindo profundamente!

– Seu corpo físico não saiu do colégio.

– Então isto é um sonho!

– Não. Estes acontecimentos são reais, nós somos reais. (Estendeu-me o braço.) Toque aqui. (Toquei.) Sentiu? Agora toque o seu braço. (Toquei. E continuei me apalpando, sem entender nada. Eu diria que eles é que eram de carne e osso e o meu corpo é que era mais etéreo.) Percebeu a diferença? Nós somos a Presença. Como Saint Germain explicou, a ascensão é a fusão de todos os corpos, incluindo o físico, no da Presença EU SOU. Todas as nossas células físicas foram absorvidas por Ela no momento da ascensão; por isso você tem a impressão de que temos uma carne, embora sejamos eletrônicos. Já o veículo astral, em que agora você se apresenta, é constituído de átomos menos coesos que os do físico; daí ser mais fluídico.

– Físico e astral, Daniel: corpos diferentes e, por enquanto, ainda bem dissociados – prosseguiu João. – Considere esse outro corpo como uma parte de sua consciência a que normalmente não tem muito acesso; muitos o identificam como subconsciente ou inconsciente. Físico e astral – por não saber operar consciente e simultaneamente com os dois, você "apaga" um deles, ou seja, permanece dormindo no físico. Mas tudo é uma questão de treinamento. Expansão de consciência, entende? Um dia você estará recebendo aulas aqui nos Reinos de Luz, por exemplo, e ao mesmo tempo, exercendo qualquer outra atividade no plano físico, sem prejuízo de nenhuma delas. Porque a consciência estará unificada; e será ela que estará manipulando os dois veículos de manifestação ao mesmo tempo, em lugares e situações diferentes.

– E em que se resume um treinamento desse tipo?

– Em Amor e Imaginação.

*

João Alegre me avisou:

– Sua aula de Português vai começar dentro de dez minutos, e é prova. Ou seja: não adianta continuar com a atenção focalizada neste nosso plano, até porque ou você continuaria dormindo lá embaixo ou então disperso aqui em cima. Além do mais, sua próxima instrução será com Saint Germain, esta noite.

– Na despedida, você viu?, ele disse que a instrução dessa noite vai ser importante...

– E por causa disso você já está ansioso...

– É.

– Há um momento certo para todo propósito debaixo do céu. Ansiedade só atrapalha; você só conseguiu ressuscitar a rosa quando relaxou... lembra?

– Lembro.

– À noite você se encontrará com Saint Germain. E agora volte às proximidades do físico.

– Imaginando, certo? Viu? Já estou aprendendo...

– Imaginando sempre e da forma correta. Imaginação é, em essência, o exercício do Poder Criador. E se prepare porque amanhã à noite nós teremos uma conversinha muito séria.

– Combinado. Passar muito bem!

– Boa prova!

•

Ao lado do físico agora desperto, ainda não totalmente acoplado com ele, havia um outro corpo, mais alto, de pé – esse corpo que vivenciara as experiências que relatei. Pelo visto, os colegas estavam entrando na sala sem perceber minha presença.

Físico e astral: dois planos distintos; a consciência, normalmente identificada apenas com o físico, podia se deslocar e atuar numa outra dimensão, mais sutil. É esta a explicação. Mesmo assim, lá no fundo, havia um São Tomé em mim, clamando por provas! Experiências astrais... mas tudo tinha sido tão concreto, tão... físico, eu diria... Recapitulando: foi ali naquela janela que vi a pomba branca, o sinal que eu esperava tão ansiosamente – até aí tudo bem; depois eu a segui, saí do colégio, sim, e fui parar na Rodoviária Novo Rio onde paguei a pass... O dinheiro! Caramba, o dinheiro! (Remexi freneticamente na mochila. Localizei o dinheiro. Contei. Estava intacto! Ou seja: simplesmente não pagara passagem nenhuma, pelo menos no físico.) Suspirei. Tomé então se aquietou.

A consciência de "outro corpo" desapareceu por completo. Ruidosamente as condições do plano material se impuseram: a balbúrdia dos colegas aumentava. Mas eles continuavam dando mostras de que não estavam me vendo; esse fato se tornou ainda mais palpável quando o sarnento do João Alfredo, um colega de classe com quem eu tinha uma rixa antiga, passou pela minha carteira e não me incomodou. Em outras circunstâncias, ao me ver calmamente sentado, ele encenaria uma queda e, de lambuja, me daria um safanão.

Ótima a sensação de invisibilidade! Sentindo-me protegido do assédio da turba ensandecida, pus-me a meditar sobre as experiências vividas. Sim, foi com outro corpo, numa outra dimensão, que aconteceu tudo isso e num espaço de tempo de aproximadamente duas horas no plano físico (recreio mais a aula de Matemática a que, pelo visto, o professor faltara). Mas ainda havia questões a serem respondidas: nessa outra dimensão o tempo corria mais velozmente ou, ao contrário, o tempo era exatamente o mesmo e só o que variava era a velocidade com que um corpo podia se deslocar? Se eu estive num subterrâneo tão próximo de São Lourenço, por que a diferença de horário? Finalmente, por que não encontrara Mãe Maria, se foi à procura dela que saí?

Sussurrei: Mãe Maria!... Então uma voz feminina rompeu a capa de silêncio em que estava envolvido:

– Daniel!

Dei um pulo da carteira, com o coração aos saltos. Mas infelizmente tratava-se de uma outra Maria, a Maria Aparecida, professora de Português, fazendo a chamada. Agora já estavam me vendo. Ergui o braço: *presente!*, e me preparei para a prova que faríamos logo após a chamada.

O resto do dia transcorreu normalmente; o almoço em família, os afazeres domésticos, os deveres de casa, as brincadeiras com Ísis, etc. Só que algo havia mudado. Na tarde e na noite desse dia, as pessoas que me rodeavam mostravam-se visivelmente mais luminosas. É que, ao olhar para elas, eu pensava em suas Divinas Presenças, seus fulgurantes corpos de glória e esplendor. Fiz o exercício de ver o meu corpo inundado de Luz, mas também visualizei essa mesma Luz em Walter, Mônica, Ísis e Luísa. E curti de montão a atmosfera de absoluta paz e harmonia que se instalava em casa.

*

Antes de dormir, fiz pela última vez o exercício prescrito por Saint Germain, rendendo graças e louvor à Toda Poderosa Presença EU SOU, e me fui ao Palácio. Ao encontrar Saint Germain, nem precisei abrir a boca para perguntar coisa alguma porque ele já foi explicando:

– O seu amor à terra vem sendo cultivado através de várias encarnações e determinou, muitas vezes, a escolha das profissões que exerceu: você já foi mineiro, geólogo, lavrador, botânico, arqueólogo. Mesmo como o monge poeta e solitário do século XIX, o cultivo da terra era a sua mais ardente forma de oração.

"Esse amor à terra combinado com as pesquisas esotéricas levaram-no a uma conclusão: a Terra é oca e no centro existe um Reino de Paz. Baseado nessa teoria, acalentou um dos mais ardentes desejos: através de uma passagem secreta, cavada no solo, chegar a esse Reino. As redondezas da cidade de São Lourenço, tantas vezes exploradas no passado, sugeriram o que lhe pareceu o cenário ideal para a realização de seu sonho. Você determinou o local; quis, com todas as forças, que aquele, e somente aquele, fosse o local da realização do antigo sonho. O apego a São Lourenço marcou-lhe a alma.

"Quando o indivíduo tem desejos ardentes, estes não são dissolvidos pelo tempo, e diz a lei cármica (lei de ação e reação) que esses desejos terão que ser vivenciados e esgotados. Há muito você queria atingir o Reino de Paz; acercava-se o momento de sua Iniciação e posterior admissão aos Reinos de Luz. Mas você havia restringido: *através de um buraco cavado no solo de São Lourenço*.

"Chegada a hora e cumprindo todas as suas recomendações, a lei cármica o atendeu. Maria mandou o sinal como combinado: uma concentração energética em forma de pomba branca, que indicaria os próximos acontecimentos transcendentes. Você recebeu o sinal, identificou-o com segurança e, mentalmente, determinou a direção a seguir. Ao contrário do que pensa, não foi a pomba que o conduziu. Ao guia João Alegre, designado por ordens superiores para levá-lo ao local da Iniciação, não restou outra alternativa senão esperar, pacientemente, que seu veículo astral primeiro se deslocasse até São Lourenço, cavasse o buraco na matéria astral, descesse ao interior da terra e enfim esgotasse o desejo ardente da Grande Aventura. Só então, na Luz que o cegava, João o conduziu à antecâmara do verdadeiro Reino almejado. Existe um ditado druida que diz: 'Cuidado com o que pedes em oração, pois isto te será dado.' É uma verdade insofismável.

"Você se equivocou na escolha do acesso ao Reino; porém, sua intuição estava correta. O Reino de Paz subterrâneo, que inspirou sábios de todos os tempos e gerou grandes mitos de uma civilização perfeita, não é uma utopia. Existe; é o Centro Magnético da Terra, a Casa do Pai neste planeta, a sede do Governo Interno e residência da Dinastia da Luz: é Shamballa. Outros nomes a designam: Agartha, Shangri-La, a Cidade das Sete Portas, a Morada do Santo Graal, o Cetro Planetário do Poder, o Diamante Flamígero, a Ilha Branca.

"Shamballa – que não foi o local de sua iniciação – existe tanto em nossas oitavas de Luz como fisicamente, no seio da terra. Não está localizada no centro, mas no ponto magnético correspondente ao centro cardíaco do planeta, assim como, no homem, o coração é a sede da Luz que o ilumina; em vários pontos da superfície terrestre há passagens subterrâneas que a ela conduzem. Além de Shamballa, outros Santuários, onde trabalham Grandes Mestres, estão disseminados pelo subsolo, montanhas, rochas e até sob o leito de oceanos.

"Esses locais sagrados, verdadeiros Reservatórios de Poder, Amor e Iluminação para toda a vida planetária, são protegidos por poderosas barreiras vibratórias, que os tornam invisíveis aos olhos humanos e invulneráveis a qualquer influência externa, inferior à Perfeição da Luz. Somente através do coração, a Gruta do Sol, em Presença, os homens poderão se conectar com esses Focos de tão estupenda irradiação.

"Maria não marcou encontro num lugar físico. A Gruta é o coração, que alberga o Sol Crístico, a Joia do Lótus. A Luz é Una, é Única; nela não existe separatividade. O Cristo é um só. Entrando em sua Gruta, você está simultaneamente na Gruta de todos os Filhos de Deus. Maria disse: 'Estamos juntos na Gruta do Sol.' Então, eu lhe peço: comunique-se com ela agora, neste momento, focalizando o coração."

Fechei os olhos. Com ardor, centrando-me no Sol da Gruta busquei mamãe. Sem demora, encontrei-a. Ali estava ela, visível e tangível! Enfeitada de rosas e envolta por um longo manto azul. A voz cristalina de água correndo se expandiu pelo recinto:

– Salve, Filho querido! É imensa a minha alegria porque hoje você consegue ouvir a minha voz, que sempre lhe falou na gruta do coração.

"Tenho recebido o seu Amor. Devolvo-o multiplicado e em superabundância, pois na Unidade Crística, o que EU SOU você também é. O que é meu é seu.

"O Amor veemente e sincero é o poder que abre a porta da Gruta e o que o trouxe à presença de seus instrutores. As lições que receberá são o aprendizado para a Eternidade.

"A Luz é inextinguível; a evolução é eterna. Mesmo após sua total transmutação no Cristo, EU SOU, EU ESTOU sempre com você. Deus o abençoe!"

Não pronunciei palavra. Fui até ela e mergulhei em seus braços abertos, num abraço infinito. Ao deixar de vê-la, ainda assim sua luz me vestia; o abraço continuava.

– Por que somente hoje consegui encontrá-la, quando a Gruta estava em mim o tempo todo? Por que tive que esperar onze anos para vê-la novamente?

– Você se engana. O sinal não mostraria a Gruta; esta você já descobrira intuitivamente, como lhe competia fazer, e através dela comunicava-se livremente com Maria. Mandava as mensagens, declarava o seu amor, pedia auxílio, convicto de que ela o ouvia; portanto, usando a força crística. Porém, não discernia as respostas, por condicioná-las ao externo, a uma gruta física. O sinal prometido viria, apenas, para anunciar os próximos acontecimentos transcendentes que estavam prestes a acontecer.

"E aqui estamos nós, querido estudante, para darmos seguimento à instrução sobre a Presença Mágica, que o levará ao Sol de perene expansão, o Cristo, para bênção de todo o universo."

Saint Germain continuou:

– Como lhe disse esta tarde, o primeiro ato de nossa Criação foi uma ideia individualizada produzida pela Consciência Divina, o Grande Sol Central, Deus Pai-Mãe no Primeiro Aspecto ou Logos.

"Essa ideia individualizada ou centelha-pensamento recebeu o sopro ígneo da Vida ao imergir no Grande Mar de Pura Luz Eletrônica do Espírito Santo ou Reservatório Universal (Segundo Logos), de onde toda a vida provém.

"Daí se projetou no universo das formas ou na Criação manifestada (Terceiro Logos) como três Chamas ou os três tipos fundamentais de energia-substância dos corpos eletrônicos dos Filhos de Deus: o angélico, o humano e o elemental.

"Cada Chama de Deus Individualizada é um ser, consciente de si próprio e da forma específica de manifestar, através de sua linha de evolução, o Poder, a Sabedoria e o Amor da Ideia que lhe deu origem.

"No universo das formas, cada Chama manifesta duas imagens ou Presenças Divinas, que correspondem à sua dupla polaridade: positiva e negativa, masculina e feminina. São os Raios Gêmeos de uma única Chama, seja ela de natureza angélica, humana ou elemental.

"Em síntese, cada Ideia Individualizada de Deus produziu, no Terceiro Logos, seis Divinas Presenças – um casal de anjos, um de humanos e um de elementais – que, juntos, formam uma Unidade, uma Família Cósmica. Porque cada Ideia de Deus é completa em Si mesma e Se manifesta nas três linhas evolutivas.

"Embora os anjos, citados em várias escrituras e liturgias, não sejam totalmente desconhecidos dos homens, os elementais o são quase completamente. Os que sabem de sua existência em grande parte cometem o erro de identificá-los com os chamados *espíritos naturais,* que são aqueles seres dos quatro elementos (gnomos, fadas, ondinas, silfos, salamandras).

"Assim, quando digo *os elementais de sua Família Cósmica*, oriundos da centelha-pensamento original, eu me refiro àqueles Filhos de Deus que, em seu plano de vida, são construtores de formas, desde as minúsculas formas até os maiores sistemas planetários e galáxias, manipulando os elementos e não se restringindo a um apenas. Eles não evoluem a partir dos espíritos naturais – não. Eles, como os anjos e os homens, também são Filhos de Deus, resultado de um ato especial da Criação, dotados de Divina Presença. Enquanto não ascensionados, eles cumprem rigorosamente as condições cármicas do casal humano que lhes corresponde, moldando corpos mais ou menos perfeitos, zelando ou não pelo equilíbrio e saúde orgânicos. Ascensionados e manifestando a plenitude crística, são então chamados de Elohim. A Bíblia, na versão original, registrou: 'Os Elohim criaram céus e terras.'

"Aos Elohim cabe a tarefa de extrair do Alento Divino os elementos ou a matéria para a construção dos mundos; aos Arcanjos (que são os anjos ascensionados) cabe a imantação dos elementos reunidos, impregnando-os com as Virtudes Divinas. Aos Mestres (homens e mulheres ascensionados) compete governá-los.

"Essa instrução sempre foi ministrada, em retiros, aos discípulos mais evoluídos. Como preparação para a Nova Era já foi transmitido ao mundo o conhecimento relativo à Divina Presença, ou seja, ao reconhecimento de sua própria divindade interna, o EU SOU. Agora, esta nova instrução sobre a Família Cósmica virá complementá-lo e servirá de grande auxílio no processo de iluminação interna.

"Portanto, ao exercício de identificação com a Divina Presença, que sugeri, gostaria de acrescentar agora a união com a Família Cósmica.

"Após iluminar-se, pronunciando as afirmações de seu Deus Interno, eleve a consciência até o coração da Divina Presença; centrado nesse ponto, invoque as Presenças que constituem a sua própria Família Cósmica. Saiba que:

EU SOU a União da minha Família Cósmica.
EU SOU o Ser Cósmico Integral.
EU SOU uma Ideia Individualizada e Completa de Deus.
EU SOU o Cristo que se realiza no anjo, no homem e no elemental.
EU SOU o Amor que sela esta União.

"Assim proclamada, a união dos seis beneficiará a todos. Por experiência própria, afirmo que a cooperação consciente entre os membros de uma Família Cósmica trará exaltação espiritual e formidável desenvolvimento interno a cada um deles.

"Como não há senão um Deus, a Presença Una, aquele que está mais avançado que o outro é um pouco mais do Ser Divino em ação, e pode derramar sobre os demais a sua própria Luz. Reconhecendo a existência e a união de sua Família Cósmica (ou, em outras palavras, reconhecendo-se como um ser cósmico integral), a consciência espiritual do estudante poderá crescer muito.

"Mesmo que a princípio o estudante não perceba a realidade da união da Família Cósmica, mais cedo ou mais tarde experimentará a completa convicção desta Poderosa Verdade e Poder. O sentimento traz consigo uma certa visão coexistente. Muitas vezes sente-se uma coisa com grande clareza porque está sendo percebida do ponto de vista interior.

"À medida que o Sétimo Raio for aumentando sua atuação, a humanidade ficará consciente da existência dos anjos e dos elementais. E então se firmará a cooperação consciente das três linhas evolutivas – a humana, a angélica e a elemental.

"Agora, vamos colocar essa pulsação espiritual em movimento. Da mesma forma com que se comunicou com Maria, entre em sintonia com sua Família Cósmica. Porque:

EU SOU uma Ideia do Criador — Una, Viva e Completa."

Assim, naquela noite, sob a supervisão de Saint Germain, comecei a estabelecer ligação consciente com a Família Cósmica: meu Raio Gêmeo, os anjos e os elementais, cada um na sua função. A colaboração mútua, que foi se intensificando ao longo dos anos, representou um valioso auxílio para mim, até mesmo no exercício da Medicina, profissão que exerci durante trinta anos. Muito ainda terei que contar sobre o assunto.

*

Na noite seguinte eu "sonhei" que estava em companhia de João Alegre, na varanda de um delicioso chalezinho de madeira, com muitas plantas e cadeiras rústicas. Elogiei o jardim da entrada da casa:

– Hortênsias lindas!

– Nem poderiam ser diferentes, sou eu o jardineiro... Bem, não o chamei hoje aqui pra falar de flores. Pra começar, diga o nome daquele que você considera seu inimigo.

Engoli em seco e cocei a cabeça, me sentindo extremamente incomodado.

– ....

– O nome, Daniel!

Entre dentes, em meio a um suspiro profundo, expeli o nome.

– João Alfredo.

– Mais alto.

– João Alfredo!

– Quem mais?

– A gangue dele.

– Ao que me consta, eles não formam uma alma-grupo. Cada um deles tem um nome.

– Roberto, Tião e o Bira Boca de Sapo. Também tem o Gilberto. Mas esse até que é melhorzinho.

– Nós hoje vamos cuidar dessa história longa. Você ainda se lembra como começou a inimizade?

– Lembro. Ah, João, pra que tudo isso? Você sabe mesmo de tudo!

– Mas quero ouvir a sua versão. Pode começar.

– Faz tanto tempo... Pra falar a verdade, nem sei se me lembro de tudo.

– Lembra, sim. De qualquer forma, estou aqui para refrescar-lhe a memória.

– Bom, a primeira briga... Olhe, começou num dia, na hora do recreio. Todo dia eu jogo bola, mas nesse dia acabei me atrasando por causa de uma prova e... e...

– Continue.

– Então eu desci atrasado. E estava com uma fome de bola que você nem imagina! Mas quando cheguei ao pátio, os times já estavam formados. Eu tinha perdido a vez – mas até aí tudo bem, tinha sido culpa minha. Só que o Ricardo, que estava jogando, ia sair mais cedo. Aí fiquei lá um tempão esperando a vez. Nisso, chegou outro garoto, muito depois de mim, que era amigo de João Alfredo. Poxa, sabe o que foi que ele fez? Na hora do Ricardo sair, ele disse que o Juarez é que estava na frente porque tinha avisado antes! Mentira! Eu vi quando ele piscou o olho pro Juarez! Aí o Juarez entrou (ele, que nem é de jogar muito) e eu fiquei de fora. Sujeira!

– Então você esperou pacientemente a melhor hora de se vingar...

– Claro, naquela hora não dava. Com toda a gangue ali reunida, se eu batesse no João Alfredo, eu é que acabava apanhando feio... Mas o chute que eu dei na canela dele, quando ele estava sozinho, não doeu muito, não.

– Não era a sua canela...

– Não, mas eu chutei devagar. Mas você se lembra do que ele fez depois: derramou cola na minha carteira, eu não vi, sentei, fiquei borrocado. Ah, isso não se faz!

– Também não se deve pregar chiclete no pescoço de ninguém... não é mesmo?

Fiquei vermelho como um pimentão.

– No fundo, no fundo, não tenho raiva do João Alfredo, não. Mas ele sempre começa! Aí eu tenho que me defender, só isso. Se ele me deixar em paz juro: não vou provocar!

– No raso, no raso, você tem muita raiva de João Alfredo, sim. A raiva é recíproca e tem alimentado todas as brigas. Sete anos de raiva, vividos intensamente: roubos de lanches, livros colados, talco derramado nas cabeças, rabos pregados nas calças, empurrões, rasteiras, atiradeiras disparando pedrinhas e... o Clube Internacional da Figurinha, fundado por você há seis anos.

– Eu era campeão de bafo no colégio.

– O principal motivo da fundação do Clube não foi o de lazer, competição esportiva ou intercâmbio com os colegas. Foi vingança.

"Você organizou tudo de modo esplêndido, e criteriosamente. Sozinho, na surdina, com muita antecedência, você decidiu a fundação do Clube, redigiu os estatutos, escolheu nomes para a futura diretoria, idealizou carteirinhas para os membros, estipulou o preço das mensalidades, fez os cartazes e as filipetas de divulgação, determinou as regras do I Torneio Internacional de Bafo, chegando ao requinte de arrecadar, antes mesmo do Clube ter sido fundado, excelentes prêmios para os vencedores do Torneio. Escolheu a data do lançamento do Clube e, no dia D, chegou ao colégio munido de toda a parafernália da máquina publicitária. Foi um sucesso! Até o turno da tarde se filiou ao Clube – como, aliás, estava em seus planos, porque com essa palavra *Internacional* você se referia à participação do turno da tarde. O colégio em peso aderiu à sua ideia e o aplaudiu. Uma bela promoção, se não fosse por um detalhe muito feio, lastimável: cinco alunos de sua classe não foram aceitos como membros do Clube – João Alfredo, Roberto, Sebastião, Ubirajara e Gilberto. Em suas vidas infantis, sentir-se excluído das atividades e torneios que empolgavam todo o colégio representou uma tragédia.

– Mas eles fundaram outro clube, bem parecido.

– Que não sobreviveu por muito tempo. Afinal, todas as outras crianças já eram sócias do seu.

– Com o Gilberto e até mesmo com o Bira eu trocava figurinha...

– Às escondidas. Se considerássemos apenas o episódio da fundação do Clube, eu diria que você é maquiavélico... Você planejou tudo friamente, por vingança. Diga-me: sua sede de vingança lá foi saciada? Ou ainda não?

Balancei a cabeça.

– Eu já me arrependi... Reconheço que no princípio foi bom, eu curti muito... Mas aí, quando pensava em Mãe Maria, me vinha aquela sensação incômoda de que não estava sendo mais digno dela, de sua presença...Mas o que é que eu posso fazer? Não gosto dele mesmo! Ele me humilha. Muito! Sempre!... Você fala tanto em imaginação – pois o João Alfredo, justiça seja feita, tem uma imaginação a toda prova para me humilhar, para me provocar. É sempre ele quem começa, não sou eu! Você mesmo taí de prova: quantas vezes eu falei: "Olhe, cara, não estou a fim de briga!", quantas, João? Mas ele continua... E eu dizendo: "Não faça isso, porque senão vai se arrepender! Vai se arrepender!" Ele continua implicando, me humilhando. Aí eu não aguento e dou uma chapuletada bem no meio da fuça dele, pra deixar de ser besta!

Mahatma Gandhi passou uma boa parte da vida na cadeia; sofreu processos, agressões, perseguições de toda sorte. Certa feita, numa entrevista, um repórter perguntou se ele guardava ressentimentos daqueles que o haviam ofendido. Ele respondeu: "Nunca ninguém me ofendeu." Porque quem se ofende é a personalidade, jamais a identidade. Quem está centrado no EU SOU não é humilhado... A Presença, o Ser, a Essência não pode ser atingida. Você ainda quer bater em João Alfredo? Então vá! Agora! A decisão é sua. Não vou, nem posso, interferir. Vá bater e apanhar mil vezes, vá matar e morrer (é a sorte de quase todos) e, quem sabe?, um dia despertar...

– Já pedi muito a Walter para trocar de colégio. Mas desta vez acho que vou. Talvez no segundo semestre eu...

– Você está proibido de mudar de colégio enquanto a questão com João Alfredo não estiver solucionada! Não vai fugir, Daniel!... Você tem uma bagagem de Luz respeitável e por isso mereceu chegar até aqui. Ressalvando-se a relação com João Alfredo e companheiros, em tudo o mais observou e cumpriu rigorosamente os ensinamentos de Maria. Porém, a permanência na Senda encontra-se seriamente comprometida pelo relacionamento com essas cinco pessoas. E este é um problema que fatalmente será resolvido, mas se será agora ou daqui a milhares de encarnações eu não sei porque depende de seu livre-arbítrio. Você fará a opção entre a Luz e as trevas, estas com uma infinidade de sabores de vingança. Agora: a Luz ou as trevas?

– A Luz!

– Muito bem... João Alfredo, pelo menos por enquanto, não tem a obrigação de amar Daniel, mas Daniel tem a obrigação de amar João Alfredo. Porque você está aqui para receber lições que irão transformá-lo num imortal, naquele que vai vencer a própria morte, naquele que vai perguntar como São Paulo: "Onde está, ó morte, o teu aguilhão?"... Sabe quem são na realidade aquelas pessoas que você viu no Palácio de Saint Germain e que comparou a astros de Hollywood durante a entrega do Oscar?

– Não.

– A começar por Saint Germain, todas aquelas pessoas (eu, inclusive) somos Magos Alquimistas. Os verdadeiros, originais, autênticos e únicos Magos Alquimistas. Nosso trabalho é transmutar os vis metais, a escória da personalidade, no ouro alquímico do EU SOU. Simplesmente por estar aqui hoje, você é um aprendiz de Alquimia.

"De acordo com antigos textos, a Alquimia tinha dois objetivos principais: a transformação dos metais inferiores em ouro e a obtenção do Elixir da Longa Vida ou da Pedra Filosofal, que garantiriam a imortalidade. E para realizar uma operação alquímica, teriam que estar presentes quatro elementos básicos, que são o **mercúrio, o azoto, o sal e o enxofre.** Ora, tudo isso é simbólico, pois a transmutação de metais implica uma elevação de consciência; como eu disse, é transformar a personalidade na verdadeira identidade, isto é, na própria Divina Presença. E quanto aos quatro elementos básicos, o **mercúrio** representa a meta, que deve estar muito clara; é o objetivo a ser alcançado; o **azoto** é o trabalho em si, o planejamento das ações e os esforços empreendidos; o **sal** é a perseverança, e o **enxofre** é o ardor da vontade e da fé. O **vil metal** (que, neste caso, é o mau relacionamento com João Alfredo e os outros colegas), temperado com esses quatro elementos, deverá ser cozido no Fogo Violeta da Misericórdia, por excelência o Fogo da Transmutação. Porque: *Igni Natura Renovatur Integra* ou, abreviadamente, I.N.R.I., que significa: "a Natureza é integralmente renovada pelo Fogo" ou "O Fogo renova a Natureza integralmente.

"Lembre-se de Maria: Amor é aquilo que une, chama de volta, liga e religa. Misericórdia é o contrário: afasta, manda embora, limpa a sujeira que havia na sua roupa e que há nesse relacionamento com os colegas. Pelo Amor, Joshua materializou pães e peixes para alimentar a multidão; pela Misericórdia, ele andou sobre as águas e mandou embora a energia discordante que causava as doenças nas pessoas que ele curou. O Mago é aquele que manipula a força dc agregação e a força de desagregação atômica – Amor e Misericórdia; só isso. Mais uma vez, Daniel: a Luz ou as trevas?"

– A Luz!

– Então comece usando o poder de desagregação para purificar esse relacionamento. O Amor virá em seguida, como consequência. É sempre assim: primeiro a Misericórdia limpa o terreno (por isso Joshua dizia, ao início de cada cura: "Teus pecados estão perdoados"); aí depois o Amor constrói.

– Como é que eu faço pra usar o Fogo Violeta?

– Sempre que uma pessoa nutre um sentimento de compaixão por seus semelhantes, automaticamente está irradiando esse Fogo de Purificação; se tivesse uma visão perfeita, ela se veria imersa no Fogo Violeta. É apenas isso: sentir Misericórdia, que é a Lei do Perdão, a energia que dissolve a imperfeição. Você mesmo: nunca tinha ouvido falar antes em Fogo Violeta; no entanto, irradiou-o muito pela vida afora, ajudando inúmeras pessoas. Vou citar somente dois casos: Reginaldo, o paraplégico que sempre encontra a caminho do colégio, e Francisca, a lavadeira que perdeu filhos e barraco no último temporal. A compreensão interna de que eles estão colhendo justamente o que plantaram em vidas anteriores e mais a firme disposição de alçá-los à Divindade Interna para que alcancem Paz e Abundância, e a invocação que você fez, com fé, para isto acontecer logo, sem demora – isto é Compaixão, isto é Fogo Violeta. Resultados: daqui a alguns anos e algumas cirurgias, Reginaldo voltará a andar; Francisca foi consolada, hoje até consegue dormir; arranjou uma nova casa, trabalho e está sobrevivendo. E se mais não tiveram é porque não têm mérito ou receptividade para receber mais auxílio. Você já fez muito por eles, abrindo portas que estavam bem fechadas.

"Mas é bom saber a técnica correta de aplicação da energia; garante a eficiência do processo. Então, no caso presente, você vai ligar-se à sua Divina Presença e depois invocar a Divina Presença de João Alfredo. Coloque-se em estado de Misericórdia, sabendo que de seu corpo será emanada virtude, força de desagregação atômica. Inspire o Fogo diretamente do Palácio de Saint Germain (daquela câmara ardente onde você esteve). A resposta é imediata: a Luz se derrama por um canal de energia (o *cordão de prata*) que liga todos os seus corpos, entra pelo alto de sua cabeça e chega até seus pés. Daí você a irradiará mentalmente de seus pés para os pés de João Alfredo. Visualize o físico dele, o astral, o corpo das ideias e o das intuições ardendo numa fogueira violeta, que se eleva até a Divina Presença dele. Atire ao Fogo todos os conflitos, permanecendo atento à alquimia que vai se processar. A situação se dissolve como num passe de mágica. Passemos à prática."

Fechei os olhos e pensei no sem-vergonha fedorento. Vi-o perfeitamente diante de mim. Me concentrei na Divina Presença. Apelei ao EU SOU de João Alfredo, suguei a Luz Violeta, trouxe-A até meus pés, me preparei para irradiá-la aos pés dele, apontei e dei-lhe um teco.

– Já acabei.

– Você acha que o Fogo Violeta subiu pelos pés dele até a Divina Presença?

– Posso dizer o que estou pensando?

– Pode.

– O cara é tão ruim, tão ruim, que até o Fogo Violeta para na canela.

– Profunda falta de Misericórdia de sua parte. Não me parece que você queira, de fato, a Luz. Vá embora. Daqui a dez dias nos encontraremos novamente se, nesse prazo, conseguir apagar essa mancha de ódio que traz em sua aura e transmutar o relacionamento com seus colegas. Só assim você continuará contando comigo.

Assim o "sonho" acabou.

*

O professor de Química escrevia fórmulas no quadro-negro, mas eu estava completamente desatento. Dez dias, meu Deus, para modificar uma situação que perdurava há anos! Desde cedo estava tentando, sem sucesso, me conectar com a presença de Mãe Maria, Saint Germain, João; mas havia um bloqueio na comunicação; eu não conseguia sequer me concentrar. A simples ideia de me esforçar para ficar amigo de João Alfredo feria o meu amor-próprio. Afinal, era sempre ele quem começava – e agora eu ainda tinha que me rebaixar?! Por causa dele também me encontrava privado da presença dos Mestres... A solidão pesava.

Diante de mim, a folha de papel cheia de desenhos: sóis, pirâmides, barquinhos, olhos, bocas e... corações (neles eu escrevia sempre: Daniel e Patrícia). Virei para o lado; ela estava atenta à aula, anotando tudo. Gatinha maravilhosa! Sabia que ela gostava de mim... Folheei o caderno; na última folha, o número do telefone dela, que eu tinha conseguido com a minha amiga Luzia. Só que ainda não tivera coragem de ligar.

Sentia falta de uma namorada... Onde estaria meu Raio Gêmeo? Não me surpreendi quando Saint Germain falou de Raios Gêmeos: eu já sabia... Minhas raízes balançavam, a Origem chamava por mim... Queria amar uma garota. Queria amar uma mulher. *Minha* mulher... Vai ver que meu Raio Gêmeo era uma tremenda mulheraça... Suspirei, caindo na real: estava sem Mestres, sem namorada e na companhia de João Alfredo – solidão realmente pesa pra caramba!

Olhem só para o João Alfredo: ele é a cara do Curinga, aquele bandido doidão do filme Batman... Vai ser muito difícil!

*

Segundo dia. Faltando nove para vencer o prazo.

Verificando os elementos da alquimia: tinha **mercúrio**, que é o objetivo a ser alcançado, a determinação da meta – o de transmutar esse relacionamento conturbado com João Alfredo; quanto a isso, não havia dúvida. Além do mais, eu estava bem consciente da necessidade de vencer esse desafio, não propriamente por causa de João Alfredo (tenho que reconhecer), mas por Mãe Maria, pelos Mestres, pela Luz.

O **azoto** significa planejamento das ações e o próprio trabalho – bem, eu sabia que deveria usar o Fogo Violeta... É verdade que eu tinha feito algumas tentativas no dia anterior, mas sem muita convicção... O **sal** dos alquimistas simboliza a perseverança – será que tenho a perseverança necessária para alcançar o objetivo a que me proponho? Tenho que admitir: acho que está faltando sal nesta minha despensa... E quanto ao **enxofre**, que é o fogo da vontade, do entusiasmo, da fé... zero!

Mas resolvi: haveria de vencer.

Haveria de buscar em mim, e encontrar, a vontade inabalável, a fé e a perseverança. Como um guerreiro da Luz, que EU SOU!

*

O terceiro dia, que caiu numa quarta-feira, começou com excelentes perspectivas e terminou num estrondoso fracasso.

Acordei antes das cinco da manhã, completamente sem sono. Sentei na cama e me concentrei no desafio que era transmutar o relacionamento com João Alfredo. Tarefa indigesta, obstáculo aparentemente intransponível, mas "EU SOU a Presença de Deus em Ação. EU SOU o Poder, a Sabedoria e o Amor. EU SOU a Porta Aberta que nada nem ninguém (nem João Alfredo!) poderá fechar. EU SOU o que EU SOU." Por isso, mãos à obra: dei nó nas tripas e fiz das tripas coração para suprir o laboratório; nenhum elemento ficou então faltando.

Matéria a ser transmutada: nós dois, João Alfredo. Eu e você.

Acendi o Fogo, ou seja, invoquei a Luz e nela nos envolvi.

Desenvolvimento do trabalho: acirrado pela Divina Presença, o perfume da vontade inabalável e da fé indicou que, ainda que meus sentidos não estivessem percebendo, a experiência teria êxito. Trabalhei intensivamente.

No colégio, até o recreio, meu comportamento foi exemplar. O tempo todo sustentando a Perfeição e visualizando o Fogo Violeta. Mas depois do recreio... a coisa se complicou.

Com toda mansidão eu estava concentrado na aula. De repente... uma pancada na cabeça! Tinham jogado alguma coisa molhada, grudenta, no meu cabelo, que foi escorregando, escorregando, e caiu nas minhas costas. Não sabia o que era, mas já fiquei repugnado. Por cima do ombro vi que era papel, uma bola encharcada. Rasguei uma folha de caderno para me limpar. Retirei, enojado, aquela porcaria molhada. Fiquei olhando, olhando... era cuspe? Ai, que nojo! Fui me limpando freneticamente quando, lá atrás, estourou a gargalhada. João Alfredo! Ele!

Como um raio percorri a distância que separava nossas carteiras e já fui caindo de sopapo em cima dele. Teve gente que começou a gritar. Ele tinha sido apanhado de surpresa mas logo reagiu. Interrupção da aula. Todo mundo se levantando. Meninas correndo pra frente, em direção ao quadro-negro. Meninos correndo pra trás, para o local da briga. Enquanto isso, trocávamos tapas e chutes. Meninas pedindo pra parar, meninos estimulando a luta (mata! esfola!), uns torcendo por mim, outros por ele. O pandemônio aumentou ainda mais quando levei um empurrão e caí por cima da torcida. Uma carteira tombou e, com ela, dois colegas. Levantei, agarrei-o pelos cabelos; ele se defendeu me empurrando o queixo, cravando-me os dedos na boca. Eu mordia, com toda a força da mandíbula, os dedos de João Alfredo quando uma mão de ferro se abateu sobre mim. Era a do professor Laerte, que também era faixa-preta.

Foi tudo tão rápido que eu nem imagino como é que a minha cabeça foi parar no sovaco do professor, que quase me destroncou o pescoço com uma gravata paralisante. Depois notei que João Alfredo se encontrava no outro sovaco, nas mesmas condições. Não havia espaço para o cortejo; daí o professor foi chutando as cadeiras para os lados enquanto nos arrastava.

Eu e João Alfredo, aprisionados naquele absurdo pelourinho, recebemos os apupos da plateia. Para mim foi pior ainda porque, sendo muito mais alto que o professor Laerte, tive que andar curvado, com o traseiro empinado, o que me valeu umas vaias extras. No deprimente desfile que se seguiu, passei ao lado de Patrícia; estava apavorada. Mas depois eu iria explicar com calma a situação, ela iria entender e me dar razão.

Direto para o gabinete de dona Adélia. Uma inspetora assustada correu para abrir a porta da sala da diretora. Que estava tranquilinha, na dela, trabalhando. E que depois levou um baita susto. O professor Laerte, enfim, largou nossas gargantas.

Do discurso de dona Adélia vou relacionar apenas as frases-chaves:

• Que horror! Que horror!

• Meu Deus! Um sangrando no nariz (João Alfredo) e o outro na boca (eu)!

• O quê?! Na sala de aula?! Durante a aula?! (Havia tanta surpresa em sua voz que, certamente, até aquele instante, ela devia estar achando que a gente se machucara colhendo flores, no jardim.)

• Vocês estão pensando que isto aqui é a casa da Mãe Joana?

• Baderneiros! Selvagens! Trogloditas!

• Beth, chame os pais destes alunos! (O professor Laerte declinou minha filiação.) Ah, sim, agora me lembro: você é o filho dele. Beth, chame o professor Walter imediatamente ao meu gabinete!

• Expulsão!

À espera dos responsáveis, ficamos confinados numa saleta mobiliada por dois sofás, uma mesinha de centro, um relógio de parede e um cabide. João Alfredo inclinou a cabeça para trás; o sangue havia estancado. Apalpei a boca; o lábio inferior doía. Mas o pior de tudo era o gosto amargo da derrota. Tão bem intencionado e, num segundo, pusera tudo a perder. Por causa da ferocidade interna. Mahatma Gandhi: "Nunca ninguém me ofendeu." Porque ele nunca se julgara ofendido, a Índia se emancipou do jugo inglês. Eis do que é capaz um homem centralizado em seu Deus Interno. Mesmo sendo um espirro de gente de tão franzino e sempre usando fralda, ele fez o mundo curvar-se diante de sua grandeza e de sua mensagem de não violência.

A inspetora gordinha e assustada que tinha aberto a porta da diretora apareceu e me designou com um gesto. A seu lado, Walter.

– Depois a gente conversa! – falou-me incisivamente, dirigindo-se à sala de dona Adélia.

A mãe de João Alfredo, uma italiana chamada Rosa, chegou meia hora depois. Da soleira da porta agitou a mão espalmada. Parecia nervosa:

– *Disgraziato! Scemo! Mascalzone! Cretino! Cretino*! (*)

(*) Desgraçado! Bobo! Malandro! Cretino! Cretino!

João Alfredo tentava conter a indignação materna justificando:

– Foi ele, mãe! Eu estava quieto no meu canto... (e o resto a mãe não ouviu porque também foi falar com a diretora).

Fomos chamados vinte minutos mais tarde. Sentença: suspensão por três dias (o resto da quarta-feira, quinta e sexta). Em caso de reincidência, expulsão sumária.

Naquela época estava sendo realizada a Olimpíada Anual do colégio. João Alfredo e eu fazíamos parte do time de futebol da classe e estava marcada a semifinal justamente para a sexta-feira. Lembrei de perguntar à diretora se poderíamos jogar mas tive a intuição de não abordar o assunto na hora. João Alfredo também não disse nada. Assim, depois de recebermos de volta o nosso material escolar e de dona Adélia ter se certificado de que estávamos conscientes da ameaça de expulsão que pairava sobre nossas cabeças, fomos dispensados.

Me segurando fortemente pelo braço, Walter me conduziu até o carro enquanto à nossa frente, dona Rosa, bem mais extrovertida, acertava uns cascudos em João Alfredo.

– Cretino!

Eu ri, achando a cena simplesmente deliciosa. Mas aí senti a mão de Walter apertando ainda mais o meu braço.

– Está rindo de quê, Daniel? De quê?! Conta pra mim, conta!

– Nada, não – respondi, ficando sério.

Walter me empurrou pra dentro do fusca como se o fizesse com um pacote e só rompeu o silêncio quilômetros depois.

– Estou de saco cheio das suas brigas com esse menino! De saco cheio!... Eu sou um professor antigo da casa e muito respeitado; por isso você estuda ali, que é um excelente colégio, caro, caríssimo! sem que eu pague um tostão furado de mensalidade! Com o salário que eu ganho jamais poderia pagar um colégio desse nível pra você. E é dinheiro pra tudo: rifas, bingos, excursões, material escolar que você nunca usou nem vai usar, uniforme para as aulas, outro uniforme para o time de futebol, outro uniforme para o basquete... Foi uma vergonha ter sido chamado com urgência à sala da diretora porque meu filho tinha lutado boxe em plena aula de Matemática... Esses três dias você vai ficar em casa de castigo, entendeu? Nem ao *playground* você vai! Entendeu bem?

– Entendi, pai... Desculpe.

Ele nem se deu ao trabalho de responder. Ficamos em silêncio. Pensei no jogo de sexta-feira. Mas olhando bem para a cara dele, achei melhor ficar de bico calado.

Uma nova pausa.

Depois:

– Mamãe já sabe?

– Já. Telefonei para ela da sala de dona Adélia.

Mônica ainda amamentava Ísis; por isso vinha almoçar em casa diariamente e contava com um horário mais flexível. Com ar de reprovação e sem proferir uma palavra, ela abriu a porta para entrarmos.

– Agora vá para o seu quarto! – ordenou papai. – Daqui a pouco nós vamos conversar. Quando eu estiver mais calmo.

– Posso tomar banho? Estou suado e com o cabelo todo sujo.

Ele permitiu.

*

Os fatos foram os descritos. Passemos às reflexões.

Pensei e pensei: é assim como uma serpente venenosa. Como extrair esse veneno ou, então, como inibir sua atuação no organismo? À mais leve provocação, já dou o bote. Na hora nunca me lembro dos meus sublimes ideais; simplesmente reajo. E quando me dou conta, já era: já fiz. Já aconteci. Já caí de pau em João Alfredo.

Ele merece? Merece! O pior é justamente isso... Será que é aí que entra aquela estória de dar a outra face? Mas tem alguma coisa errada no reino da Dinamarca... Ah, também tem aquele outro caso de Joshua: na base da chicotada, ele botou todo mundo pra correr. Eu me pergunto: qual dos dois exemplos devo seguir?

Eu, por mim, resolveria isso com o chicote. Mas João Alegre tem opinião diferente. Ele não falou nesse negócio de dar a outra face mas exigiu que eu transmutasse o relacionamento com as cinco pessoas, o que vem a ser a mesma coisa. Os outros eu tiro de letra, mas o João Alfredo... não é mole, não! Prazo de dez dias pra apagar a mancha de ódio que trago em minha aura...

É, ele disse ódio. Ódio, eu?... Sei não... Será? (Esfreguei mais uma pedrinha de gelo nos beiços feridos.) Será, hein? Bem, realmente acho difícil compreender como é que alguém, são e sóbrio, possa gostar de João Alfredo... Mas ódio? Eu?!

(Suspirei inúmeras vezes. Pra depois continuar, vendo cada vez mais o fundo de mim mesmo.)

Reconheço minha aversão por ele. Esse é o problema. Então, ao Fogo devo jogar, principalmente, essa minha aversão. Ou... ódio, digamos.

*

Das reflexões passemos à conclusão: o prazo, antes exíguo, ficou infinitesimal. A tarefa tornou-se humanamente impossível. Só que EU SOU a Presença de Deus em Ação.

Fogo Violeta, se prepare, porque aqui vou eu!

*

Na noite do terceiro dia,
dormi suplicando por não violência,
dormi suplicando por mansidão,
dormi suplicando ao Fogo que transmutasse o ódio e dissolvesse toda e qualquer resistência à Luz.

E sonhei com um belíssimo anjo de cabelos louros, curtos, repartidos ao meio, vestido de lilás clarinho. Ele disse: "Você pediu; por isso receberá." Então puxou de dentro de mim uns pedregulhos escuros e depositou, em seu lugar, ametistas muito límpidas que irradiavam Fogo Violeta de natureza volátil. Fiquei leve como pluma.

*

Na manhã do quarto dia eu estava com uma decisão tomada: iria procurar João Alfredo e conversar com ele de homem para homem. Discutiríamos, como gente civilizada, nossas diferenças e aí eu proporia a paz. Porque, afinal, além da transmutação que estava ocorrendo no plano invisível (no restante do dia anterior trabalhara horas a fio no meu laboratório interno), precisava agir também fisicamente, precisava manifestar isso na matéria, concretamente.

Procurei o número do celular dele na minha agenda; é claro que eu não tinha. Mas Gilberto poderia me informar. Liguei, ele atendeu.

– Alô!

– Gilberto? Aqui é o Daniel.

– Oi, cara! Que legal falar com você! Tudo bem?

– Tudo. Escute, Gil: estou precisando do número do celular de João Alfredo. Estive procurando e não encontrei – nem o celular e nem o fixo da casa dele...

– O que é que você quer falar com João Alfredo?

– Assunto particular.

– Ué, mas que assunto particular é esse?

– Gil, particular é particular, ora! Se não tiver o telefone, pode ser o endereço. (Silêncio do outro lado da linha.) Alô, Gilberto?... Alô!

– Estou pensando... Olhe, cara, é o seguinte: não me leve a mal, não, mas não vou dar nem o telefone nem o endereço, entendeu?

– Por que não?

– Porque eu aposto que você vai dar um cacete nele.

– Vou, não, Gil! Desta vez, não, juro! Pode confiar em mim!

– Nem morto! Confio em você para outras coisas. Em relação a João Alfredo, não mesmo! Me desculpe, Daniel, mas é verdade!

Eu ainda insisti, falando das minhas boas intenções, mas ele se manteve irredutível: *nem morto, eu te conheço muito bem, eu sei que você vai dar um cacete nele, tenho certeza disso...*

Foi um revés, claro. Mas nenhum obstáculo me deteria. Não seria eu que iria justificar a frase: "De boas intenções o inferno anda cheio."

*

E tome Fogo Violeta! João Alfredo, Beto, Tião, Gil e Boca de Sapo. Depois voltando a João Alfredo, concentrando nele toda a força da artilharia. Visualizei cada célula dele como uma bombinha de São João (na cor violeta, claro).

– Preparar! Apontar! Fogo!

Aí João Alfredo, roxinho, explodia. Em seguida, fiz o mesmo comigo.

Pedi a Mônica para telefonar para o colégio perguntando se eu ia poder jogar no dia seguinte. A resposta foi a melhor possível: podia, sim. Acho que dona Adélia só deixou porque não havia reservas no time. De qualquer forma, era uma excelente notícia.

Portanto, no dia seguinte iria encontrar João Alfredo.

*

Último dia. A semifinal.

Com a vitória sobre o *Frango de Ouro*, o time *Inflação* (cujo lema era "Precisa ser vencida mas nunca é") havia garantido a presença na finalíssima. Agora, para encerrar a rodada da semifinal, competia a nós, do time *Corrente Pra Frente*, vencer o *Chute Certeiro*. Isso acontecendo, disputaríamos com o *Inflação* o título na próxima terça-feira, aniversário de fundação do colégio; caso contrário, pegaríamos o *Frango* no domingo, pela terceira colocação.

Mas tinha um recado pra mim: antes de entrar no vestiário falar com o treinador. Lá fui eu.

– Oi, Guilherme. Queria falar comigo?

– Queria. Um momento! (Botou os dedos na boca e assobiou, chamando alguém. Fácil adivinhar quem. Com efeito, João Alfredo, que estava por perto, veio ao nosso encontro.) Bom... eu soube da briga de vocês. E acho que está na hora de falar sobre o assunto.

– Não pode ser depois do jogo? – perguntou João Alfredo.

– Não. Tem que ser justamente antes. – Respirou fundo e começou o discurso: – Em minha vida (antes como jogador, depois como técnico), eu aprendi uma lição: futebol é trabalho de equipe; um time é uma célula. É fundamental haver união, empatia entre os jogadores em prol...

Só pelo início já dava para saber o meio e o final do discurso.

– Desculpe interromper, Guilherme. Mas, sabe, depois de tudo o que aconteceu, e da ameaça de expulsão inclusive, acho que eu e João Alfredo devíamos conversar... como gente grande. Sem brigas. Eu queria (voltei-me para ele) bater um papo com você, em particular. É possível?

Quem respondeu foi Guilherme:

– Ótimo! Vou saindo, fiquem à vontade. Quando terminarem, por favor me chamem. Mas não demorem muito: daqui a uma hora vou fazer um bate-bola.

João Alfredo baixou a cabeça e cruzou os braços, na defensiva. Mordeu o lábio sem me encarar.

Senhor, meu Deus Interno! "Fazei-me instrumento de Vossa Paz! Onde houver ódio, que eu leve o Amor!" Presença Divina em mim, entrego-Lhe esta situação, plenamente confiante no entendimento que passará a existir. Invoco também o EU SOU de João Alfredo, pedindo que ele seja suprido, com abundância, de Poder, Sabedoria e Amor! (Ele descruzou os braços.) Que sejamos fortes o suficiente para depormos as armas, e que a violência e o desamor sejam coisa do passado! (Visualizei nossos corpos cravejados de ametistas muito límpidas irradiando Fogo Violeta volátil. Ele ergueu a cabeça.) Que possamos ver, claramente, que, juntos, somos um único Deus! (Ele me encarou.) E que esse Deus Uno fale agora através de nossas bocas porque Suas palavras são doces como o mel!

Foi justamente João Alfredo que começou a falar. O tom de voz era estranhamente doce se considerássemos a personalidade dele, mas absolutamente natural em se tratando de uma Divina Presença.

Não importam as palavras proferidas mas o mel delas destilado. E importa, principalmente, o abraço tímido, cerimonioso, que trocamos no final.

De lambuja, derrotamos o *Chute Certeiro*. Próxima etapa: o monstro da *Inflação*. Mas se Deus está em nós, quem pode ser contra nós?

*

Sexto e sétimo dia: manutenção.

Oitavo dia: manutenção e retorno às aulas.

NONO DIA: O PRÊMIO

Inflação! Eita, timinho besta, esse! Vagabundo! Merece o lema que tem. Mas, por outro lado, EU SOU a Força! EU SOU a Vitória!

Estava sendo uma batalha renhida, a bola disputada com paixão pelos dois times. Faltava menos, bem menos, de cinco minutos para o final. Um a um no placar. Íamos para a prorrogação. Só faltava o juiz apitar. O estádio era uma gritaria só. Guilherme, que nem chegara a esquentar o banco, estava dançando um balé muito louco: eram passinhos rápidos, desconexos, com um frenético movimento de braços; estava rouco de tanto berrar.

Recebi a gorduchinha e entreguei a Sandro, que driblou um, dois, passou a Cal, que chegou perto da pequena área. João Alfredo estava ali, de tocaia, só esperando. Perigo para a defesa adversária; os neguinhos do *Inflação* subiram nas tamancas pra evitar o gol de placa mas não deu. João Alfredo meteu de cabeça. Goooooolaço!

Vitória! O caneco era nosso! Começou a *hola* na arquibancada. Toda a equipe pulou em cima de João Alfredo comemorando. Eu disse para ele:

"Nem Pelé fazia igual! Esse tal de Pelé, tadinho!, ainda tinha muito que aprender com você!"

Pode parecer incrível mas ele acreditou piamente em minhas palavras. Rindo, envaidecido, no calor da vitória, me deu um longo, um grande abraço: batismo da recém-nascida amizade.

Pronto. Agora posso realmente dizer: missão cumprida, João Alegre! O aprendiz de Alquimia conseguiu sucesso logo na primeira experiência. Não é por nada, não, mas eu sou é bom demais!

*

– Parabéns, Daniel. Seu desempenho foi muito bom.

– Também acho.

– Mas não tinha que achar nada. Com o êxito alcançado na transmutação do relacionamento com os colegas, você está se sentindo como um heroico domador de um bando de tigres de Bengala. Orgulho ridículo! A única coisa que você fez foi se aquietar o suficiente para permitir que o Cristo em você realizasse a Obra. Mesmo assim, para livrar-se da aversão que sentia por João Alfredo, contou com uma ajuda valiosa.

– O anjo do sonho.

– Arcanjo. Arcanjo Ezequiel. Cada Raio tem um dirigente angélico, humano e elemental. O diretor humano do Raio Violeta é Saint Germain, como sabe. O elemental é o Elohim Arcturus. E o angélico é Lord Ezequiel, que o ajudou a transformar um sentimento tão denso como o ódio em divina Compaixão. E não se esqueça: todo imortal é humilde.

– Não esquecerei.

– Uma pergunta: você agora trocaria figurinha com João Alfredo?

– Trocaria. Eu não brinco mais de figurinha.

– Certo. As figurinhas foram substituídas pela bússola. Você emprestaria a bússola a João Alfredo?

– O quê?!... A... a mi-minha bússola? Foi Walter quem me deu... No dia do meu aniversário...

– Não estou perguntando quem lhe deu nem quando. Estou perguntando se você emprestaria a bússola a João Alfredo.

– Ué, mas pra que João Alfredo ia querer uma bússola? Ele precisa mesmo é de estudar! Sério! Se ele não tomar cuidado, vai ficar em segunda época. João Alfredo se amarra é em shopping, discoteca, videogame, brinquedos eletrônicos. Bem diferente de mim: fui escoteiro. Adoro mato, terra, estrelas, vida na selva, saber pontos cardeais, essas coisas. Por que você está me olhando com essa cara?!...Eu adoro a minha bússola e não vejo mal nenhum nisso! Gosto mais dela do que gostava de figurinha. Só tem uma coisa de que gosto mais do que tudo isso: escrever. Adoro escrever. Inventar estórias e expressá-las sobre um papel em branco, que de repente passa a respirar com amores, vidas, alegrias e tristezas dos personagens. Minha obra! Toda semana o que escrevo é publicado no jornalzinho do grêmio. Você sabia que a minha coluna é a mais lida? Eu lhe pergunto: tem alguma coisa errada nisso?

– Absolutamente nenhuma. A facilidade na expressão escrita e falada, e também a liderança são características do Raio a que você pertence. Estar manifestando essas qualidades é estar vibrando em sua nota-chave, é estar fazendo aquilo para o qual foi criado. E isso é divino.

– Hã... E a bússola? João, você me perguntou se eu emprestaria a bússola a João Alfredo com uma cara!... Bem, eu lhe respondo: pelos motivos que expus, por ser eu quem sou, adoro a minha bússola e não a emprestaria nem a João Alfredo nem a ninguém. Tem algo errado nisso?

– Tem algo muito errado nisso. O apego. (Pausa rápida.) Vamos à praia?

– Hã?...

– Praia. Você gosta, eu gosto. Seu corpo físico, lá embaixo, pode continuar dormindo porque hoje é sábado, não tem aula. Vamos dar a ele pelo menos a oportunidade de sonhar com uma praia sem poluição.

– Estou sem sunga aqui. Se fôssemos para uma praia deserta, eu poderia tomar banho de cueca mesmo. Algum problema?

– Nenhum. Vamos indo!

Em resposta ao comando de João Alegre, vimo-nos imediatamente numa praia sensacional! Fantástica! Como disse anteriormente, é difícil encontrar palavras para descrever as imagens dos planos espirituais. Portanto, colaborem usando a própria imaginação. Ainda assim, garanto, tudo o que imaginarem estará muito aquém da Realidade. Recordo-me de Shakespeare: "Há mais coisas no céu e na terra, Horácio, do que supõe a vossa (vã) filosofia."

Estávamos de sunga, pés enterrados na areia clarinha, as ondas neles se arrebentando. Soltem a imaginação e vejam, na tela mental (é um bom exercício para o nível de imaginação de que vão precisar, quando estiverem com seus Mestres), a limpidez da água, a amplidão quase infinita de um oceano azul cintilante, o sol, as gaivotas, os coqueiros e, a uns cem metros, um penhasco. Sintam a brisa assanhando seus cabelos...

No alto do penhasco, que corresponderia a um edifício de vinte andares, distingui vultos. No exato momento em que me encontrava com a cabeça erguida calculando a altura, um corpo se precipitou lá de cima e, fazendo mil acrobacias cinematográficas, mergulhou, espirrando água em todas as direções – molhando-nos, inclusive. Minha vã filosofia, já tão amarfanhada, jamais poderia supor o que se seguiu: o mergulhador emergiu absolutamente seco (e nós também, constatei!), colocou-se de pé sobre as águas e, com as mãos em concha, gritou lá pra cima:

– Agora é você, Miyoko!

Pois Miyoko, uma japonesinha, também se jogou lá de cima fazendo estripulias no ar, mas ao contrário do companheiro, pousou graciosamente os pés sobre a superfície das águas; depois, com os braços cruzados como se estivessem dentro das mangas de um quimono, fez uma reverência e afundou lentamente. Aplaudimos a *performance*. Ela se ergueu do mar, agradeceu e submergiu muito lentamente, enquanto outro vulto despencava do penhasco.

– Veja, Daniel, isso é Liberdade. A Liberdade de ser uma Ideia do Criador.

– Quem são eles?

– Irmãos ascensionados. Enquanto estão aqui desfrutando desta praia maravilhosa, estão simultaneamente se manifestando em vários pontos do planeta, executando um trabalho, transmitindo instruções a discípulos ou participando de reuniões com outros Mestres. Sem nunca perder a Unidade. Onipresença é prerrogativa de ascensionados.

– E andam sobre as águas... como Joshua!

– Quer experimentar? É bom!

Com um gesto indicou-me o mar. Notando minha indecisão, João Alegre repetiu:

– Uma Ideia do Criador... Sendo Ideia, você anda sobre as águas, mergulhando quando quiser, atravessa o fogo, flutua no ar... Lembre-se de que você já atravessou a terra. É a mesma coisa.

– Mas foi através de um buraco que desci ao interior da terra.

– Com buraco ou sem buraco, você desceria da mesma forma. Em frente!

Meu primeiro passo foi inseguro, cauteloso. Num gesto instintivo me amparei em João Alegre que, amavelmente, se furtou ao meu contato.

– Em sua opinião qual é a diferença fundamental entre materializar uma rosa branca e andar sobre as águas?

Fácil adivinhar a resposta que ele queria ouvir. Por isso respondi:

– Nenhuma.

– Existe uma diferença: a fé ou a falta dela. – Aí ele mostrou que eu, sem perceber, já estava andando sobre as águas. E completou: – Mas a diferença está deixando de existir...

– Aqueles Mestres mergulhavam e saíam da água secos! E aconteceu a mesma coisa com a gente, quando nos molhamos...

– O Filho de Deus domina a Natureza, e não o contrário. Se um ascensionado se molhasse e precisasse se enxugar, a força do elemento água estaria sendo superior à dele, concorda? Almas evoluídas molham-se e dependem de panos para se secarem; adoecem, ficam velhas e feias. As almas são eternas; contudo, aprisionadas nas ilusões que elas mesmas criaram, manifestam decrepitude. Agarram-se às aparências; recusam a Essência. É tudo tão simples! E só se reconhecerem como Presenças e, automaticamente, passarem a exercer o Poder que essa consciência traz...

Andamos centenas de metros sobre a superfície das águas, João sempre ensinando.

– Como já lhe disse, antes que você execute um milagre no mundo físico, mil vezes antes terá que executá-lo como alma no mundo astral; ou seja, terá que usar imagens mentais bem nítidas e os comandos adequados. No universo astral os átomos são menos coesos, a matéria mais sutil, mais plasmável; por isso, nesse mundo, é requerida uma dose muito menor de Amor interno para que as coisas tomem forma ou, ao contrário, sejam dissolvidas quando deixam de ser necessárias. Para se fazer milagre, basta apenas estar em Amor. Ascensão é plenitude do amor. Se alguma vez, nesta vida, você chegou a manifestar o Amor pleno, quem pode garantir que já não tenha feito algum milagre?

"A Vida é a Lei de Suprimento e Abundância. No entanto, para que alguém seja suprido com abundância, é bom que esteja de mãos vazias para poder receber os presentes que prodigamente lhe são destinados. Como é que você julgaria uma pessoa que estivesse com as duas mãos fechadas, segurando com sofreguidão uma bússola, e dizendo: 'Não dou, não empresto, é minha, ninguém tasca!' Hein?"

– Muito burra.

– Pois saiba que aqui no Reino dos Céus a gente não tolera burrice. Abra mão dela! Largue o uniforme, largue a mochila, largue a bússola, largue todos os apegos! Compreenda que os objetos que ora se encontram em sua companhia não são seus; a Vida os emprestou apenas para que você usufruísse deles, aprendesse com sua manipulação e os utilizasse para um trabalho qualquer, administrando-os com justiça e amor, sem apegos. Assim, quando, um dia, a bússola lhe for tomada de volta pela Vida, quem sabe se esse exemplar presente não será substituído por outro, mais aprimorado? Ou então por nenhum – e aí você terá motivos ou condições de dispensá-lo de vez e usar a Inteligência da Presença para saber que este aqui é o leste e ali está o norte. Não estou lhe recomendando privar-se agora da bússola, não é isso. O que estou sugerindo é a libertação dos apegos; estou dizendo que, a partir de agora, você passe a possuir os objetos e não ser possuído por eles. A ótica é que deve mudar. Teve necessidade de um calção para a praia? Esse calção aparece e você o utiliza. Quando sairmos daqui, os átomos que o constituem retornam ao Reservatório Universal, eterno suprimento à disposição dos Filhos de Deus. Somente aquele que nada tem ou retém tudo possui.

"A partir de hoje, durante sete dias (ou mais, se necessário for), você fará um exercício: primeiramente relacionará, numa folha de papel, todos os objetos e seres pelos quais tenha apego; unir-se-á à consciência da Presença EU SOU e, através dela, colocará seu corpo emocional dentro de minha aura. Vibrando em Essência, vai dissolver os apegos em Misericórdia e selar, item por item, cada objeto e pessoa, com Amor.

"Compreenda, Daniel: apesar de os apegos estarem profundamente entranhados na alma humana – porque, afinal, eles são cultivados desde a mais tenra infância *(meu bercinho, minha chupetinha, meu brinquedinho, meu, meu, tudo meu)* – os apegos simplesmente não têm razão de ser; são uma enorme ilusão. Os homens têm que compreender que não são donos de absolutamente nada nem de ninguém – nem mesmo dos seus próprios corpos, cujos átomos são devolvidos ao Grande Reservatório da Vida ao término de cada encarnação. Por isso, dissolva todos os apegos... Solte-se, liberte-se...

"Assim estou hoje lhe ensinando e assim, no futuro, você fará com seus discípulos."

A curtição da praia continuou. Mergulhamos em alto-mar. Submergi nas águas transparentes e frias prendendo a respiração. Mas João, falando normalmente, me advertiu que isso era inútil. Então constatei que podia respirar e até falar debaixo d'água. Descemos às profundezas marítimas observando flora e fauna. Espetáculo! Como crianças felizes cavalgamos no dorso de golfinhos, cercados de cardumes. Nadamos e brincamos a valer. De repente, João Alegre me agarrou pelos pés e, como se eu fosse uma bola de frescobol, me arremessou com toda força para o alto. Nesse arremesso cruzei águas e ares. Cessada a força do impulso, ao invés de despencar no mar, me vi levitando, com João ao meu lado.

– Gosto muito desse tipo de *squash* – disse. – Faço isso com todos os calouros que me são confiados.

Ambos de pé, suspensos no ar; embaixo, a imensidão líquida e azul.

– Praia é mesmo um barato! Só que lá embaixo me dá uma moleza e uma fome...

– Excelente ideia, Daniel! Piqueniquemos!

Minha vã filosofia refestelou-se confortavelmente no ar. Entre nós, João materializou uma belíssima toalha e, sobre ela, em taças e travessas, alimentos com aparência deslumbrante. Ele deu graças, abençoou os alimentos, rogou ao Pai que os irmãos da terra despertassem logo e não mais se privassem da abundância do Universo. Em seguida, comemos e bebemos.

As duas taças de cristal, trabalhadas a ouro, estavam cheias de um líquido cremoso, borbulhante. Provei. Delicioso! Ao ingeri-lo, uma corrente elétrica percorreu meu organismo. Houve uma expansão de consciência; ao invés da visão do sistema solar que ocorreu durante viagem a São Lourenço, dessa vez me dei conta da Realidade do trinômio Criador-Criatura-Criação. Bêbado de felicidade, perguntei que bebida era aquela.

– Espírito Santo.

Ri com a gracinha de João Alegre. Mastigando um pedaço de bolo, ele retrucou:

– Não tem graça nenhuma no que eu falei. Comemos e bebemos do Espírito Santo.

Lá pelas tantas, uma ideia me ocorreu: esse meu instrutor nunca se chamou João Alegre! Ele foi uma das grandes personalidades do século XX...

– Sua intuição está certíssima; mas isso é segredo – respondeu aos meus pensamentos. – Como vê, não faz tanto tempo assim que ascensionei... Para me comunicar com você, escolhi o nome de João por ser o mais comum em sua língua; se não estiver satisfeito com ele, mude para José, Ernesto, Arquibaldo, tanto faz. Mas prometa que não vai contar a ninguém!... Sabe, quando ainda estava encarnado, eu era muito tímido, detestava publicidade, e também nunca fiz o gênero devocional ortodoxo, entende? – durante tantas vidas fui cientista! Com o corpo que tinha na época e com o qual sou mais lembrado, receio que, se eles lá embaixo descobrirem, ou vão rir muito ou então me cultuar... Por isso eu continuo preferindo o anonimato.

– Prometo guardar segredo. Com uma condição: de me dizer seu verdadeiro nome, como você é chamado aqui.

Ele disse. Promessa feita, promessa cumprida.

Terminado o piquenique, ele lembrou:

– Imediatamente após a Misericórdia tem que vir o Amor. O Mago é aquele que manipula essas duas forças. Você tem que curar esse orgulho, a vaidade do *ego* mortal; é o seu calcanhar de aquiles. Volto a repetir: todo imortal é humilde porque é consciente de que Deus, e somente Ele, é o Doador, a Doação e o Recebedor – a Ele toda Honra e toda Glória! A vigilância tem que ser constante. A qualquer descuido, o guerreiro pode ser abatido no campo de batalha. "Orai e vigiai." Sempre!

Foram as últimas palavras que ouvi dele. Porque só voltei a encontrá-lo depois de ter me tornado, eu mesmo, um imortal.

Capítulo V
LIÇÕES DE AMOR

No Rio, a princípio, ainda preferia a Praia da Barra. Mas morando tão longe, e dependendo de ônibus, ficava mesmo é em Copacabana. Superlotada, vôlei de um lado, frescobol do outro e, no miolo, todo mundo amontoado, criança perdida, cachorros, ambulantes vendendo até o inimaginável. Mas o pior de tudo talvez fossem as conversas que rolavam ao redor...

Aqui definitivamente não é o meu lugar – pensei, estendendo a toalha na areia, num espaço disponível quase que só para o meu corpo. Apesar de nascido e criado no Rio, devo ter alguma raiz sertaneja porque sempre gostei de mato, de lugares tranquilos e de cidades pequenas, de interior, na serra talvez. Certamente a vida lá é mais natural, menos turbulenta... Aliás, quem sabe se um dia eu não terei uma casinha no campo, com uma terrinha para plantar e colher, e para ouvir canto de passarinho?...

Minha atenção voltou a se concentrar na praia. Não, eu não devia ter vindo, e ainda mais sozinho. Ou então deveria voltar para casa, imediatamente. Mas depois de hora e meia num ônibus lotado para vir, me faltava coragem para tanto.

Algo me incomodava, sim. Tinha acontecido no dia anterior. No meu laboratório interno, tentara resolver o problema com Fogo Violeta; porém, no decorrer do processo, me dava conta de que algum dos elementos básicos (mercúrio, azoto, sal e enxofre – ou, em outras palavras, discernimento, sensibilidade, perseverança e vontade) estava em falta; ou então todos estavam faltando. Talvez por causa disso, não consegui acender o Fogo e transmutar o que estava sentindo... Depois tive insônia e quando, já amanhecendo, consegui dormir, caí de cabeça numa noite pesada e sem sonhos.

Acho que teria arranjado forças para voltar para casa se tivesse recordado a advertência de João Alegre: "A vigilância tem que ser constante. A qualquer descuido, o guerreiro pode ser abatido no campo de batalha. 'Orai e vigiai.' Sempre!" Talvez, se tivesse me lembrado, eu teria tido ânimo para tentar transmutar com o Fogo Violeta o que tanto me chateava; tentar até conseguir, como competia a um alquimista digno desse nome. Mas infelizmente em nenhum momento, na praia, cheguei a pensar no meu instrutor.

Dobrei a camisa cuidadosamente, de modo que a chave de casa, o relógio e o dinheiro não caíssem do bolso; deitei na toalha, protegendo o rosto do sol, que incidia de frente...

Aí a lembrança voltou a latejar: Patrícia e João Alfredo, juntos, namorando, abraçados, se beijando! Eu vi c não consegui entender nada! Não dava para entender! Ela não estava a fim de mim e eu não estava a fim dela?! Então como é que pode?! Ela parecia gostar de mim, sim, até havia comentado com Eliane a meu respeito! *Olhos verdes lindos, um show de bola! Um gato*, ela disse e Eliane me contou. Mesmo sendo eu meio magro, ou magro demais, sei lá, e morando no Méier, ela ficou a fim de mim, com absoluta certeza. E eu também fiquei amarradão nela. A gente começou se olhando, aí pintou um clima, eu ia chamá-la para sair justamente neste fim de semana, e aí, de repente... o que é que eu vejo? Ela e João Alfredo, juntos, se agarrando, se beijando!

A culpa foi minha, reconheço: fui muito devagar. Eu já devia ter chegado junto há mais tempo. Mas a timidez, às vezes, trava os nossos passos, é assim como uma bola de aço amarrada nos pés... E além disso, eu ficava sonhando, idealizando uma mulher... A *minha* mulher, aquela que eu esperava... e que, certamente, era um tremendo mulherão... Ou seja: ao mesmo tempo que eu estava a fim de Patrícia (e na maior parte do tempo eu estava mesmo!), eu também tinha umas certas fantasias, uma vaga intuição de que, no fundo, não era bem ela que eu queria... Aí me sentia só. Carente.

O português da padaria me contou uma estória:

"Meu filho, a felicidade é uma rapariga gorda, daquelas bem sem-vergonha, que só anda pelada pelo meio da rua; ela é quase toda careca; de cabelo, só tem uma trança caidinha na testa. Se tu a encontrares pela frente (o que é difícil!) e não a pegares pela trança quando ela estiver passando – ó, meu filho! – aí nunca mais, porque depois a mão escorrega atrás e a gente não consegue agarrar a danada. Afinal, ela é bem robusta, careca, escorregadia e peladinha."

Tudo bem, eu nunca cheguei a identificar Patrícia como sendo a minha felicidade. Muito ao contrário: nos meus delírios, a felicidade era uma outra mulher – sonhada, idealizada... (Inquieto, me virei de lado.) Mas, poxa, o que teria dado na cabeça daquela maluca para me trocar por João Alfredo? Logo por João Alfredo?! Modéstia à parte, julgando imparcialmente, eu sou muito mais bonito que ele. E inteligente também – não tem nem comparação! Tenho uns olhos verdes show de bola, ela mesmo reconheceu. E sei das coisas, coisas essas que João Alfredo ainda vai pastar muito para aprender. Sou o colunista mais lido de *A Trombeta*, o jornalzinho do Grêmio. Sou também o fundador do Clube Internacional da Figurinha, agora nas mãos da diretoria que escolhi e empossei; mas nas filipetas distribuídas a mais de trezentos membros, está escrito no cabeçalho, como eu fizera constar:

CLUBE INTERNACIONAL DA FIGURINHA
Entidade de Fins Recreativos
Fundador e Presidente *ad Perpetum*: DANIEL FILGUEIRA DE CARVALHO

(a expressão *ad perpetum* é em latim, eu aprendi com meu tio, que é advogado).

Continuando com os meus predicados: sou o que mais sei Português e Geografia da turma. E principalmente: tenho amigos influentes, imortais. E mais principalmente ainda: Mãe Maria. Patrícia realmente não tem a menor noção do que está perdendo. Pobrezinha, é a mais prejudicada.

(Inquieto, me virei de bruços.) E o João Alfredo, hein? Tinha lhe oferecido minha amizade – pura, leal e sincera. No entanto, ele me traiu. Foi como se me cravasse um punhal nas costas... Friamente. Deliberadamente – porque ele sabia, eu havia comentado sobre Patrícia. Vileza e ignomínia! (Li essas palavras em *Ivanhoé.* Ou teria sido no livro *O Conde de Monte Cristo?* Ou no livro dos Três Mosqueteiros? Ou, enfim, em qualquer outro livro? Não sei, os enredos estavam todos se misturando... De qualquer forma, essas palavras se encaixavam perfeitamente no caso.) Exatamente o que ele fez comigo: me deu uma punhalada nas costas.

Pela centésima vez pensei na cena XXXV.

CENA XXXV

(Luz em resistência.)

(Pano de fundo: em silhueta, o perfil de Daniel, imóvel; aí, em câmara lenta, um braço armado com um punhal cravejado de pedras preciosas se ergue às suas costas. Pausa para marcar bem a intenção do gesto. Depois, o golpe é desferido. Ouve-se um longo gemido. Foco de luz sobre Daniel.)

DANIEL (arquejante, com o peito tinto de sangue, talvez com a pontinha do punhal aparecendo-lhe pelo coração, e a voz embargada.): Apesar da safadeza de que fui vítima, meu último ato neste vale de lágrimas é conceder o perdão ao meu homicida, o amigo infiel que não soube honrar a amizade, espontânea e extremada, que lhe devotei. Sim, com a grandeza d'alma e o caráter impoluto que sempre me caracterizaram, eu te perdoo, verme ingrato e rastejante, e também a ti, infiel e frívola cortesã!

NARRADOR (em *off*)
As pernas de Daniel já se encontram paralisadas pela morte que se aproxima; ele não consegue mais andar. As pernas de Daniel não suportam mais o peso de seu corpo.

(Acordes da *Marcha Fúnebre*. Luz em resistência. O clímax da tragédia: o corpo de Daniel tomba para a frente, morto, mas sem fazer muito barulho.)

(CORTINA. FINAL DO ÚLTIMO ATO.)

Mas o problema é que João Alfredo é tão casca grossa que nem sensibilidade tem para apreciar uma tragédia grega; nem desconfia quem foi Sófocles; nunca pegou um texto de teatro, na Biblioteca, para sequer dar uma olhadinha! Ignorante! E também não teria remorsos! Nenhum! Quando encontrei os dois abraçados, ele me cumprimentou todo risonho e falou comigo como se nada estivesse acontecendo!

Ai, estava exausto! Uma noite insone faz o maior estrago! Pálpebras pesadas. Deitado de bruços, com a testa repousando no dorso das mãos cruzadas, o torpor foi dominando meu corpo... Lá longe, existia uma caverna escura e dentro dela alguém falava assim: "Por que comigo?!..."

Então vi Copacabana de cima; a multidão, as ondas, os jogos e o meu corpo ali deitado em cruz, tão frágil que parecia uma roupa velha que não interessava a ninguém. Por alguns minutos fiquei observando tudo e ouvindo as conversas em torno – as pessoas falavam de política, samba, cerveja, comida, aplicações na Bolsa, inflação...

E vi os três garotos já bem perto; olharam meu corpo adormecido, com a cara enfiada na toalha, e se sentaram ao lado, bem encostado. O trio me observou bem e a camisa dobrada ao lado do meu rosto (com a chave de casa, o relógio e o dinheiro – eu moro no Méier, tão longe!) e conversou entre si. Eram adolescentes como eu, deviam regular com a minha idade. Menores carentes... pivetes.

Me senti angustiado. Tive vontade de chorar, chorar muito, porque estava sem mãe, sem casa, sem dinheiro e sem ninguém. Por ser impotente, estar sujeito a injustiças e violências, por não poder me defender e gritar quem sou eu – o meu valor! Por ter sido rejeitado: não compreenderam o quanto eu valho!?... Como é possível: com a minha Luz?!... Impossível! No entanto, ali estava a imagem viva, concreta, que não deixava margem a dúvidas: meu corpo inerte, ingloriamente crucificado na areia de Copacabana em pleno domingo de sol, passivo diante de tudo o que podia acontecer: a pilhagem e também a... Eu não queria sofrer! Tinha medo da dor, a dor física! Basta! Tinha sido injustamente desvalorizado e traído: precisava dar o troco! Tinha que castigar drasticamente aqueles que me tinham desrespeitado! Nada de oferecer a outra face! Nada de perder a vida por amor a Mim... Tenho tanto medo de sofrer, tanto medo da dor!

O menino mais próximo de mim estava envolvido numa nuvem negra, carregada de eletricidade. E o segundo também. E o terceiro também, também! Me virei para o mar: estava agora revolto, batendo com violência, e escuro... O céu: negro, ia cair uma tempestade. Porém, há cinco minutos atrás o sol brilhava com força e o Serviço de Meteorologia tinha dito no rádio: 35 graus à sombra, e não previra tempestade. Eram sete horas da manhã quando Mônica tirou do sol, que já estava quente, as plantinhas que só gostavam de sombra...

Nisso, sobre as ondas, distingui uma multidão caminhando em direção à margem. Olhei de novo para o garoto que estava mais próximo: no cós do calção ele trazia um estilete! Naquele momento eu soube que, a qualquer gesto brusco meu, mesmo durante o sono, ele cravaria o estilete em minhas costas. Afinal, já tinha despachado três para o Além, mais um não faria diferença.

Revolta, indignação, impotência, rancor, sofrimento, raiva, nervosismo, medo, pânico – tudo se misturava. Então pude ver os verdadeiros frequentadores da praia: demônios! Uma legião deles! Uma multidão incalculável!... Não era mais a praia de Copacabana porque não havia mar. Tudo era um pântano!

Milhares deles, o local estava infestado! Ferozes, peludos, animalizados... a certa distância, um deles, com feições que lembravam as do português da padaria, gritou: "Não se esqueça: depois da Misericórdia vem a Dor! Peladinha!", e fez um gesto obsceno. Eles começaram a urrar e vieram em minha direção. À frente, a multidão que outrora caminhara sobre as ondas, e agora se movia no lodo, estava já a uns duzentos metros; todos portavam armas brancas: facas, estiletes, punhais, espadas, adagas... O capitão da Esquadra do Mar (foi assim que apelidei) parecia o mais cruel de todos.

O que me salvava (pelo menos até o momento) era o fato de eu estar levitando a cerca de três metros do solo, enquanto eles se movimentavam no chão, no pântano. Mas de qualquer forma, queriam me alcançar e iriam fazer uso de todas as armas para consegui-lo. Seria uma luta de vida ou morte. Com ódio, me preparei para o combate. Se a morte fosse inevitável, eu venderia muito caro a minha vida!

Eles começaram a arremessar contra mim as suas armas, tentando me ferir. Mas eu driblava cada uma e, a seguir, me abaixando rapidamente, chutava a cara do agressor. Senti o olhar do chefe da turba; era o único que não estava atacando; friamente, ele se limitava a sorrir. Pouco importa, pensei. Apesar de ser um contra milhares, e ainda por cima desarmado, estava vencendo.

Foi aí que me dei conta de que havia um boneco lá embaixo, de bruços, meio soterrado na lama e guardado por três demoniozinhos. O que fizessem ao boneco estariam fazendo a mim – aí eu seria derrotado. A compreensão desse fato me causou um pânico indescritível; o desespero atingiu as raias da loucura. Mas nenhum desses demônios – refleti, me agarrando ao último fiapo de esperança – sabe disso. Ninguém ainda compreendeu isso. Me senti ligeiramente fortalecido. Me virei para combater os que estavam sob os meus pés no exato momento em que o chefe, pela primeira vez, brandiu o punhal, de cabo negro e lâmina assustadoramente clara. A verdade explodiu como uma bomba no meu cérebro: o chefe tinha compreendido, ele sabia!

Não deu tempo para mais nada: a dor foi alucinante. O punhal me atravessou o coração; a camisa ficou ensopada de sangue. Quase imediatamente outras lâminas se fincaram em mim: espadas atravessadas nas pernas.

Apesar dos estertores, da dor, do sangue, da perda parcial da visão, tentei me firmar na plataforma onde estava. Mas as pernas, paralisadas pela morte iminente, não conseguiam mais sustentar o peso do corpo. Fui tombando para a frente. Em câmera lenta. Acordes da *Marcha Fúnebre*.

Ruído de uma cortina sendo puxada. Demônios, pensei, tentando organizar os pensamentos. De onde vieram? Como vieram? O Mal! Abominava esse mal, com todas as forças, mas não seus instrumentos. Não os pobres demônios que agrediram meu corpo e, no entanto, não puderam atingir a mim. Pobres demônios! Infelizes. Trevosos. Eu queria que tudo fosse diferente. Que também eles aprendessem Alquimia e o Fogo Sagra... O FOGO! INRI! Os quatro elementos presentes! INRI! A Guerra Santa estava apenas começando!

INRI!

E assim se cumpre!

Assim É porque o Fogo tudo transforma, tudo renova – é Lei Alquímica.

*

A consciência foi deslizando como um barco, por mares nunca dantes navegados... Ruídos. Seria a cortina de um palco? Ou mortalha?

– Nem uma coisa nem outra. É um manto protetor. Enquanto você estiver envolvido nele, nenhum mal poderá atingi-lo.

Cheiros.

– Isso é éter?

– Não. Rosas.

Cores.

– Rosa branca?

– Não, vermelha.

Cantos.

– De sereias?

– Não. Cantos gregorianos.

Sensações.

– Misericórdia?

– Sim. Pura Misericórdia.

– O que é que tenho na testa? É um toque tão suave, tão macio, que isto me lembra a asa de uma pomba branca, luminosa...

– É minha mão. Abra os olhos.

Abri, devagarinho. Aquela luz tão conhecida inundava o ambiente. Depois de tanta escuridão, não podia suportá-la; só deu tempo de ver um vulto feminino debruçado sobre meu leito. Fechei os olhos.

– Abra os olhos devagarinho, você consegue. Assim... Vamos, mais uma vez... Você tem que acostumar seus olhos à luz gradativamente... Já vai conseguir mantê-los abertos. Isso... Mais uma vez... Isso... Muito bem.

Então pude enxergá-la: uma moça louríssima, de cabelos compridos, olhos azuis, faces rosadas. Linda, mas o que mais me chamou a atenção foi sua expressão ao mesmo tempo amorosa e firme. *Uma visão celestial...* Ela sorriu, como em resposta ao meu pensamento...

Desviei o olhar, observando o quarto: branco, amplo, criado-mudo com arranjo de rosas vermelhas; poltronas confortáveis dispostas pelo ambiente; uma mesa circular com quatro cadeiras em frente à cama; à minha direita, a uma distância aproximada de uns dez metros havia uma pequena varanda com mesinha, cadeiras e muitas plantas; na parede à esquerda, um mural retratava figuras de anjos. Lá fora, um coro de vozes masculinas, cantando; eram os tais cantos gregorianos.

Voltei o olhar para a linda moça.

– Oi. Você é Cinderela?

– Não. Eu me chamo Nada.

Achei gozadíssimo alguém se chamar Nada. Principalmente sendo aquela lindeza toda.

– Pois na minha opinião você devia se chamar Tudo. Não, Tudo não, porque é um nome masculino. Quem sabe.:. Toda? É, você devia então se chamar Toda.

– *Nada* é um nome sânscrito que significa o mesmo que em sua língua, o português: nada. E o vocábulo *nada* é a transcrição do som emanado por um esvaziamento de tudo o que é ilusão e tendo como resultado a essência. Por isso, meu nome não pode ser traduzido nem adaptado à fonética de nenhuma outra língua. Sou sempre Nada, em sânscrito, com esse significado.

Ó doces lábios de mel, que vergonha me fazeis passar! Além de esparadrapo nas orelhas também tinha que ter usado na boca!

– Não seja tão severo com você mesmo, pelo menos não por causa disso. Use a severidade para casos importantes. No autocontrole de pensamentos e sentimentos, por exemplo.

Onde estamos?

– Depois da Misericórdia, tem que vir o Amor, João disse... Você está no Himalaya, na sede do Raio Rubi do Amor, da Paz e do Servir – Sexto Raio.

– Salvo, graças a Deus! Sobrevivi, aleluia! Parecia impossível mas milagres acontecem. Como vim parar aqui?

– Num determinado momento, no pântano, você irradiou o Fogo Transmutador, numa proporção mínima para a gravidade da situação, mas que representou um pedido de socorro. Essa mensagem foi captada pelas Legiões de Auxílio Astral, chefiadas pelos Arcanjos Uriel e Graça (também da Hierarquia do Sexto Raio), que puderam interferir, resgatando-o. Existe uma lei nos Reinos Internos segundo a qual as Legiões só podem interceder em certas situações quando são invocadas, porque ninguém tem o direito de se imiscuir no livre-arbítrio de uma pessoa. E essa compaixão que você conseguiu sentir por aqueles seres trevosos que o rodeavam foi um pedido de socorro, foi uma forma de invocação.

– Me responda, Mestra: aquele pântano é a praia de Copacabana?

– É Copacabana tal como ela se apresenta na camada mais baixa, mais densa, do astral. Na Terra (de acordo como nível evolutivo atual do planeta) existem oito camadas astrais ou faixas vibratórias. Essa camada a que você desceu por afinidade vibratória, chamada umbral, é altamente contaminada e violenta, perigosíssima para o aprendiz, aquele que aspira a Imortalidade e ainda não se encontra investido do Poder Real; por isso os Mestres exigem tanto do discípulo o autocontrole de pensamentos e emoções – justamente para que ele não seja contaminado pelas regiões astrais inferiores. Mas existe uma Copacabana na segunda camada, uma Copacabana na terceira e assim sucessivamente, até a oitava. Não se esqueça: faixas vibratórias; o paralelo com os raios infravermelhos e ultravioleta pode ilustrar bem esse ponto.

– Ainda bem que tudo terminou!

– Receio que ainda não tenha terminado. Levante-se!

Ao afastar as cobertas para me erguer, vi a grande mancha de sangue no peito. Coagulado, concluí, senão não estaria aqui; a arma certamente não atingira nenhum ponto vital. Quando me levantei e tentei dar um passo, as pernas não me sustentaram. Caí fragorosamente.

– Engraçado, as pernas estão dormentes...

Me apoiei na cama, tentei me firmar no chão, sustentar meu peso, não consegui. Caí novamente.

– Por que não está conseguindo ficar em pé?

– Não sei, Mestra... Não sei. – A custo, apoiando-me nos braços, consegui deitar. Movimentei os pés, mas eles não se mexeram; estavam insensíveis. Bati nas pernas, dei socos, beliscões. Preocupação aumentando.

– O que está acontecendo, Daniel?

– As pernas estão paralisadas. Não sinto o corpo da cintura para baixo.

Foi só eu dizer isso que a dor terrível voltou; o coração! O sangue saiu aos borbotões. Um banho de sangue! Escorrendo pelo t6rax, abdômen, sujando a calça. Gritei:

– Está doendo! Doendo muito! Meu peito está perfurado! Estou tendo uma hemorragia! Ai, que dor, estou a ponto de explodir... Mestra, me ajude! Como é possível... eu...

– Sim, como é possível um ser instruído no Fogo Transmutador se apresentar diante de mim, uma Mestra ascensionada, em condições tão deploráveis? Com o coração perfurado a punhal, se esvaindo em sangue e paralítico?! Como é possível um discípulo utilizar de modo tão abjeto o Sagrado Poder da Imaginação que, em suma, é o Poder de Materializar, já emergente? COMO É POSSÍVEL ISSO, DANIEL?!

Transido de dor, empapado de sangue, balbuciei:

– O punhal, as espadas...

– Sim, o punhal, as espadas continham substâncias altamente venenosas, que corroem as células, embotam a mente e impedem a conexão com o EU SOU. Que substâncias são essas que você se injetou?

– Não fui eu que...

– As substâncias são: orgulho, vaidade, amor-próprio ferido, presunção, raiva, rancor, ódio. Ódio por João Alfredo! – Com olhos bem abertos esquadrinhei o teto, deitando a cabeça no travesseiro. – Por que escolheu a paralisia e a morte?

– Não entendo. Eu fiz a transmutação, João Alegre me confirmou.

– Naquela ocasião, sim. Mas nunca chegou a amá-lo como irmão. Tinha o hábito de odiá-lo. Um hábito pode reconstruir toda uma cadeia de ódio... Sem amor, a situação se mantinha sob controle até que surgiu um pivô: Patrícia. Você nem chegou a se apaixonar por ela; mas a simpatia ou a atração que ela sentia por você sempre o deixou extremamente vaidoso, com o ego inchado... E quando João Alfredo tomou a sua "propriedade" (como no íntimo considera Patrícia), então o orgulho ferido de macho acionou o velho hábito com uma intensidade jamais experimentada antes. Você é consciente das razões por que escolheu a paralisia e a morte?

Ela nem me deu tempo de negar. Continuou falando:

– São quatro razões que a sua censura consciente não admite e, por isso, bloqueia. A primeira delas é a autopunição, decorrente de sua incapacidade de nutrir sentimentos nobres em relação a João Alfredo. Pois eu lhe digo que a autopunição é ainda pior que o ódio pois impede o seu Deus Interno de agir. A segunda razão é que, em se tornando inválido ou morrendo, você despertaria piedade e remorso em João Alfredo. Bem, eu lhe asseguro que isso não aconteceria. A terceira é que você está com tanto ódio de João Alfredo que deseja intensamente, lá naquele seu mundinho escuro dos desejos inconfessáveis, que ele se torne paralítico ou morra – quer dizer, desapareça para sempre. Sem comentários. Finalmente, a quarta razão é que, com esse teatrinho de péssima categoria, em que se apresenta, ao final do último ato, sangrando, paraplégico e morrendo, nós, seus instrutores, deveríamos nos comover e poupá-lo em seu aprendizado. Quanta ingenuidade, Daniel! Quanta ingenuidade!... Seu procedimento é muito grave: você já possui um corpo que é imagem e semelhança da Divina Presença e, no entanto, por mau uso do Poder, está manifestando uma alma aleijada, ferida de morte, morrendo; assim você está sujeitando o seu corpo físico, que é um mero reflexo dos outros veículos, mais sutis, a vivenciar também essas mesmas experiências no plano físico. Mas a escolha é sua. Eu não posso interferir.

Estava que nem Adão, nu em pelo, querendo esconder as vergonhas.

– Por que está sendo tão difícil obedecer à lei do seu próprio ser, que é Amor e Misericórdia? O Mago é aquele que trabalha sempre com essas duas forças que constituem a Vida, o Alento Sagrado. Onde está o seu Amor? Onde está a sua Misericórdia?

"Dentro de dez minutos deverá ser cometido um homicídio por um menor carente na praia de Copacabana, em plena manhã de domingo. Ele deverá ser apanhado, entregue à polícia, que por sua vez o entregará ao Juizado de Menores, que o encaminhará à FEBEM, de onde fugirá, na primeira oportunidade, para praticar novos crimes. Amanhã os jornais deverão estampar o fato em grandes manchetes ilustradas com a fotografia do menor, de olhos cobertos por uma tarja negra; os jornalistas o identificarão como L.S.P. Advogados, psicólogos, sociólogos e professores analisarão o caso e cobrarão das autoridades governamentais um melhor programa de assistência à infância desvalida, o que é sempre bom. A opinião pública condenará o pequeno assassino e passará a abominar ainda mais os menores carentes. Mas a ninguém ocorrerá que o mandante do crime, o mentor, o principal responsável, é justamente a própria vítima: Daniel Filgueira de Carvalho.

Foi como se tivesse sido fulminado por um choque de milhões de volts.

– O homicídio foi planejado para ser cometido por João Alfredo; só que este não apresenta condições psicológicas, mentais e morais para se enquadrar no papel. Por isso, o ator teve que ser substituído.

Assim como também teve que ser substituído o punhal que você idealizou (muito difícil de ser encontrado!); o estilete foi o similar mais próximo. Mas veja como e quando o serviço foi contratado.

O quarto ficou em penumbra; na parede em frente à cama materializou-se um pano. Imagens em silhueta começaram a aparecer: eu mesmo de perfil e um braço armado com um punhal todo enfeitado de pedras preciosas. A pausa, o golpe, o gemido. Em seguida, um canhão se acendeu sobre o personagem principal – EU MESMO! – ali na minha frente, tão real como se fosse de carne e osso!, com o peito perfurado, sangrando e com as pernas imobilizadas! Esse outro Daniel pôs-se a declamar sua horrível fala caricatural enquanto eu, o Daniel-espectador, era novamente assaltado por uma dor quase insuportável no peito; o sangue voltou a jorrar abundantemente. Então, compreendi tudo! Cobri o rosto com as mãos e solucei, cheio de vergonha e de horror.

O maldito teatro continuava: o Narrador em *off* anunciou a morte do Daniel-ator, que caiu a um passo de minha cama, aos acordes da *Marcha Fúnebre*; entre nós dois apareceu uma cortina, que se fechou. Logo depois a cortina sumiu, apareceu a tela em branco. Sobre ela apareceram as imagens em silhueta, o Daniel-ator novamente com o punhal atravessado no peito, o Daniel-espectador alquebrado pela dor, e o sangue banhando os dois...

– Criador: eis a sua criatura! O Daniel à sua frente nasceu de uma imagem mental firme, nítida, fecundada por um intenso sentimento, e tem existência própria, como, aliás, todo sonho, todo projeto concebido por uma mente humana. Dentro da nuvem negra que cerca o menor criminoso (já tão massacrado pela carga energética desferida pela sociedade que o repudia a todo instante e o discrimina também pela cor da pele), esse filme está sendo projetado ininterruptamente, como uma influência mental poderosíssima a que ele não pode resistir. Com o trabalho interno intenso, diário, que você tem realizado nestes quase quinze dias de contato mais direto com a Luz, o seu poder de imaginação (que significa materialização) tem crescido em proporção geométrica; a intensidade de suas emoções foi responsável pela dinamização do processo. O Poder – aprenda, relapso aprendiz! – necessariamente tem que vir acompanhado de Sabedoria e de Amor.

– Mestra, eu preciso destruir esse filme imediatamente! Por Deus, agora, já!

– Faça-o. Você dispõe de apenas quatro minutos para evitar um homicídio.

A parede do quarto transformou-se numa tela, e sobre ela, ao vivo e a cores, a cena começou a ser transmitida: em primeiro plano, o meu corpo deitado na areia de Copacabana e os três garotos; ao redor, o falatório das pessoas.

– Vai agora! – era a voz *dele* mandando que os outros dois se afastassem. Os companheiros obedeceram, correndo para pontos já combinados, para facilitar a fuga e, eventualmente, receberem o produto do furto.

Ele se deitou ao meu lado, apoiando-se no cotovelo. A outra mão segurou o cabo do estilete, oculto pela camiseta. Introduziu os dedos indicador e médio, em riste, da mão esquerda no bolso da minha camisa, já desdobrada. Seus olhos rolavam nas órbitas como os de uma fera acuada, alerta, pronta a atacar. Estava nervoso e eu também. O nome dele me veio nítido e eu o pronunciei como se pronuncia nome de um irmão muito querido:

– Luiz Sérgio Pessanha!

Com urgência, respiração entrecortada, visualizei a Presença acima dele, dando início à irradiação do Fogo Alquímico, violeta, começando pelos pés, e depois se espalhando, subindo, envolvendo-o por inteiro, chamejando intensamente, fazendo com que o Fogo assumisse a forma de turbilhões no campo energético que o circundava, manipulando a matéria que estava sendo cozida e transmutada, apagando de vez aquele roteiro vagabundo que eu lhe impusera. Explodindo aquele teatro mambembe de vigésima categoria... Aí aconteceu!

– Peeeedro!

Pronto, ele se assustou com a voz do homem da barraca ao lado, chamando o filho! Com a rapidez de um raio, soprei o Fogo com todo o meu fôlego, intensificando-o (turbilhões, bombas, raios, relâmpagos, tempestades violeta) enquanto ele sacava a arma e a cravava com toda força nas minhas costas...

– NÃÃÃÃÃOOO!...

– Continue assistindo.

Em close, o estilete. Parado, suspenso a um centímetro (ou um milímetro?) das minhas costas. O gesto fora interrompido! Ele teve um momento de indecisão; retirou a mão armada com rapidez, inspecionando as redondezas; olhos rolando nas órbitas. Para meu alívio, convenceu-se de que ninguém tinha percebido nada. Então guardou a arma no calção, a camiseta encobrindo-a. Ufa! Na mão esquerda, o relógio e o dinheiro.

Novo momento de indecisão. Examinou meu corpo adormecido. O que me furtara. A mim novamente. Guardou o relógio no calção. Meteu os dedos no bolso de minha camisa. Com agilidade se levantou e saiu. Foi embora.

– Está levando o relógio...

– Por que não o dá de presente a Luiz Sérgio? Não se sinta furtado; ofereça um presente a ele. Você o contratou para um assassinato; e mesmo que não tivesse sido assim, por que, em nome do Amor e da Compaixão, não poderia dar um presente a uma criança pobre? Peça-lhe desculpas com mais Fogo Violeta da Misericórdia. E com o Fogo Rubi do Amor, ofereça o presente, eximindo-o da responsabilidade desse furto.

"Por alguns minutos, na praia de Copacabana, seus caminhos se encontraram; você está em condições de auxiliá-lo, de uma forma que o intelecto humano não está em condições de compreender. Não perca esta oportunidade! Não estou recomendando que compactue com o furto, o assalto, a violência, enfim, com essas mazelas sociais. Mas o fato está consumado: ele levou o relógio, e por culpa exclusivamente sua. Numa próxima oportunidade, dependendo de seu autocontrole, isso não tomará a acontecer. Portanto, agarre a oportunidade que a Vida está lhe dando de auxiliar um irmão; ofereça a ele Amor e Paz. O trabalho aqui em nosso Raio é este: servir ao próximo, curar-lhe as feridas e lhe transmitir Paz."

Ah, Luiz Sérgio, que cheira tanta cola de sapateiro e anda armado e quase desnudo por essas ruas violentas, sem destino. Amo você como meu irmão, apesar e além das aparências! Leve o relógio, é seu, e que ele lhe sirva para conseguir tudo aquilo de que você precisa. Leve-o como o brinquedo que você não teve ou como talismã. E me perdoe! De coração!

– Para concluir, torne a boa ação que praticou tão digna como a de um Mestre, isto é, sábia, neutra, impessoal e, por isso, perfeita.

Para isso, você tem que renunciar a todos os frutos e recompensas que possam advir dessa boa ação e atribuí-los a Luiz Sérgio. Só assim qualquer ajuda ao próximo, qualquer trabalho de caridade se torna válido diante dos Mestres. Quando existe essa renúncia (que é baseada na compreensão de que somente Deus é o Doador, a Doação e o Recebedor), a ação se torna perfeita e, consequentemente, livre de carma, ou seja, livre dessa cadeia de causas e efeitos, de créditos e débitos, de dívidas e necessidade de ressarcimentos. Através de ações perfeitas, o discípulo atinge o Mestrado. Isto é Sabedoria.

Fechei os olhos. Mentalmente despi-me do mérito de ter dado um relógio a Luiz Sérgio, pedindo aos céus que todas as recompensas deste ato fossem creditadas a ele, ciente de que Deus é o Doador, a Doação e o Recebedor.

– Vou lhe contar um segredo: sabe o que Luiz Sérgio pensou a seu respeito?

– Não.

– Ele pensou exatamente nesses termos: "Esse aí tem pinta de pobre." Por isso deixou o dinheiro da condução.

– Mestra, eu lhe prometo uma coisa: a partir deste momento, vou me esforçar ao máximo, e sempre, para nunca mais aviltar o Sagrado Poder da Imaginação. Vou aprender a pensar e a sonhar como Deus.

– Isto é Sabedoria. E agora vamos acabar de resolver este problema. Contemple todo o esplendor de sua Divina Presença, que é você mesmo.

Contemplei.

– Perdoe-se pelo ódio, pelo amor-próprio ferido, por ter idealizado um homicídio e também um suicídio, por ter usado mal o Poder da Imaginação.

Eu me perdoei.

– Ame-se muito, muito. Através do cordão de prata, isto é, desse canal de energia que liga sua personalidade ao corpo de Luz que você realmente É, envie Amor. Ame-se em sua verdadeira identidade.

Eu me amei.

– Mais ainda. Ame a si próprio tanto quanto ama a Deus. Porque, assim, você estará realmente amando a Deus em você. O Deus Manifesto.

Eu me amei como Deus.

– Perdoe a João Alfredo e a todos os que porventura o tenham magoado, desde o início dos tempos. Use o Fogo Violeta para dissolver o velho hábito do ódio.

Perdoei. Dissolvi.

– Ame a todos. E com amor deseje ao novo casal – Patrícia e João Alfredo – muitas felicidades.

Amei, desejando felicidades.

– Agora levante-se e ande. Com pernas perfeitas e o coração aberto para que nele habite sempre o Amor.

Absolutamente são, me ergui da cama.

– Mestra, para mim foi uma inesquecível Lição de Amor.

Aí me prostrei aos pés de Mestra Nada, com a fronte tocando o chão, aprendendo intuitivamente a forma correta de um aprendiz saudar um Mestre da Luz.

*

EU SOU a União da minha Família Cósmica.
EU SOU o Ser Cósmico Integral.

Ia dizendo as afirmações ditadas por Saint Germain procurando vivenciar a realidade e a realização de cada uma delas no Eterno Agora. Plano infalível de Mãe Maria: objetivo, condições, amor, pureza, concentração, ritmo e paz! Estava atento a todas as intuições que pudessem me ocorrer. E o desejo de encontrar a minha outra metade crescendo... Agarrava-me a uma certeza: eu iria encontrá-la. Nem que esperasse a eternidade inteira. Valeria a pena.

Continuava:

EU SOU uma Ideia do Criador: Una, Viva e Completa.

Água mole em pedra dura tanto bate até que fura: o primeiro contato foi com o casal de elementais. Estavam em péssimas condições, ambos. Lembravam os demônios de Copacabana lá das profundezas. Atarracados, disformes. Ora sarcásticos, ora furiosos, agressivos, gritando.

"Somos você no reino elemental! Nossas figuras repulsivas foram construídas por você e por sua mulher, ao longo do tempo! Por causa das formas-pensamentos e sentimentos baixos, que lhes serviram de alimento por milênios, fomos obrigados a construir imperfeições nos corpos de vocês! E a culpa desse crime recaiu sobre nós, autores das formas! É claro que, em nossas atividades, também não nos comportamos muito bem. Mas a culpa maior é de vocês! É sua!"

Ora, não há nada que um bom banho de Fogo Transmutador não possa resolver. E assim foi. Rapidinho a deformidade cedeu lugar à Luz; eles cresceram, tornaram-se altos e bonitos. Então conversamos.

– Veja você – a voz de minha elemental já ressoava com doçura. – Em tão pouco tempo (menos de meia hora) você fez com que recuperássemos nossa antiga condição de Caboclos; pelo menos, ao que me consta, essa é a única palavra usada por aí para designar o nosso atual estágio de desenvolvimento. Mas não gosto dessa palavra; ela faz com que as pessoas pensem que somos índios e usamos penachos.

"Lutaremos por nossa evolução; somos uma unidade. Conte sempre conosco. Lembre-se: trabalhamos com as formas, com o metabolismo. Se houver um distúrbio orgânico (digamos, uma dor de cabeça, uma inflamação em qualquer órgão) não deixe de nos chamar. Aceitando nossa presença, poderemos fazer maravilhas, creia. Além do mais, queremos participar de seus trabalhos espirituais. Com nossa colaboração, a cura que, no futuro, você vier a ministrar será muito mais fácil... Já temos muitos conhecimentos de Medicina alternativa e preventiva e estamos à sua disposição."

Essas palavras eram cem por cento verdadeiras: eu vim a me formar em Medicina e nunca trabalhei sem os dois ao meu lado. Bastava algum paciente assomar à porta do consultório, já eles diagnosticavam com segurança: "Três cálculos renais." Ou então: "Angina decorrente de um defeito na válvula tricúspide. Essa situação foi causada por um amor infeliz há três encarnações atrás. Desde então ela se fechou para o amor e sempre apresentou problemas cardíacos. O tratamento deve começar por aí." E eu sempre começava pelo ponto assinalado por eles. Às vezes discutíamos o diagnóstico e a medicação mais apropriada, e esse fator colaborou muito para que nós três nos tornássemos médicos ainda mais competentes. Como não poderia deixar de ser, os resultados dessa associação eram fabulosos. A precisão dos diagnósticos impressionava os clientes e também os próprios colegas de profissão.

Sobre a minha mulher eles informaram que ela estava encarnada. No Brasil ou no exterior, vocês sabem informar? Eles sabiam, sim:

– Ela mora logo ali.

– Ali onde?

– Bem pertinho. Do outro lado da Grande Água.

– Grande Água? Que Grande Água?

– Ali, onde tem uma ponte.

– Ponte? Será que é... Niterói?! É Niterói?

– Isso! É esse o nome!

Eu estava ansioso. Descrição física? Bem, dar a descrição física do meu Raio Gêmeo eles deram, sim, só que do ponto de vista de um elemental: acne, prisão de ventre crônica (porque só come porcaria!), micose e agora anda com alergia.

(Realmente eram uma gracinha, os dois!)

Muitos anos mais tarde, vim a ter alunos, a quem transmiti meus conhecimentos de Magia, Alquimia, etc. Logo no início da preparação deles, dei uma aula sobre Família Cósmica, tal como Saint Germain me transmitiu. Enfatizei a necessidade de uma colaboração mútua e fui explicando a função de cada um dentro desse trabalho conjunto: a matéria-prima dos anjos são os sentimentos, as emoções. Já os elementais trabalham com o nosso organismo. O nosso metabolismo é o laboratório deles. Então, se vocês têm uma disfunção glandular, por exemplo, ou uma dispneia (falta de ar), uma cefaleia (dor de cabeça), ou um estreitamento da aorta, uma fratura, enfim, seja lá o que for, invoquem esses seres e peçam para corrigirem o problema, equilibrando o organismo. Se conseguirem estabelecer uma relação harmoniosa com essas inteligências, sua saúde só tende a melhorar cada vez mais.

No final da aula, uma das alunas, chamada Teresa, veio conversar comigo.

– Eu prestei muita atenção à aula – declarou, entusiasmadíssima. – Bebi cada uma de suas palavras. Foi belíssima a sua instrução!

– Não é minha. É de Saint Germain.

– Repetindo, para ver se entendi direito: os elementais trabalham com o nosso metabolismo. Com as glândulas também?

– Claro, com tudo!

– Muitíssimo obrigada e até semana que vem.

Semana que vem, voltou ela.

– Daniel, se lembra de tudo o que você disse a respeito dos elementais?

– Lembro, claro.

– Pois bem: eu saí daqui na quarta-feira disposta a ter uma conversinha com eles. Me concentrei, chamei os dois pra pertinho de mim, joguei Fogo Violeta à vontade para eles se sentirem bem satisfeitos comigo. Depois, quando senti que estava tudo calmo à minha volta, eu comecei a dizer a eles que sou gorda por causa da minha tireoide, que não é lá muito cristã. Que eu detesto tomar remédio! Que eu detesto regime! Detesto ginástica! Detesto ser gorda! Detesto quando meu marido me chama de Barrilzinho! Detesto quando os moleques abusados da rua me chamam de Orca, a Baleia Assassina! E exigi, com as mãos nas cadeiras, em posição de açucareiro, que eles me emagrecessem! E já!

"Daniel, tá vendo essa calça? Há anos que ela não entrava em mim! Eu só a guardava porque tinha esperança de, um dia, usar de novo. É verdade que ela está bem apertada no meu corpo, mas o fato é que eu já consegui vesti-la. Pois é, eles me emagreceram! Sem ginástica, sem regime, sem remédio e com os docinhos de sempre!"

– Teresa, você é uma gênia! Nunca me ocorreu pedir a eles que me engordassem um pouquinho... Anos e anos sem ter um físico atlético por pura falta de imaginação!

– Semana que vem eu volto com outras novidades.

Semana que vem, ela voltou.

*

Todo contato com um Mestre é uma Lição de Amor, que reformula nossos conceitos e valores e nos eleva a um novo patamar de consciência. A aula inaugural do curso que frequentei no Raio Rubi é um bom exemplo disso.

O professor chamava-se Gustav. A turma era constituída por doze alunos, de idades e nacionalidades diversas: um chinesinho, Li Chien; o russo Sergei; os alemães Gerhard e Erich, este último o mais velho da turma, com cerca de oitenta anos; Frei Ângelo, espanhol; um ministro de Estado que, por ser muito conhecido no mundo externo, deve ter seu nome e nacionalidade omitidos; o argentino Calixto José, e eu. Mulheres: a venezuelana Lêda; a chilena Maria Luísa; Dominique, francesa, e mais a inglesa Caroline.

Mestre Gustav dirigiu-se à turma em português:

– Primeiramente quero dar as boas-vindas a todos vocês, discípulos habilitados à instrução no Raio Rubi do Amor, da Paz e do Servir. Congratulo-me com cada aluno em especial pelos passos que já deu na jornada à ascensão. Mas antes de dar início propriamente dito à aula inaugural deste curso, apresso-me a responder à pergunta que neste momento está devastando a mente de todos aqui, sem exceção: como é que eu, falando em russo, chinês, português, espanhol, alemão, inglês ou francês posso estar sendo compreendido (se é que estou) pelos demais? Não, esta não é uma turma de poliglotas e, quanto a mim, não estou me exprimindo em nenhuma das línguas que mencionei, mas em sueco, que é a língua com que mais me identifico. Porém, isso não impede que vocês entendam perfeitamente o meu discurso, sem prejuízo de nenhuma palavra. E isso ocorre porque o fundamento da linguagem por nós utilizada é o Amor, que é a comunicação perfeita entre todos os filhos da mesma Origem.

"Algumas Escrituras fazem referência a uma língua original, denominada vatan ou adâmica; na Queda, a desarmonia e a consequente falta de comunicação entre os membros da família humana refletiu-se externamente: é a Torre de Babel, com a proliferação de diferentes línguas; e ninguém entende ninguém. No dia em que os homens novamente se centrarem em Amor, serão capazes de discernir não só o que dizem seus semelhantes mas também os sons emanados pela Criação: a canção decorrente da dança atômica em seus corpos; a dos elétrons da Divina Presença; a música entoada pelo pôr do sol e pelo amanhecer; a linguagem das plantas, dos animais e até dos sentimentos. Como é aqui em cima. Se eu quiser me comunicar com um irmão de Vênus, poderei utilizar o sueco, e minhas palavras chegarão a ele em castiço idioma venusiano; por outro lado, se eu quiser me expressar na língua de Vênus, naturalmente eu a estarei falando; e finalmente, se não quiser me expressar oralmente, disponho da mente como veículo de comunicação. Para ilustrar o que disse, pediria a Sergei para cumprimentar Li Chien.

O russo levantou-se e em português falou com Li:

– Oi, Li. Tenho muito prazer em conhecê-lo. Meu nome é Sergei. Sou da Letônia.

– Em que língua você falou, Sergei?

– Russo.

– Em que língua você compreendeu a mensagem, Li?

– Bem, eu ouvi fonemas de uma língua desconhecida para mim. Porém, é como se chegassem a mim automaticamente traduzidos em chinês, com sotaque de Xangai. Como eu mesmo falo.

– Caroline.

– Compreendi a mensagem em inglês.

– E cada um compreendeu ou decodificou em sua própria língua. Mas aqui todas as línguas se fundem numa única: Amor, mesmo que, por enquanto, essa força prodigiosa só exista em vocês numa parcela ínfima, suficiente apenas para o ingresso em nossa Escola.

"Temos o objetivo de formá-los em Amor. Todos os Raios de Luz representam práticas diferenciadas e específicas de Amor; aqui, o Amor tem por definição o Serviço ao próximo e a Paz.

"Portanto, dentre as disciplinas que compõem o nosso currículo, a caridade, o servir ao próximo é uma das principais. A propósito, gostaria de esclarecer uma coisa: o maior serviço que se pode prestar à humanidade é se autoiluminar, conquistando a Paz interna. Uma vez, discorrendo sobre o assunto, Saint Germain disse: *Eu afianço que a aura de um homem em Paz pacifica cem mil habitantes de uma cidade*."

Mestre Gustav voltou-se para o quadro-negro e escreveu

P A Z

– Paz. Justamente a matéria mais difícil, a que provoca maior resistência nos alunos. Porque Paz implica autoconhecimento.

"Sem autoconhecimento não existe Paz. E isso não é nada fácil, eu sei. Mas para a conquista da Paz interna, vocês terão que conhecer inclusive a sua sombra. Terão que analisar seus mais íntimos pensamentos, sentimentos, desejos, caráter, tendências e mesmo os sonhos. Terão que se defrontar com seus próprios demônios, criados não só nesta vida mas desde a Queda, e vencê-los. O lado negro de vocês, com os muitos crimes cometidos contra a Lei de Amor, por uma questão de Misericórdia permanece esquecido ou oculto por véus; mas à medida que se forem estruturando, se fortalecendo na Luz, essa face sórdida ainda não transmutada virá à tona. Nada ficará encoberto. Muitos serão tomados de horror e vergonha pelo que já foram e fizeram, mas esse é o material que terão que trabalhar. Vocês deverão se converter em valentes Davis no confronto com uma corja de monstruosos Golias que, no final das contas, são vocês mesmos. Vai ser uma luta titânica da identidade contra todas as personalidades que já assumiram. É o desmoronamento da fortaleza do eu, em prol do reinado do Eu maior e eterno. É a destruição do antigo templo em favor do novo. Como consequências diretas desse trabalho interno e às vezes doloroso, vocês passarão a assumir uma atitude de extremo rigor para com seus próprios defeitos e, em contrapartida, muita tolerância em relação aos seus semelhantes não para compactuarem com as imperfeições, é claro, mas para compreenderem melhor seus irmãos e ajudá-los a se erguerem. Assim, terão condições de fazer caridade com maior eficiência.

"Por tudo isso, já dá para sentir a importância que a matéria Exame (isto é, Exame de Consciência) e Transmutação terá na programação das aulas e atividades que irão cumprir aqui. Diariamente vocês terão um tempo previsto para essa cadeira, a ser ministrada por Mestra Nada, que lhes trará à memória o que ainda está soterrado e os assistirá na prestação de contas. Afinal, ascensionar significa atingir a Perfeição total.

"Por falar em Perfeição, vamos dar uma olhadinha nestes novos discípulos."

Mestre Gustav avaliou-nos criticamente, um por um.

– Por que se vestem tão mal? Jeans, camiseta, sandália de dedo... Sem querer ofendê-lo, Ângelo, sua batina está tão surrada... E você, Daniel, por que não aposenta esse uniforme? A qualquer hora do dia ou da noite você sempre chega às esferas de Luz uniformizado, com uma mochila às costas! Já pensou se nós, ascensionados, tivéssemos que usar uniforme? Não existiria Liberdade e o paraíso não seria paraíso... Você já esteve pessoalmente com Saint Germain três vezes e em nenhuma delas, eu sei, ele vestia violeta. Afinal, por que Saint Germain teria que andar sempre de uniformezinho violeta se ele é a própria manifestação da Misericórdia, da força transmutadora? Ele veste violeta, sim, e também lilás, azul, branco, verde, amarelo... tantas cores! Mas vocês, hein? Pobrezinhos! Tão feinhos, tão. deselegantes! Tanto, que eu pediria que trocassem de roupa. Comparem sua vestimenta com a minha. Observem a beleza da minha túnica, do meu manto, do meu anel de diamante com rubi. Comparem-se comigo. Existe uma enorme diferença, concordam?

Ficamos perplexos com esse tipo de advertência. Mestre Gustav riu à solta.

– Pois é, todos se abismaram com minhas palavras. E se perguntam, veramente chocados, como é que eu, Mestre ascensionado, me preocupo com moda... Pois a questão não é esta. Trata-se, na verdade, de uma completa autoaceitação como Filhos de Deus, que é a Fonte de toda a Luz, de todo o Amor, de todo o Bem, Riquezas, Abundância, Paz e etecétera e etecétera.

"Como Filhos de Deus, temos que expressar Seus atributos. O universo é a nossa casa, aquela que o Pai construiu para Seus rebentos. Tudo o que nela existe nos pertence. Não usar, não expressar a beleza, a opulência e a perfeição é voltar as costas à grandeza do Criador. É negar o Amor, que nos traz todo o resto. Portanto, minhas crianças, cubram-se de riquezas porque esta é a Lei de Deus.

"No plano físico, as riquezas – perecíveis, transitórias e sujeitas a uma nova redistribuição – se dividem de acordo com o carma e a necessidade de aprendizado de cada alma. Nos Reinos de Luz, as riquezas, consequências naturais de união com o Pai, multiplicam-se infinitamente, porque a Fonte (Deus) é inesgotável e eterna. No físico, viver-se em pobreza ou em riqueza é apenas o meio através do qual a alma se despe da ilusão dos bens materiais e se volta para o Bem Maior. Aqui, a pobreza é intolerável e os tesouros são incorruptíveis. Criados à semelhança do Pai, somos deuses, e o universo inteiro se mobiliza para atender ao menor de nossos desejos.

"E agora vamos tocar num ponto-chave, que é de difícil compreensão para os não ascensionados.

"É o seguinte: os homens pecaram contra a Lei do Amor, afastando-se da Origem. E por isso conheceram as trevas, que são a pobreza, a miséria, a doença e o sofrimento. Em sua imensa ignorância, os homens acreditam que, sofrendo, estão unidos a Deus. E clamam a Ele, no auge da dor, achando que Deus os está ouvindo e, o que é pior, que o seu sofrimento é a Vontade do Pai. Essa é a pior blasfêmia que alguém podia inventar! Deus nunca quis a degradação de nenhum de Seus herdeiros. E por isso lhes digo que jamais, em tempo algum da história do universo, Deus ouviu sequer o mais ardente clamor de desespero de Seus filhos.

"Por favor, procurem entender o que estou dizendo porque isso é importantíssimo. Vou dar um exemplo para ficar mais fácil: digamos que alguém, depois de muito infringir a Lei do Amor, esteja colhendo os frutos de suas ações, ou seja, miséria e dor. No auge do seu sofrimento, essa pessoa se volta para Deus; apela a Ele, invoca a Sua Presença. E aí Deus (que, afinal, também é a própria essência perfeita e eterna do indivíduo) se manifesta. A pessoa tem a falsa sensação de que Deus finalmente teve misericórdia, que foi o seu desespero que chegou até as alturas celestiais, que foi a dor o elemento responsável pela comunicação com Deus, que foi a dor que provocou Sua resposta, e que Deus só atende aos aflitos, aos desesperados. O que absolutamente não é verdade. Ora, quando alguém, motivado pela dor ou pela alegria (o que seria preferível), se volta para Deus e invoca a Sua Presença, este apelo é um impulso para o encontro com Ele, um decreto para que Ele se manifeste. Mesmo que ainda não tenha consciência disso, essa pessoa está buscando a união com Deus, a sua divina direção, que também é a sua verdadeira identidade, a sua própria essência – enfim, é um movimento de Amor. Porque Amor é exatamente isto: integração, fusão, união. Entenderam a diferença? Deus se manifesta porque Ele responde ao Amor, e não à dor, não ao sofrimento.

"Por isto é que eu digo: nunca existiu o tal Deus dos aflitos. A dor é criação humana, é a desobediência à Lei, é o pecado, e nele Deus não pode habitar. Dor é ilusão, Deus é Real. Dor é a profundidade do abismo em que alguém se escondeu para fugir do Pai; Deus é Alegria e Plenitude, é o universo ao nosso dispor.

"Querem se aproximar de Deus, vê-Lo face a face, ouvir a Sua voz? Então comuniquem-se com Ele através de Sua linguagem: a Alegria. Com muita propriedade diz o Salmo:

> Louvai ao Senhor!
> Louvai a Deus no Seu Santuário,
> Louvai-O no firmamento do Seu Poder.
> Louvai-O pelos Seus atos poderosos,
> Louvai-O conforme a excelência de Sua grandeza.
> Louvai-O com o som de trombeta,
> Louvai-O com o saltério e a harpa,
> Louvai-O com o adufe e a flauta.
> Louvai-O com instrumentos de cordas e com órgãos.
> Louvai-O com os címbalos sonoros,
> Louvai-O com os címbalos altissonantes.
> Tudo quanto tem fôlego louve ao Senhor!
> Louvai ao Senhor!

"Em cada instante de suas vidas, estejam com Ele, amando-O, louvando-O, celebrando-O com muita festa, seja com harpa, adufe ou trombeta. Dirijam-se a Ele em tom de camaradagem – afinal, Ele é o Pai, e a Mãe também. Ele é o Criador de todas as formas e, como tal, pode se apresentar sob as mais diversas formas, e também no informe luminoso, na plenitude que deu origem a todas as coisas.

"Mas como recomeçar o papo com Deus, há tanto tempo interrompido? Comecem compartilhando com Ele todos os prazeres da vida: o alimento, a água, a beleza de um entardecer, a alegria de se ir à praia, o dia e a noite, um passeio interessante, a chuva, o vento e as estrelas, a companhia dos que lhes são caros, o trabalho e os projetos. Amem-No na carne de seus maridos ou mulheres, em toda circunstância. Sem culpa e com muito prazer.

"O nosso irmão Ângelo, aqui presente, desde que se entende por gente, gosta de picolé de manga. Ele cresceu, optou pela vida religiosa e levou para o convento o que ele chama de Pecado do Picolé. Como é um ser do nosso Raio, e portanto aqui vai se estabelecer ao alcançar a imortalidade, sua maior alegria na vida é servir ao próximo, fazer caridades. Só que Ângelo, imbuído de um fabuloso rigor monástico, não se permite a menor alegria pessoal. Nem mesmo o simples prazer de chupar um picolé. Cada vez que deseja um picolé, penitencia-se arduamente em sua cela, às vezes condenando-se a mastigar gengibre, tarefa que lhe é bem desagradável. Seu objetivo é dominar os desejos da carne, exercendo absoluto controle das sensações.

"Em primeiro lugar, picolé nunca foi pecado – examinem as Escrituras de todos os tempos e lugares. Alguma delas diz: Não chupeis picolé? Não!

"Segundo lugar: o picolé não contém nenhuma substância tóxica que comprometa sua saúde ou impeça a livre circulação da Luz Divina em seus corpos. É claro que Ângelo tem que preservar a pureza do corpo físico; afinal, ele vai ressuscitar, e depois elevar, esse corpo físico, que deverá estar isento de qualquer mácula. Mas o picolé não causa nenhum dano.

"Terceiro: Ângelo está cultivando um desejo físico, que somente poderá ser resolvido onde foi gerado, isto é, no plano físico. Ele luta contra o picolé de manga e portanto tem um conflito, e nesse estado não chegará à imortalidade porque somente os que estão em Paz podem atingi-la. Então, terá que assumir uma nova encarnação para se fartar de picolé e só então ascensionar.

"Quarto: a manga é criação de Deus e, se dentre todos os frutos, é o que lhe dá maior alegria, então louve ao Senhor no Seu Santuário, isto é, na polpa da manga. E compartilhe com Ele o picolé. Ele vai gostar.

"Quinto: sabem qual é a minha bebida predileta? Água de coco tomada por um canudinho. Então o que é que eu faço? Dou graças, manifesto o coco e o canudo, bebo a água celebrando a Fonte. Depois, pra não sujar o paraíso e como pessoa bem-educada que sou, devolvo o coco e o canudo ao Espírito Santo, que é o almoxarifado da Vida. Pronto. Eu vivo em Alegria, ainda maior porque no Reino dos Céus tem coco verde. E amo, adoro, louvo o Senhor de toda Vida mesmo na casca de um coco.

"Ângelo, pelo Amor de Deus, vamos resolver logo esse gravíssimo problema existencial: chupe um picolé de manga agora! Aqui mesmo em sala de aula, não tem problema! Daniel, nunca mais me apareça uniformizado! Quanto a mim, me recuso a dar aulas a alunos que se vestem de farrapos porque ignoram a glória de seu Pai. Honrem a filiação! Troquem de roupa já!"

Foi só ele dizer, eu pensei rapidamente no único terno que possuía no plano físico e... já! Já estávamos com outras roupas! Frei Ângelo apareceu vestido de túnica branca com um cordão dourado na cintura, tudo bem parecido com a antiga batina franciscana, e mais um picolé de manga na mão. Li Chien tinha partido para um quimono de brocado. Maria Luísa estava de grega, com uma tiara nos cabelos. Gerhard, só Deus sabe por quê, estava fantasiado de tirolês, Eu de terno e assim por diante. Mestre Gustav pôs-se a caminhar por entre as carteiras avaliando o figurino.

– O resultado poderia ter sido bem melhor; o senso estético terá que se aprimorar muito... (Parou ao lado de Gerhard, com expressão incrédula.) Ora ora, o que será que temos aqui como enfeite dessa fantástica fantasia verde-abacate?! Vejamos... Com licença, Gerhard.

O Mestre tirou do chapéu de tirolês a pena preta que o enfeitava. Examinou-a com interesse. Depois deu o veredicto:

– Não há dúvida! Trata-se de uma pena de galinha-d'angola! Sim, precipitada diretamente do Espírito Santo, avulsa, a pena sem a galinha, mas de fato é uma pena de galinha-d'angola!

Fechou os olhos, abriu os braços e orou:

– Ó Criador, Pai de todas as formas e de toda a Vida! Teus celeiros são infinitos, inesgotáveis! Em Teu Reservatório, que se chama Plenitude, há riquezas em abundância e muita beleza à disposição de todos os Teus Filhos. Faz com que estes aqui entendam isso muito claramente e sejam capazes de expressar Tua Magnificência no ato de Criação. Dá-lhes o poder da visualização perfeita e a criatividade de tua Mente em operação. E a Gerhard, Senhor, mostra uma profusão de penas, mais belas, plumas até. Mesmo assim, devo dizer que não gostei de jeito nenhum que ele tivesse se fantasiado. – Abriu os olhos, voltando-se para o encabulado tirolês. – Outra roupa, por favor. E que seja elegante! Suntuosa!

E aí a turma inteira riu: Gerhard se vestiu exatamente igual a Mestre Gustav, que balançou a cabeça e foi em frente, interpelando Maria Luísa:

– Tiara falsa. Você queria brilhantes e isso daí são vidrilhos. Vamos lá, Maria Luísa! Determinação! Vontade inflexível, visualização nítida, acreditando no Poder que você É para materializar o que quiser.

A colega se concentrou e, pelo visto, conseguiu transformar vidrilho em brilhante porque o Mestre passou a falar com Erich.

– Quantos anos você tem mesmo nesta encarnação, Erich?

– Tenho 84, Mestre.

– Apenas 84 anos. E se apresenta velho, enrugado, calvo, de dentadura postiça e mãos trêmulas – enfim, uma ruína! Quanto a mim, comemorei mais um aniversário na semana passada Tenho 1.237 anos, contados a partir da ascensão porque esta é a nossa referência aqui no Reino dos Céus. Embora tão velho pelos padrões do plano físico, minha aparência é a de um homem de 30 anos. O que você tem a declarar sobre essa disparidade absurda?

Erich não declarou absolutamente nada.

– Como eu poderia lhe ensinar a deter o envelhecimento das células, se você nem ao menos consegue imaginar-se jovem? O espírito é eterno. Não está sujeito a velhice. Você se identificou com a decrepitude do veículo físico, quando a relação tem que ser justamente a inversa: a eternidade da Divina Presença (ou espírito) é que deveria ter sido imposta ao físico, detendo o processo de envelhecimento. Eu o quero jovem, com a dentadura original, a pele lisa, a basta cabeleira loura, o brilho nos olhos e o vigor de quando praticava natação, há 60 anos atrás. Eu quero, principalmente, que você tenha mais imaginação. Agora!

Erich, então, se transformou num jovem, porém... calvo.

– Esqueceu o cabelo, Erich.

Erich botou o cabelo.

– Ótimo! Ouçam todos: independentemente da aparência que estiverem usando na encarnação atual, apresentem-se diante de seus Mestres com aspecto jovem e saudável. Este é o sintoma líquido e certo de que estão capacitados a compreender e vivenciar a mensagem de Eternidade de que eles são portadores. Agora, voltando a Erich.

O Mestre virou-se para Erich.

– Existe ainda outra coisa que preciso lhe dizer: na próxima terça-feira, às 11h15 da noite, você desencarnará. Infarto do miocárdio. Silencioso, indolor e fulminante. Acontece que seu filho Jürgen guarda aquela autorização para retirada da córnea, que você assinou durante a adolescência. Cancele-a imediatamente!

– Então é errado o transplante de órgãos? – questionou Lêda.

– Considerando o atual estágio espiritual da humanidade da superfície terrestre, o transplante de órgãos de pacientes em morte cerebral é errado, sim. Por duas razões. Em primeiro lugar, porque pouco ou nada se conhece a respeito do evento chamado "morte". Exemplo: quem pode precisar o momento exato em que um ser desocupa totalmente o corpo físico que está usando naquela encarnação? Em outras palavras: em que momento ocorre realmente a chamada morte ou desenlace? É na hora em que um médico declara a morte clínica ou cerebral? Não, não é. Porque muitas vezes os médicos atestam a morte cerebral, e o paciente ainda está plenamente consciente de tudo o que está ocorrendo com o seu corpo e no ambiente. Imaginem o sofrimento dessa pessoa, que ainda está consciente, quando se retira um órgão de seu corpo, especialmente se esse órgão é o coração... Além do mais, como é que um médico pode garantir que aquele paciente não voltaria a viver? Há tantos casos inexplicáveis para a Medicina... Um médico só poderia garantir que aquele paciente se encontra mesmo em processo de desencarne se fosse clarividente...

"Se o médico fosse clarividente, e soubesse com absoluta certeza que a consciência do seu paciente já havia desocupado totalmente o corpo físico, aí sim, ele poderia autorizar tranquilamente o transplante – não só de um único órgão mas de vários... Só que, neste caso, ainda teria que levar em consideração que cada átomo, cada tecido, cada órgão do corpo está carregado com o carma pessoal de cada indivíduo. No transplante de um órgão, o carma pessoal do doador se transfere para o receptor, que recebe esse carma adicional – que pode ser positivo ou negativo. A rejeição do órgão ocorre porque a alma do receptor rejeita o carma imbuído no órgão transplantado.

"Em se tratando de transplante de órgãos entre vivos, o prejuízo (no caso do carma negativo) obviamente é bem menor. Mas sempre ocorre a transferência cármica de uma pessoa para a outra – isso é inevitável. Aliás, isso ocorre inclusive na transfusão de sangue. Então, para minimizar esses efeitos é necessário que tanto o doador quanto o receptor invoquem a Lei do Perdão e da Chama Consumidora (o Fogo Violeta) para limpar e depois neutralizar o órgão ou o sangue que está sendo transferido de uma pessoa para outra. Adotado este procedimento, a doação fica bastante facilitada.

"A ótica humana é falha porque imediatista, fracionada e dissociada da Divindade. Aqui, nos Reinos Internos, vocês aprenderão a curar real e verdadeiramente, porque curar alguém significa libertá-lo e não lhe impor novas prisões. O Poder de um Filho de Deus é ilimitado; se ele pode inclusive materializar um membro que foi amputado, que dirá reconstituí-lo. Sem transplantes. Quem cursar a Faculdade de Medicina no Quinto Raio estudará Engenharia Genética, que aqui é ministrada de conformidade com as Leis Divinas."

Aí Mestre Gustav passou a discorrer sobre o duplo etérico.

Independentemente da religião que se professe, é fundamental se conhecer o funcionamento do chamado *duplo etérico,* ou simplesmente *etérico*, porque esclarece o que é, energeticamente, a Senda, esse crescimento espiritual ao longo de muitas vidas e como um aprendiz se torna um Mestre.

DUPLO ETÉRICO

Também chamado de *bioplasma, energia biopsíquica* ou simplesmente *etérico*, o duplo etérico não é um veículo de consciência independente, ou seja, não constitui propriamente um corpo. Ele é, na verdade, uma central energética, que tanto fornece energia vital para o corpo físico quanto para o corpo astral. Toda partícula sólida, líquida ou gasosa dos corpos físico e astral está envolta por um invólucro etérico; ele ultrapassa a epiderme em cerca de até duas polegadas. De cor azul-acinzentada, ele ultrapassa a epiderme em cerca de duas polegadas. A radiação luminosa dessa central energética é objeto fotográfico da máquina Kirlian. Na morte, ele se retira gradativamente do físico e se concentra no astral.

Nessa central que é o etérico, destacam-se três grandes centros energéticos, a saber:

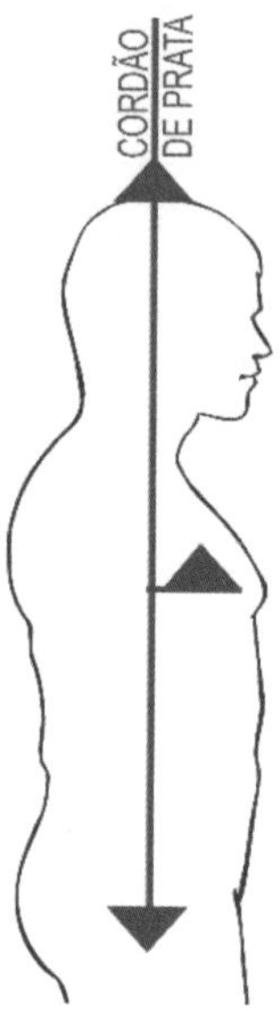

♦ centro da cabeça, de polaridade positiva, ativa, masculina da energia; localizada no alto da cabeça, abrange a glândula pineal e a pituitária;

♦ centro do coração, fogo da energia neutra (positiva e negativa em equilíbrio). É a mística morada do Cristo Interno.

♦ centro do cóccix, de polaridade negativa, passiva, feminina, também conhecido como fogo serpentino ou *kundalini.*

A energia de vida de toda pessoa desce de uma dimensão imaterial através do *cordão de prata* (uma espécie de cordão umbilical extrafísico, também chamado de *cordão astral, conexão da alma* e *laço vital*) e se distribui aos corpos físico e astral pela rede de meridianos ou *nadis*, que são as artérias do etérico. Esse conduto energético tem elasticidade, densidade e diâmetro que variam de acordo com a evolução espiritual de cada indivíduo.

*

Era uma tarde bonita e eu tinha ido ao centro para fazer alguns pagamentos para Walter. Resolvidos os problemas, meus passos me conduziram a uma igreja que eu não conhecia. As portas principais, imponentes, de madeira maciça, estavam fechadas, mas à direita havia uma portinhola aberta, como me convidando a entrar. Subi os degraus, entrei.

A igreja estava vazia. No momento em que me acomodava num banco, vi, à esquerda, a imagem de um santo. Era eu, com o aspecto que tive há séculos, quando me santifiquei. Parei para analisar a imagem: um santo de longos cabelos, barbas e bigodes... Tive que rir: ao que me consta, naquela época meus pelos não eram tão grandes assim, não... Ao contrário: eu era carequinha de fazer dó... E além do mais, essa túnica... Caramba, eu não usava túnica de jeito nenhum! Usava, sim, uns trapos meio encardidos, fedorentos... É, de fato a Igreja Católica me fez passar por um *fotoshop* de respeito... Mas por outro lado, temos que respeitar a imaginação e a criatividade do artista que fez a escultura...

Meu olhar e minha atenção se desviaram da imagem do santo e se voltaram para outras plagas...

Devaneios...

Do outro lado da Grande Água... Se eu soubesse o endereço da dona da acne, prisão de ventre, da micose e da alergia, bem que tornaria a próxima barca Rio-Niterói...

Fechei os olhos, centrando-me na força do amor: como um ímã atraindo uma agulha, eu a atrairei a mim, mulher que amo... Simples questão de polaridade e de imaginação. "Em Amor! Basta apenas estar em Amor!" – lembrei as palavras de Mestre Gustav. "Sugando de seus átomos a força que agrega, que atrai... Agora doem-na ao mundo tão necessitado de Paz..." Inspirei Amor e irradiei Paz ao planetinha Terra, às nossas ordens. Respiração ritmada, quase inexistente.

De repente, o silêncio da nave foi quebrado por um TOC-TOC-TOC-TOC-TOC-TOC. Olhei pra trás. Era uma mulher de salto alto que chegava. Voltei à meditação. Mas daí a pouco captei uma mensagem telepática, ansiosa, que era a seguinte: "Por favor, meu santo, me ajude! Os homens de hoje não estão com nada! O senhor sabe muito bem o que eles querem – é só aquilo mesmo e, depois que conseguem, tchau e bença! Nenhum homem presta! A não ser o senhor, claro, que é santo e não pensa mais nessas coisas... Porque o resto, santinho, é tudo farinha do mesmo saco! Veste calça e usa cueca, a gente já sabe: sem-vergonha! Mas eu queria que o senhor me arranjasse alguém... um grande amor... eu quero um lar, filhos..."

Olhei pra trás: a mulher de salto, contrita, estava ajoelhada diante de minha imagem rezando! Dei pulos no banco de tanto rir.

Pedir isso logo a mim, a mim, tão carente, tão sozinho! E dizendo que eu não penso mais nessas coisas!...

Muito inconsequentemente, idealizei uma brincadeira. Ah, se fosse ventríloquo, faria aquela imagem falar no ato. Diria assim: "Filha minha, vá a outra igreja e reze pra Santo Antonio. Aproveite e peça também por mim. Veja se ele consegue dar um jeitinho na nossa situação! Eu também quero o grande amor! E cá pra nós, as mulheres também não estão com nada!..."

Mas a Presença Divina fez calar minhas risadas. Pensamentos elevados e amorosos me ocorreram, como se me estivessem sendo ditados: "Essa mulher vem a Mim com fé, amor e confiança. Muitos discípulos que você terá no futuro, teoricamente melhor preparados para a Senda, falharão por falta de fé e obediência. Já esta mulher vem despojada como uma criança. A alma ainda tateia nas trevas e não tem mérito para alcançar o que deseja que, por sinal, é legítimo. Amar e ser amado é uma necessidade básica de todo ser humano. Carmicamente vocês estão comprometidos, pois ela se entrega, com absoluta confiança, nas mãos do santo que você é. Esta é uma ovelha do seu rebanho, Daniel. Esta é uma alma que Deus confiou aos seus cuidados. Na unidade crística, somos um único ser."

A partir desse instante e até hoje, nunca deixei de cobri-la, diariamente, com o meu manto de Amor e Misericórdia. Por causa de minha interferência, ela conseguiu o casamento sonhado. Embora de forma rudimentar e egoísta, na estabilidade familiar ela já esboçou um projeto de Amor, que num futuro distante haverá de frutificar. Mas daqui a talvez dezenas de encarnações ela virá a mim. E eu a conduzirei a Deus, como meu Mestre fez comigo.

Sobre o relacionamento entre fiéis e santos, há realmente histórias engraçadas. Exemplo: a colega Dominique, que hoje está encarnada na França e exerce a profissão de jornalista, é uma santa e por sinal bastante cotada no *ranking* da santidade; tem milhares de devotos.

– Um deles – Dominique falando – estava outro dia num cassino, jogando. Pois bem: ele me fez uma promessa para que eu desse uma "ajudinha" na roleta! É mole ou quer mais? E o pior é que ele vive pelas igrejas acendendo velas em meu louvor e me responsabilizando pelos êxitos de todas as falcatruas que apronta. Eu o ajudo, sim: na medida das minhas possibilidades, faço abortar as safadezas dele; mas a grande maioria não consigo evitar – afinal de contas, existe o livre-arbítrio e o carma pessoal das pessoas envolvidas nas situações engendradas por ele! Daniel, pode ainda demorar milhares de encarnações mas no dia em que esse sujeitinho chegar a mim como discípulo, vou recebê-lo na base do tapa! Me aguarde! Ele não perde por esperar!

*

Entre as páginas de um livro que peguei emprestado na biblioteca do colégio, havia o seguinte texto digitado:

> "Nada podemos mudar se não o aceitamos. Condenação não liberta, oprime... Se um médico quer tratar um ser humano, precisa aceitá-lo como é. E só pode fazer isso quando já viu a si mesmo e se aceitou. Isso pode parecer simples, mas o simples é sempre o mais difícil. Na vida real é preciso muita arte para ser simples, por isso a aceitação de si mesmo é a essência do problema moral e a prova real da concepção de vida de uma pessoa. Que eu dê comida a um mendigo, que perdoe a uma ofensa, que ame meu inimigo em nome de Cristo – tudo isso são, sem dúvida, grandes virtudes. O que eu fizer ao mais ínfimo de meus semelhantes estarei fazendo a Cristo. Mas e se eu descobrir que o mais ínfimo de meus semelhantes, o mais pobre dos mendigos, o mais atrevido de todos os ofensores, o próprio demônio estão todos dentro de mim, e que eu mesmo preciso das esmolas de minha bondade, que eu mesmo sou o inimigo que precisa ser amado – o que acontecerá então?... Fosse o próprio Deus que Se tivesse chegado a nós dessa forma desprezível, nós O teríamos negado mil vezes antes que um único galo cantasse."
>
> (Carl Jung)

Por acaso? Não: naquela mesma tarde, ao entrar em meditação, começou, para mim, o árduo trabalho de remexer na Caixa de Pandora das encarnações passadas e transmutar o que estava pendente. Era a matéria *Exame e Transmutação*, sob a coordenação de Mestra Nada; ela chamava individualmente o aluno e desencavava o que estava sepultado, expondo a ferida e dando a orientação para saná-la.

Pois nessa tarde fui eu. Começamos pelo mais simplezinho (os casos cabeludos e escabrosos vieram um pouquinho depois).

Muito bem. Fui um nobre russo, de olho na fortuna deixada por meu pai. Tinha uma irmã viúva, Sofia, e um sobrinho, o Igor. Através de artimanhas judiciárias, que envolveram suborno, forjei um atestado de insanidade mental de Sofia e, com isso, arrebanhei a herança, além de ter denegrido sua imagem junto à corte. Pobre, repudiada, Sofia passou muitas privações para assegurar seu sustento e o do filho.

Quanto aos crimes de roubo, cobiça, suborno e a dor infligida a essas duas pessoas, já tivera o retorno em dose cavalar: vivendo posteriormente na França, fui lesado por sócios e perdi imensa fortuna, que se transferiu justamente para aqueles que foram Sofia e Igor na Rússia. Enfrentei um processo judiciário, que me valeu quatro anos de cadeia e muito suplício. Saindo da prisão, fui acometido de lepra e, assim, por mais esse motivo, repudiado pela coletividade – à minha aproximação, anunciada por um sino que trazia ao pescoço, todos debandavam. A doença foi cruel e longa e, afinal, vestido de pus e sangue, morri na penúria, sendo enterrado como indigente no cemitério local.

Portanto, essa parte estava liquidada. Mas ainda faltavam o Amor e a Misericórdia para com os dois irmãos que representaram os papéis de Sofia e Igor. Na vida presente, estavam bem perto de mim: o professor de Desenho e a servente do prédio onde morava. Amá-los e ajudá-los a evoluir foi o meu primeiro dever de casa.

Como estava remexendo no passado, lembrei espontaneamente de quando havia encontrado João Alegre pela primeira vez na roda das encarnações: ele fora meu filho. Criança doente, já que ambos resgatávamos um carma. Desdobrei-me em cuidados, acalentando um fervoroso desejo de que ele evoluísse. Por seu turno, João Alegre lutou bravamente e conseguiu. Hoje, eternamente livre, conduziu-me aos Reinos de Luz. Bonito.

*

Afinal, chegou o grande dia: a formatura!

A importância dessa cerimônia podia ser comparada, no físico, à da Primeira Comunhão. O colégio em que estudava não era católico mas todo ano vinham representantes da paróquia mais próxima oferecendo-se para preparar os alunos interessados e ministrar o sacramento. Minha família não era católica, eu também não, e ainda não havia me interessado pelo assunto. Quando, porém, estava perto de completar dez anos, a proposta me soou atraente. Resolvi fazer a Primeira Comunhão; Walter e Mônica, consultados, não se opuseram "se assim eu quisesse". Como também não tinha sido batizado, o padre exigiu o Batismo antes da Comunhão.

Preparei-me com toda seriedade para receber os dois sacramentos. Nos dias precedentes a cada uma das cerimônias, rezei muito e procurava manter pensamentos puros, não brigar com João Alfredo nem com os outros, etc. Porque, de repente, comecei a sentir uma certa magia em torno dessas cerimônias e acreditei que elas seriam importantes para mim, de uma forma ou de outra.

Agora a sensação voltava, ampliada. Estava há quatro anos e meio no Sexto Raio, frequentando as aulas e principalmente fazendo serviços de caridade, isto é, praticando o Fogo Rubi do Amor, diariamente. Esse período foi proporcional à minha necessidade pessoal porque no histórico de minhas vidas ainda não tinha atingido a carga horária mínima de serviços de caridade. Afinal, Mestre é aquele que atingiu a Perfeição em todos os aspectos e atividades da Luz. No caso de Frei Ângelo, por exemplo, por ser naturalmente devocional e caridoso (ele é do Sexto Raio), não ficou na turma sequer dois meses; como já havia trabalhado muito, e abnegadamente, para o seu próximo ao longo de suas encarnações anteriores, ele foi logo encaminhado para o aprendizado em outros Raios. Assim, da turma original, apenas mais seis colegas iriam se formar comigo.

Resultado prático da passagem pelo Sexto Raio: um profundo amor pelo meu semelhante, um intenso sentimento de solidariedade e de compaixão. Por ter esse tipo de amor, essa benevolência entranhada no coração, eu passei a transmitir paz a quem de mim se aproximasse, sem precisar falar nada e sem fazer nenhum esforço. Ao entrar em contato com a minha aura, muitas pessoas sentiam-se repentinamente tomadas por um inexplicável sentimento de paz; elas não sabiam o motivo dessa serenidade, mas recebiam essa energia e, inconscientemente, a utilizavam para curar seus corpos e mentes. E por falar em cura, deixei de ter pés chatos. Imperceptivelmente o milagre aconteceu, sem que eu tivesse feito nenhum esforço nesse sentido; apenas aprendera a diluir, a dissolver a consciência no Fogo Rubi da Paz. Em Paz, todas as coisas se ajustam, é o Selo da Criação.

*

Chegou o grande dia! Mais outras duas turmas também estariam se formando. Corria-se à boca pequena que haveria uma presença muito especial na festa.

Eu queria assistir a tudo conscientemente no físico. Não estava mais aceitando o sono físico durante o contato com os Mestres. Queria vê-los com esses olhos que, se Deus quiser (e Ele quer, é claro), a terra não há de comer... Já tivera algum resultado durante o curso de *Exame e Transmutação,* com Mestra Nada; mas meu físico ficava em estado de absoluta imobilidade, quase que em catalepsia. Na verdade, eu sonhava ainda muito mais alto: queria ser onipresente. Desejo justo, legítimo, na medida em que não havia em mim nenhum fascínio pelo fenômeno ou demonstração de poderes. Queria ser onipresente porque queria ascensionar, e com isso servir a Deus e ao planeta com mais eficiência, e estava fazendo por onde.

Passei o dia em função da cerimônia: autocontrole de pensamentos e sentimentos, exercícios de relaxamento, meditação, alimentação frugal...

Os esforços foram recompensados. Um pouco antes do horário marcado para o início da cerimônia eu me tranquei no meu quarto, fiquei sentado, com a coluna ereta, olhos fechados, respiração tranquila e cadenciada, e atenção totalmente focalizada no plano espiritual. Então, a partir de um determinado momento, na minha tela mental começaram a aparecer as cenas que estavam acontecendo naquele outro plano de consciência...

*

A solenidade foi realizada num auditório; no palco havia uma mesa com oito cadeiras, enfeitada por um arranjo de rosas de cor rubi-dourada (símbolo do Sexto Raio) e palmas; à esquerda, o espaço reservado à orquestra. Nós, os formandos, ocupamos as primeiras filas da plateia; segundo fiquei sabendo, éramos um total de 77 alunos. Estavam presentes os professores das turmas, os paraninfos (o nosso foi Mestre Gustav), estudantes de outras turmas, convidados em geral, dentre os quais vários Mestres, Arcanjos e Elohim. A alegria dos formandos agitava o ambiente; ríamos, conversávamos com amigos e instrutores, ajeitávamos nossas roupas suntuosas, comparando-as com os trajes despojados que usávamos durante os trabalhos de caridade, quando atendíamos a irmãos muito carentes. (Nessas ocasiões, os instrutores sempre nos advertiam: "Esta é apenas uma medida cautelar para que os irmãos carentes não se sintam agredidos ou humilhados por nossa opulência. Mas não se identifiquem com a pobreza; ao contrário, identifiquem-se somente com a riqueza e a abundância do universo. E usem com humildade e gratidão esses trajes de mendicantes.")

Minutos antes do início da cerimônia, os músicos da orquestra (formada principalmente por discípulos do Terceiro e do Quarto Raios) tomaram os seus lugares e afinaram os instrumentos. Depois, começaram a se materializar os que iram presidir a colação de grau, os Dirigentes do Sexto Raio: os Arcanjos Uriel e Graça; Mestra Nada e o marido, Ramatis; os Elohim Tranquilitas e Pacífica. Finalmente... a presença especial, sobre a qual correram tantos rumores e especulações: Joshua, que estava acompanhado de uma mulher lindíssima, de longos cabelos crespos e olhos claros. Seu Raio Gêmeo, certamente. Murmurando, alguém às minhas costas logo a identificou:

– Maria Madalena.

Só podia ser, refleti, reconhecendo o óbvio. Olhei fixamente o Messias. Impossível descrever a sua glória. Ele é um gigante. Não tanto pela sua altura propriamente dita, mas pela força, pelo tremendo magnetismo de sua presença e beleza – cabelos dourados, chegando aos ombros; olhos cor de mel, barba e bigodes dourados. Ele fez um gesto com a mão, saudando a plateia, depois sentou-se ao lado de Maria Madalena, ocupando a cadeira central que lhe estava destinada.

O apresentador fez a invocação à Luz de Deus sempre vitoriosa e que está presente como Cristo Interno no coração de cada criatura. Saudou a Grande Fraternidade Branca dos Planetas e o Centro Mágico da Terra – Shamballa, a Ilha Branca, residência da Dinastia da Luz. Em nome dos dirigentes do Sexto Raio, agradeceu o serviço de Amor desenvolvido por nossos instrutores, que nos possibilitava a que, no futuro, também nos tornássemos Mestres. Agradeceu a presença de todos os que ali estavam prestigiando a solenidade e especialmente a do Mestre Joshua e sua mulher Maria Madalena, os convidados de honra. E em Nome de Deus e do Cristo – tanto o Cristo Cósmico quanto o Cristo Interno que pulsa no coração de cada Filho de Deus, ambos tão bem representados por Joshua – declarou aberta a cerimônia de colação de grau.

– A Orquestra Sinfônica de Luxor, sob a regência do maestro Jovard Johansen, executará, como primeiro número, a música-chave de conexão com Shamballa: Sinfonia nº 6 em Fá Maior (Pastoral), Opus 68 – Allegretto, de Ludwig Van Beethoven.

A orquestra tocou magistralmente. Depois, veio o segundo número: de Bach, "Jesus, Alegria dos Homens", em homenagem ao próprio, ali presente. Durante a execução, Joshua cerrou os olhos e tamborilou com os dedos na mesa, acompanhando o ritmo.

Muito aplaudida, a orquestra se retirou. O apresentador então anunciou "umas breves palavras de Joshua aos formandos".

Aí o auditório veio abaixo. A plateia, colocando-se de pé, o ovacionou. Em meio aos calorosos aplausos, ele contornou a mesa e colocou-se no centro, pronto para falar. Abriu os braços, fez menção de começar mas não pôde; as palmas redobravam de intensidade. Ele agradeceu e fez nova tentativa, infrutífera. As turmas de formandos, engrossadas pelos membros da orquestra e mais outros discípulos presentes, no auge do entusiasmo, começaram a assobiar e a gritar "Bravo! Bravo!", coro que depois evoluiu para: "É o maior! É o maior! É o maior!" (esse último estribilho fez os ascensionados, inclusive Joshua, rirem muito) e finalmente terminou com algo que, em português, corresponde a "Ei, ei, ei, você é nosso Rei!"

Após quinze ou vinte minutos de absoluta apoteose, ele, com muita doçura, acalmou a turbulência. E falou.

Infelizmente, não saberia repetir uma única palavra de seu discurso. Fiquei como que flutuando, tanto no físico como no astral, tamanha a expansão de consciência que Joshua provocou. O mesmo fenômeno, pelo visto, aconteceu com todos os outros formandos: ao final de sua fala houve absoluto silêncio, ninguém se mexia.

Só saí do transe ao ouvir meu nome:

– Daniel Filgueira de Carvalho!

Conscientizei-me de que os formandos chamados antes de mim tinham se dirigido ao palco para receberem o diploma. Fiz o mesmo. Subi os cinco degraus, me encaminhei para a mesa, cumprimentei os membros um a um, recebendo o diploma das mãos de Pacífica; de Madalena recebi uma rosa rubi-dourada; de Mestra Nada uma palavra de ordem, que era a qualidade divina de que mais necessitava trabalhar para prosseguir do meu discipulado; e das mãos de Graça recebi uma palma.

Terminada a cerimônia, em nome de Deus e de Joshua, muitos ascensionados se desmaterializaram. Os discípulos presentes, como se atendendo a um sinal inaudível, se precipitaram para o palco querendo falar com Joshua ou simplesmente tocá-lo. Definitivamente o estado de silente beatitude tinha se evaporado; parecia uma revoada de pombos. Fiquei pregado à cadeira, sentindo-me constrangido de me aproximar do Mestre Joshua, em Pessoa.

Porém, veio-me à memória a figura do português da padaria (por sinal meu filósofo predileto) distribuindo pães com manteiga a crianças pobres de uma favela próxima: *Jesus sempre disse: Deixai vir a Mim os miudinhos.* Aí minhas hesitações foram pro brejo. Subi ao palco: mais um pombo para disputar a presença de Joshua.

Fiquei na ponta dos pés tentando ao menos ver o rosto de Joshua e de Madalena. Nem dava! Era tanta gente alta! Isso, sem falar nos anjos, alguns com as asas abertonas. *Pôxa, fecha as asas, né!*, ia sussurrando a um e a outro, tentando me aproximar.

Joshua e Madalena conversavam com todos amavelmente; de onde estava, fiquei apurando o ouvido para discernir suas palavras. Até que Joshua, virando-se em minha direção, chamou:

– Daniel!

O bando abriu alas para mim; naquele instante fiquei sem entender como é que a majestade de um ser podia se revestir de tanta doçura.

– Si-sim?... Se-se...nhor?

– Aproxime-se. Venha nos dar um abraço.

Bem que tentei. Só que as pernas, bambas de emoção, não colaboraram nem um pouco. Aí ele, o Grandioso Joshua em Pessoa, veio a mim, sorrindo, de braços abertos. Mergulhei em seu peito como se mergulha nas ondas da Paz! Ah, meu doce Rabi da Galileia, você é Paz, Paz, Paz... Entretanto, na hora de abrir a boca, tamanha era a emoção, que acabei dizendo besteira:

– Eu queria saber como é que você está passando...

Então ouvi de perto a risada do Nazareno: é muitíssimo sonora...

– Vou passando bem, obrigado. Já sarei da crucificação, as chagas cicatrizaram...

Madalena estava agora ao lado dele; também nos abraçamos. As lágrimas estavam por um fio; tinha que me controlar, não podia dar mais vexame! Então, apelei para um recurso que descobri quando criança. É o seguinte: quando estava a ponto de chorar, e não queria, eu olhava para o teto, piscando, e tentando pensar em outra coisa; aí conseguia prender o choro. Foi o que fiz, ali diante de Joshua. Conversei com o teto:

– É... Você é grande, Joshua! É o maior! (Piscando freneticamente.) E conviveu com ela... com ela... Mãe Ma...

Joshua achegou-se a mim, como se fosse contar um segredo. Sussurrou-me ao ouvido:

– Ela é linda, não é?

Pronto, aí não deu mais pra segurar. As lágrimas desceram, abundantes. Tirei um lenço do bolso. Joshua ficou aguardando eu enxugar o rosto e me assoar.

– É... linda mesmo... Linda!... Você a encontra sempre?

– Sempre. E com ela estaremos sempre, durante a eternidade. Você sabe o endereço dela?

– Endereço? Não.

– A principal residência de Mãe Maria fica na Ilha de Creta, na Grécia; é lá que funciona a sede do Quinto Raio – o da Verdade, Concentração e Cura. Não há como errar: é uma grande construção encimada por uma gigantesca Lâmpada de Aladin, dourada, visível em toda a Ilha.

– Eu posso ir lá?

– Necessariamente, a partir de agora, você irá a Creta com frequência, para dar continuidade ao seu discipulado. Mas eu sugiro que apenas se concentre em Mãe Maria e deixe que ela guie seus passos. Ela o fará chegar a Creta.

– Está bem.

– Você nos é muito caro, a Mãe Maria e a mim. Tem sido muito confortante acompanhar seu progresso. E sei que muito mais ainda nos alegraremos. Você também é Paz!

Envolvi-me em sua Presença gigantesca de Amor...

O mais grandioso de todos os filhos de Mãe Maria! – pensei, sentado na plateia, observando aquele batalhão de gente que ainda cercava Joshua e Maria Madalena. Ele é a essência da rosa rubi-dourada: Amor e doação...Tirei a fita que amarrava o diploma e o abri.

GRANDE FRATERNIDADE BRANCA
RAIO RUBI DO AMOR, DA PAZ E DO SERVIR

DIPLOMA

A Direção do Sexto Raio – o Raio do Amor, da Paz e do Servir –, no uso de suas atribuições, confere a

DANIEL FILGUEIRA DE CARVALHO

o diploma de Licenciado em Amor, que deverá expressar na forma da Lei de Harmonia Universal.

E considerando-se que o Amor é prático e dinâmico, este diploma só é válido para efeito de lembrar ao portador a sua missão de instrumento da Luz na Terra.

Raio Rubi, no Eterno Agora.

ARCANJO URIEL	MESTRA NADA	ELOHIM TRANQUILITAS
(assinatura)	(assinatura)	(assinatura)

Capítulo VI
ACENDENDO A LÂMPADA

Salve, Rainha da rosa, do vento e da Paz! Aqui estou, segurando sua mão. Leve-me...

Fui levado ao cimo de um monte. A algumas dezenas de passos havia três círculos concêntricos, à semelhança de degraus e, no meio deles, uma grande fogueira branco-cristalina irrompia do chão. *Luz da Eternidade!,* julguei com acerto. Por cima do fogo branco, uma rosa rubi-dourada, suspensa no ar e expandindo raios dourados. Esse lugar era todo saturado de Força e Poder. Experimentei um intenso sentimento de Vitória.

Conheço muito bem o local, refleti com um frêmito. *Palmilhei esse solo, centímetro por centímetro, respirei essa atmosfera, acariciei essa relva há muito tempo atrás...*

A poucos passos discerni então uma silhueta feminina. Estava em pé, de costas para mim, contemplando o céu; depois ajoelhou-se e pôs-se a orar, com as palmas das mãos unidas e cabeça baixa. Mulher simples, pobre, a se julgar pelo tecido grosseiro das roupas. Um manto cobria-lhe os cabelos. Então adivinhei quem era a mulher. Um grito atávico se rompeu das fibras do meu coração:

– MARIAM!

Corri ao seu encontro, chamando-a pelo nome. Mas a imagem se dissolveu. Teria sido uma alucinação? Seguindo uma intuição, deitei-me naquele solo sagrado, ainda evocando Mariam...

Ao invés dela, surgiu a figura imponente de um Arcanjo, desta feita bem materializado: cabelos meio ruivos, levemente ondulados; olhos que continham toda a Paz deste e de outros mundos. Túnica luminosa, verde-água, sandálias douradas do tipo franciscano.

Erguendo-me, curvei-me ante sua Luz. E ainda presa de intensa emoção, perguntei por ela:

– Mariam... onde está?

– Em toda parte... Mas especialmente neste monte, a Força de sua Presença é permanente.

– Joshua me sugeriu me concentrar em Mãe Maria e me deixar conduzir... Ela me faria chegar a Creta... Bem, estou aqui. E sei que aqui não é Creta.

– Exatamente, não é Creta.

Em voz alta prossegui com minhas divagações.

– Conheço muito bem este lugar. Já estive encarnado aqui, e morei pelas imediações. Eu sinto que conheço cada milímetro deste chão, cada haste de relva e tudo permanece imutável. A sensação que tenho é de que, a qualquer momento, o passado começará a se desenrolar diante e independente de mim, como um filme... Claro, a ideia parece meio louca, porém...

– Não é louca, porque é perfeitamente possível. O éter que está na atmosfera, chamado *akasha*, faz as vezes de uma fita magnética, onde se grava tudo o que acontece num determinado local. A todo instante que se deseje, esse arquivo pode ser consultado a nosso bel-prazer.

Voltei a atenção para o majestoso Arcanjo à minha frente.

– Embora tudo aqui me seja familiar, não me recordo de tê-lo encontrado no passado... Talvez suas feições me lembrem alguém, só não consigo identificar quem...

– Sou Rafael, Complemento Divino de Maria. Seu Raio Gêmeo, como vocês dizem.

– Arcanjo Rafael!...

Raio Gêmeo de Mãe Maria, como dizemos. De imediato, uma ideia cintilou-me na mente mas não ousei expô-la. Entretanto, como sequer um pensamento passa despercebido a um ascensionado, ele ponderou:

– Calando-se, você nunca terá a minha resposta. Não gostaria de obtê-la?

– É que... (Parei, engasguei, pigarreei, engoli, suspirei, e por fim desembuchei.) Mãe Maria é minha Mãe. Você é o Complemento dela. Será que... enfim, posso chamá-lo de Pai?

– Com certeza. Aqui no Monte Betânia, perante a Chama Branca que assinala o local exato da ascensão de Joshua, eu o aceito, Daniel, como meu filho muito amado.

– Betânia!

– Este lugar lhe foi muito caro, filho. Contemple a Chama da Ascensão. (Acercamo-nos dela.) Mergulhe Nela em consciência... Sature-se com a Poderosa Energia da Vitória de Joshua, de que este local está impregnado... E reveja o seu passado.

O Fogo Branco da Eternidade revolvia minhas entranhas...

Nasci no ano 4 antes de Cristo, sob o jugo romano, em Jerusalém, filho de Saul e de Rute, que pertenciam à classe social mais baixa da Palestina, chamada Am Haretz (1). Essas palavras significavam "pessoas da terra" ou "povo do país", mas socialmente indicavam os miseráveis, as classes analfabetas, sem direitos e sem recursos, que exerciam (quando exerciam) profissões desprezadas por todos. A discriminação dos pobres era tão grande que Am Haretz ganhou um novo significado, de ordem religiosa: aqueles que não cumpriam a Torá, a Lei.

Naquele ano, um pouco antes da morte de Herodes Magno, aconteceu urna revolta popular durante a qual foi destruída a águia romana que ficava à entrada do Templo. Os instigadores foram executados e os principais líderes do movimento queimados vivos. Com a morte de Herodes, começou o reinado de Arquelau sobre a Judéia, a Samaria e a Idumeia, e o de Herodes Antipas como Tetrarca da Galiléia. Nova revolta em Jerusalém, em favor da liberdade de presos políticos, abolição dos impostos e a redução do tributo anual, mas com pulso forte Arquelau sufocou a insurreição, e com a força das armas romanas crucificou dois mil prisioneiros, entre os quais meu pai Saul. Isto se deu três dias após meu nascimento.

Rute, então, temendo novas atrocidades, decidiu esconder-se na casa de um tio, Bartimeu, humilde curtidor de peles, que morava na zona rural de Betânia. Auxiliada por dois cunhados, Rute pôs-se a caminho, com os três filhos: Felipe, Ana e eu, Salatiel, recém-nascido.

A viagem para Betânia, no dorso de jumentos, era curta, mas complicou-se pela situação política. Além de passarmos pelos

(1) Também escrito *Am-hâ-âres ou Ammê ha'areç.*

soldados romanos, tínhamos que nos defrontar com os salteadores da estrada entre Jerusalém e Betânia. Assim, meus tios pagaram quase trinta denários, que representavam um mês de salário, pela nossa segurança.

Tio Bartimeu recebeu-nos de braços abertos, e foi em Betânia que passei minha infância, correndo pelos campos ricos em trigo, cevada, centeio e frutas – uvas, olivas, romãs, tâmaras. Meu irmão Felipe tornou-se pastor de cabras e ovelhas, eu curtidor de peles, ofício herdado de Bartimeu. Quanto a Ana, aos doze anos foi prometida em casamento ao pastor Eleazar, que efetuou o pagamento pela noiva, oficializando-se, assim, juridicamente, o matrimônio. Como de praxe, por ser muito nova, Ana ainda ficou residindo conosco por mais três anos; só aos quinze é que foi viver com o marido.

Tínhamos parentes em Nazaré e costumávamos visitá-los. Numa dessas oportunidades, encontramos nossa família comentando, com surpresa, os milagres de um menino de cinco anos chamado Joshua, filho do carpinteiro José. Meu primo Esaú, de seis anos, brincava com Joshua e outras crianças à beira de um riacho quando viu que o menino, apenas dando ordens verbais à água, fazia com que ela saísse do rio e enchesse uns buracos cavados à margem. E depois viu quando o filho do carpinteiro misturou o barro da terra com a água do rio e, com essa argila, moldou doze pássaros. Uma das crianças lembrou-se de que era sábado e correndo foi chamar o pai de Joshua, reclamando que ele profanava o dia santificado. José veio e, quando ralhou com o garoto, ele bateu palmas e ordenou aos pássaros que voassem. E as aves ganharam vida e voaram.

E houve outro milagre: um lenhador, trabalhando, deixou cair o machado em seu pé e o partiu em dois. Havia perdido tanto sangue que estava prestes a morrer quando Joshua, abrindo caminho por entre a multidão curiosa, tocou o pé do lenhador e o curou.

Vinte e cinco anos mais tarde, ouvi dizer que o Messias começara o seu ministério, após ter sido batizado por João Batista no Jordão. Voltando para Nazaré, foi expulso da cidade

de sua infância quando expôs no Templo sua interpretação pessoal e sábia da Lei, despertando a ira dos moradores.
Mal começara a vida pública do filho, soubemos que o carpinteiro José havia morrido. E, ao que dizem, foi uma morte tão serena que meus parentes de Nazaré, diante da iminência do falecimento de algum amigo ou familiar, passaram a invocar a ajuda espiritual de José.

Enquanto o Filho do Homem andava pela Palestina pregando o Reino de Deus de uma maneira como jamais fora antes ensinado, inclusive colocando-o ao alcance do Am Haretz, uma figura de mulher me chamava a atenção nos campos de Betânia.

Era Mariam (2), a mãe do Messias, que costumava visitar em Betânia as irmãs Marta e Maria, e buscava refúgio no campo, num pequeno monte, onde havia um moinho de trigo desativado. Ela passava horas naquele local, em silenciosa contemplação, e ao descer, muitas vezes vi seu rosto transfigurado de luz. Eu a observava a distância, venerando-a como a uma mãe, tomado de amor.

Mariam recolhida em Betânia, o nome do Filho ganhava a dimensão exata da Palestina de boca em boca rolavam os milagres, as curas, a interpretação da Torá, a questão do sábado, o amor e o perdão, as bem-aventuranças. Todas as classes eram sacudidas por ele – para os pobres, um hálito de justiça divina; para os pecadores, o perdão; para os ricos, a ênfase no preceito da humildade e da confraternização; para os poderosos, o temor de ter a sua cidadela abalada. Afinal, muitos reconheciam nele o profeta Elisha (3), o mais caro discípulo de Elias, o esperado, o que fora elevado aos céus num carro de fogo (4) e hoje vivendo como João Batista. Procurava-se nas Escrituras, vasculhavam sua vida – o nascimento, a fuga de José com a família quando Herodes mandou matar todos os meninos menores de dois anos, a infância em Nazaré, o batismo, até a relação especial com

(2) Pronúncia aramaica de MIRIAM, que significa "Amada de Iaveh ou Deus". MARIA é a forma latinizada de MARIAM. Preferimos grafar, no texto, MARIAM ao invés de MIRIAM, como seria correto, porque Daniel, ao rememorar tais acontecimentos, sofreu talvez a influência do analfabeto Salatiel (o protagonista e, afinal, ele mesmo) e escreveu o nome de Maria segundo a fonética. Por outro lado observamos que quando se referiu a Maria, irmã de Marta, usou a forma latina.

membros de uma comunidade chamada Qumrân(5), que vivia no oásis de Ain Feshka, a uns poucos quilômetros do Mar Morto. Peregrinos juravam ter visto, várias vezes, João Batista, Joshua e seus pais se dirigirem às ruínas dos qumrânianos. Todas as palavras do Rabi eram ouvidas, discutidas, registradas. E quando ele falou na destruição do Templo...

Uma única vez estive frente a frente com o Messias. Foi quando ele visitou, com os apóstolos, as irmãs Marta e Maria. À saída, a multidão o cercou; ele curou os enfermos e pregou. Ensinou-nos o Pai Nosso e, quando foi solicitado a apresentar um sinal de que era realmente o Filho de Deus, disse que daria o sinal de Jonas, que esteve três dias no ventre da baleia. Da mesma forma – falou – o Filho do Homem passará três dias no seio da terra.

Mais tarde, uma notícia rapidamente se espalhou: ele falou na destruição do Templo... Ora, se o Templo era o símbolo vivo da Aliança entre Deus e os homens... sim, as Escrituras diziam isso.... não podia ser! Mas, e se ele estivesse certo? Ele sabia a lei, curava, fazia pássaros de barro voarem, andava sobre as águas, alimentava multidão com cinco pães e dois peixes... Seria realmente o Filho de Deus? Eu achava que sim. Isto significa, simplesmente, que ele sabia o que ia acontecer. Aí uma dúvida me berrou aos ouvidos que nem uma cabra maluca: e se ele estava pretendendo destruir o Templo? Se fosse um zelote(6)?

---

(3) Eliseu, em português.

(4) Reis,II, 2, 11.

(5) Comunidade de Qumrán: essênia, composta de homens e mulheres que renunciaram ao mundo e se recolheram no deserto para uma vida monástica de contemplação, estudos bíblicos e produção de textos evangélicos, abstinência e a mais rigorosa pureza ritual, não admitindo, por exemplo, o sacrifício de animais. O objetivo da Fraternidade era fundir-se em Deus, comungando com todos os irmãos e anjos. Quando alguém requeria admissão à comunidade, era considerado neófito e passava por graus preparatórios ou probacionários. Qumrân foi fundada no ano 150 a.C. e destruída em 68 d.C. quando todos os membros foram dizimados pelas tropas de Vespasiano.

(6) Zelotes ou zelotas: termo que indicava os revolucionários fanáticos, cujo método de ação era o assassinato e a violência. No princípio *zelote* significava aquele que tinha zelo em relação à Lei. Depois, passou a ser aquele que, alegando desrespeito à Torá, punia, mesmo com a morte, os infratores ou até seus desafetos. Finalmente, a palavra se aplicou aos judeus engajados na luta política contra Roma, decididos a chegar às vias de fato. Sinônimos: *sicários* (de *sica,* pequeno punhal romano) ou *homens do punhal.*

A porta que deu entrada à dúvida também deu saída. ELE É O FILHO DE DEUS! Era toda a minha crença. Pois muito bem.

Mas outros, os que queriam vê-lo eliminado, se agarraram a isso. Foi preso sob a acusação de ser zelote. E apesar de Pilatos tê-lo considerado inocente, a multidão preferiu a libertação de Barrabás, zelote confesso.

E o resto se sabe.

A crucifixão (7) foi marcada para a sexta-feira (8). Muita gente de Betânia foi assisti-la, inclusive minha mulher e meu filho de treze anos. Cheguei a preparar um jumento para viajar a Jerusalém, mas, tomado de sentimentos conflituosos, desisti.

A manhã de sexta-feira passei vagando pelo campo de Betânia. Subi até o moinho de trigo. MARIAM! Lá no Golgolta (9) ela viveria o mais difícil momento de sua vida. A atmosfera estava pesada.

Ainda me encontrava no alto do monte quando, por volta do meio-dia, fez-se noite e a terra tremeu. Lá embaixo, os animais começaram a berrar, todos simultaneamente. De um só fôlego desci a elevação. Os bichos pareciam enlouquecidos. E choravam, Deus meu, eles choravam!

Tudo era treva: o Messias já devia estar na cruz.

Sentei no chão, e fiquei imóvel por muitas horas, não sei quantas, até que tudo acabou. Ele morrera.

De novo subi o monte e ali perto do moinho chorei, como não era admissível num homem feito, chefe de família. Deitei na terra, outras horas se passaram, não sei quantas. Aquele dia não era sábado, porém não comi, não bebi, não trabalhei.

---

(7) Crucificação.

(8) Naquele ano, essa sexta-feira caiu no dia 07 de abril (mês de Nisan).

(9) Golgolta = crânio, caveira. Com o uso continuado, foi suprimido o segundo l da palavra.

Daquele local vi quando se aproximaram duas pessoas: Mariam apoiada no braço de João, o apóstolo. E os outros, teriam ficado em Jerusalém? Mãe e discípulo se dirigiam ao moinho e entraram. Duas lamparinas se acenderam no interior, eu conhecia a planta e identifiquei as salas iluminadas como sendo o vestíbulo da construção e um aposento onde, antigamente, se separava o trigo. Pressenti que Mariam estava ali, talvez orando. Senti um impulso irresistível de me aproximar dela, demonstrar minha solidariedade, meu amor. Mas como? Além do mais, que direito tinha de perturbar o seu recolhimento?

Tive uma ideia: fui até a minha casa, apanhei um cesto, coloquei alguns figos e um pote com mel. Fui às plantações, colhi cachos de uvas e tâmaras. Enfeitei com uns ramos de trigo e, aproximando-me silenciosamente do moinho, depositei o meu presente na soleira da porta.

Muito tempo transcorreu antes que João abrisse a porta e encontrasse o cesto. Escondido no manto da noite, eu observava. Ele olhou atentamente em todas as direções, procurando o autor do presente inesperado. Não o encontrando, levou o cesto para dentro. Daí a pouco saiu de casa e ficou perambulando pelas imediações, às vezes olhando o céu com fisionomia interrogativa, quem sabe buscando a solução de um grande enigma. Mariam continuava na casa, no único aposento iluminado, João cismava, e eu observava. Assim passamos a primeira noite da crucifixão.

Seguiu-se o sábado, o dia santificado de descanso. Minha vigília, nos arredores do moinho, prosseguiu. Preparei mais um cesto de frutas, coloquei-o lá na porta às primeiras horas da manhã, depois que João entrou. Mas aí os cestos e os potes de mel disponíveis acabaram: eram de minha mulher – e como é que iria explicar a ela o desaparecimento dos utensílios? Se eu soubesse escrever, bem que teria feito um bilhetinho pra João pedindo que devolvesse potes e cestos, deixando-os do lado de fora da casa. Mas eu não sabia escrever e nem João teve essa ideia. O terceiro e o quarto presentes foram, então, as frutas enroladas em panos.

E assim os panos se abriram mostrando a manhã de domingo. Pretextando auxiliar Felipe no pastoreio do rebanho, fui para o campo. Não é preciso dizer que meu irmão e os animais foram para um lado e eu para o outro. Direto para o moinho. Fiquei lá, de olhos pregados na janela do quarto onde Mariam estaria. Continuava minha vigília de amor.

O brilho do sol se derramava sobre a terra, em paz. Estava feliz, sem saber por quê. Depois de toda treva, de toda dor e morte, me sentia invadido por uma imensa alegria. Era inconcebível esse sentimento naquela manhã de domingo, tão próxima à morte do Filho de Deus. Envergonhado de mim mesmo, tratei de arrancar a alegria de dentro do coração como se fosse doença ruim. Nada feito. Crescia uma vontade de gritar, cantar, rolar no chão feito menino que fui. Ver Mariam, a doce senhora, me prostrar diante dela, beijar-lhe a barra da veste e dizer assim: "..............................” Não dizer nada porque não conseguiria. Assim estava pensando quando...

Por todos os profetas de Israel! A janela do quarto de Mariam se abriu e ela apareceu, AO LADO DO MESSIAS! Ele mesmo! Eu vi! Vestido de branco. Os cabelos dourados, repartidos ao meio, brilhavam ao sol da manhã. Lágrimas desciam pelo rosto de Mariam. Eles olharam o sol, de mãos dadas, recostados no parapeito da janela. Ele ressurgira dos mortos! O sinal de Jonas, que ficou três dias no ventre da baleia; assim também o Filho do Homem passou três dias no seio da terra. Sexta, sábado e domingo, exatamente. Tudo se cumpria de acordo com a sua Palavra. O Rabi ressuscitou. Glória a Deus nas alturas, por toda a eternidade. Amém!

Desci para chamar minha mulher e filho. Não estavam. Até tinha esquecido: foram visitar Ana e Eleazar, que moravam a uns quatro quilômetros dali. Peguei um jumento, cheguei lá. Com respiração entrecortada, relatei o acontecido. Todos se dispuseram a ir ao moinho, ver com seus próprios olhos. Meus parentes, gritando, convocavam mais pessoas. Já éramos mais de cem.

Das casas, das oficinas, dos estábulos, dos campos, de toda parte veio gente, atraída pelos gritos: "O Messias ressuscitou! Joshua ressuscitou!"
Como um formigueiro humano, paramos a alguns metros do moinho, como se atendendo a uma ordem. Fizemos silêncio. Apontei a janela onde vira o Rabi; ainda estava aberta, mas não havia ninguém. A multidão esperava o milagre.

A porta se abriu e Mariam apareceu. Tinha uma expressão radiante.

– Filhos, eu tenho um boa nova para comunicar: o nosso Messias é plenamente vitorioso. Ele ressuscitou dos mortos, como prometeu. Louvado seja o Nome de Deus!

Ajoelhamo-nos e, encostando a fronte na terra, adoramos o Senhor de toda a Vida.

– Ele foi ter com seus amados discípulos. Ostenta ainda as marcas do suplício na cruz, mas apenas temporariamente, como sinais de identificação. Porque hoje seu corpo é incorruptível e eterno. Verdadeiramente ele é Filho de Deus!

Não tardaram a chegar notícias de Jerusalém. Naquela manhã, algumas mulheres e apóstolos foram ao sepulcro de Joshua e encontraram a pedra removida e um anjo, que lhes anunciou a Ressurreição do Filho do Homem.

De lá, naquela tarde, chegou também uma comitiva, formada pelas irmãs Marta e Maria, Tiago, Pedro, André e Natanael, todos com expressão de felicidade. Depois, solitária, veio Claudia Prócula, a esposa de Poncio Pilatos, que se convertera à doutrina do Rabi. Finalmente, os demais apóstolos.

A partir desse domingo, houve uma enorme afluência de visitantes ao moinho. Tanta, a ponto de os apóstolos ali estabelecerem, formalmente, um foco da doutrina cristã. Peregrinos de toda a Palestina subiram o monte, famintos dos ensinamentos do Mestre. De minha parte, o interesse em relação ao que acontecia era total: inclusive deixei a oficina que tinha sido de tio Bartimeu e levei as peles dos animais sacrificados e os meus instrumentos de trabalho para o galpão de Isaac, situado bem perto de onde estavam os cristãos. Ali passei a trabalhar, com toda a atenção voltada para o moinho. Mas nem por isso me decidia a assistir às aulas de doutrinação.

No quadragésimo dia após aquele domingo da Ressurreição, havia uma multidão ao ar livre, atenta a uma aula de Cristianismo, que era proferida por João. Os apóstolos, Mariam, Marta e Maria também estavam presentes. De onde estava, repentinamente vi, no local, uma luminosidade estranha. Corri para lá.

Nem bem havia chegado ao moinho, houve um clarão na atmosfera. João acabara de chegar e, ao lado dele, apareceu Joshua, ressuscitado. Tal como o vira naquela manhã de domingo. Com a mesma túnica branca e... as chagas, que agora podia distinguir nitidamente.

Diante da luz que emanava do Filho de Deus, a multidão, emocionada, prostrou-se para adorá-lo. Alguns choravam livremente, outros pareciam não acreditar no que viam. Até dois soldados romanos que chegavam naquela hora estacionaram, incrédulos. Olhei Mariam. Ela era toda bem-aventurança.

A voz de Joshua soou, clara:

– Eu sou o Filho de Deus, aquele que sofreu no madeiro infame e ressurgiu dos mortos ao terceiro dia, como havia prometido. Mas também o sois, e todas as coisas que fiz vós também as fareis. Porque no Reino de meu Pai todos os filhos têm o seu lugar e todos são bem-vindos.

"Hoje me elevarei aos céus, e me assentarei ao lado de Elias e de Melquisedeck. Mas permanecerei convosco em carne e sangue, pois sempre que algum de vós consagrar o pão como minha carne e o vinho como o meu sangue, este verdadeiramente comerá da minha carne e beberá do meu sangue. Esta é a Aliança que faço convosco, por toda a eternidade."

E dizendo essas palavras, elevou-se aos céus como uma bola de fogo, radiante como o sol do meio-dia, e mal podíamos fitá-lo.

Naquele dia, pedi ingresso à comunidade cristã, querendo ser o menor de seus servidores. Diante de Mariam espontaneamente me ajoelhei, professando que Joshua é o nosso Senhor. Ela me recebeu como a um filho amado. A partir daí, muitas mudanças ocorreram: deixei o negócio de curtidor de peles, que passou a me repugnar, e aprendi a fazer pão, fornecendo-o à minha nova família cristã.
Mariam viveu mais trinta anos e, após sua morte e ascensão, me transferi para Jerusalém, onde meu filho, casado, morava. Lá, com outros cristãos, constituímos um foco de ardente fé cristã, e diariamente nos reuníamos para estudar a doutrina e celebrar a união com nosso Mestre, através do vinho e do pão. Morri aos 74 anos, pela espada de um soldado romano, durante a tomada de Jerusalém pelos comandos de Tito.

Foi uma vida de muita paz.

O fluxo de recordações me deixara muito comovido. Pai Rafael concordou:

– É natural. Você foi uma das 500 pessoas que assistiram à ascensão de Joshua, que marcou tão profundamente o destino deste planeta.

– Engraçado, até parece que Mãe Maria desconfiava de que a ascensão seria realizada neste monte. Vinha tanto aqui orar...

– Não só desconfiava, mas tinha certeza. Porque uma das tarefas que cumpriu, em sua única encarnação na Terra, foi justamente energizar, preparar este terreno como um foco de Luz, para facilitar a ascensão de Joshua.

"Quando alguém está prestes a ascensionar, necessita de recolhimento para se dedicar exclusivamente às últimas etapas da alquimia que está se processando em seu ser. E geralmente se retira do convívio social. Juntamente com o auxílio dos já libertos, a solidão é fator importante para a ascensão. Você mesmo. Há uma grande possibilidade de, nesta vida, lograr a iluminação. (Só não digo que isso realmente acontecerá porque, como sabe, todo Filho de Deus possui livre-arbítrio para agir adequada ou inadequadamente.) Nos últimos anos de existência no plano físico, já tendo passado por Luxor, no Raio Branco, poderá sentir-se inclinado a trocar o Rio de Janeiro por uma cidade serrana, por exemplo, onde as condições de vida, a começar pelo ar atmosférico, são mais saudáveis. É importante. As emanações de uma metrópole, as requisições de ordem familiar e social, os ruídos físicos e emocionais das paixões, a poluição – tudo pode tornar-se prejudicial aos veículos que estão se transformando em instrumentos sumamente sensíveis.

"Porém o caso de Joshua foi singular em todas as humanidades já criadas, em todos os sistemas de mundos e em todos os tempos. Ele, e somente ele, se dispôs a resgatar em seu próprio corpo durante as horas da crucificação a primeira transgressão (o Pecado Original) dos dez bilhões de Famílias Cósmicas deste planeta. Produto do Amor e da Misericórdia Incomensuráveis de um homem, essa tarefa única e hercúlea foi minuciosamente planejada e assistida pela Fraternidade Branca dos Planetas, especialmente a de Vênus. E para coroá-la, com o fito de testemunho futuro, Joshua teria que ascensionar em público, sem dispor de absolutamente nenhuma condição favorável.

"Perceba: a Terra estava vivendo uma era de trevas, chamada Kali Yuga, em que praticamente todos os filhos deste orbe encontravam-se em estágio de umbral. Mesmo as pessoas que assistiram à ascensão (previamente selecionadas de acordo com seus méritos e com as consequências que poderiam advir para sua evolução, em face do acontecimento) ainda eram muito rudimentares. Portanto, nessas condições, a elevação de um corpo à Glória da Divina Presença é quase que impossível. O único apoio que Joshua teve para ascensionar foi a Luz que existia no plano físico em Betânia, atraída e sustentada por Maria."

– Pai, uma coisa: um ser da linha angélica não se encarna, foi o que aprendi. Então, como é que Mãe Maria, Arcanjo como você, se encarnou?

– O problema é que não havia, na época, sequer uma mulher ascensionada da evolução da Terra para sustentar uma missão como a de Joshua. Ora, Maria já é ascensionada, Arcanjo portanto, muito antes que os habitantes da Terra fossem criados, há milhões de anos. Estava comprometida (como, aliás, todos os ascensionados, raríssimos no planeta há quase 2.000 anos) com a causa do retorno dos Filhos à Origem. Por isso, a escolha da que seria a Mãe do Messias – ponto-chave no drama que iria se desenrolar – recaiu sobre Maria. Para ela foi criado, então, um corpo humano novo, ou seja, virgem, não ascensionado e, como tal, sujeito ao véu do esquecimento; o meu irmão Gabriel, do Raio da Ascensão, incumbiu-se de lembrar-lhe os compromissos assumidos ante a Fraternidade Branca, já que, naquele corpo, não o conseguiria sozinha. Daí a Visitação.

"O Grande Iniciador Maitreya, por outro lado, que havia ascensionado na vida posterior à do profeta Elias e que na época estava encarnado como João Batista, não foi afetado pelo véu de *mâyâ* (ilusão), que cobre este mundo trevoso. Vindo para apresentar, batizar e exaltar seu amado discípulo, anulando-se a si próprio, Maitreya permaneceu ascensionado mesmo vivendo num corpo físico. Na verdade, é muito raro isso acontecer. Um ser já liberto só assume uma vida física, nascendo novamente de mulher, em casos excepcionalíssimos, em uma missão de grande envergadura que resulte na transformação de um carma planetário, como o que aconteceu aqui. Porém, mais raro ainda, constituindo-se uma grande dispensação cósmica, é um Arcanjo, como Maria, receber um corpo de outra linha evolutiva, a humana, para se encarnar e realizar o que lhe competia."

Meu olhar volveu ao Fogo da Ascensão de Joshua – uma marca de Luz no corpo da Mãe Terra!

– E agora, vamos a Creta?

*

Primeira visão: a da Lâmpada de que Joshua falara. De fato, era impossível deixar de vê-la. Gigantesca, dourada, suspensa no ar, acima do edifício-sede do Quinto Raio, emanando raios verdes em todas as direções. Era um verdadeiro farol.

– Este é o símbolo do nosso Raio; a Lâmpada da Verdade, Concentração e Cura. Ao romper da manhã, diariamente, os ascensionados do Raio Verde canalizam sua própria energia para a Lâmpada.

Depois o edifício-sede. Três andares.

– No primeiro ficam localizadas as salas de aula e de trabalho. O segundo pavimento é a Catedral, e o terceiro é um salão vazio, de onde se tem uma visão panorâmica da Ilha.

Olhando para cima: o topo da colina. Sim, ainda mais para cima, pois o edifício situa-se num platô, a alguns metros abaixo do topo de uma colina.

Olhando para baixo: desde a base do morro até o edifício existe uma longa escadaria de mármore branco.

Olhando para a esquerda: um anfiteatro circundado por 12 colunas.

Ainda olhando para a esquerda, só que por detrás do anfiteatro:

– Aquela é a nossa Faculdade de Medicina.

Olhando à direita, por entre as linhas das colinas gregas: uma nesga do Mar Egeu.

– E agora, que foi tudo observado, vamos entrar?

– Vamos.

Encaminhamo-nos para o amplo átrio, inteiramente vazio se não fosse pela existência de um púlpito à esquerda e uma pequena cruz dourada à direita, na parede.

Seguindo um corredor, passamos por muitas salas, à direita e à esquerda, e por muita gente. Até que Pai Rafael parou diante de uma delas.

– É aqui que Maria trabalha. Vamos entrar.

Sala branca, circular, com arquibancadas em círculo, ou seja, um pequeno anfiteatro. Do chão, erguia-se uma cruz dourada de aproximadamente três metros de altura.

– Ela executa seu trabalho posicionando-se de frente para a cruz. Sente-se, Daniel.

Acomodamo-nos na arquibancada mais baixa do pequeno anfiteatro. Por um instante pensei ter ouvido a voz melodiosa de Mãe Maria. Mas o local estava silencioso.

– Ela tem muitos alunos?

– Muitos, a maioria ascensionados. Bem, você teve oportunidade de ver um registro etérico no Monte Betânia, em Jerusalém, e compreendeu por que, mesmo no plano físico, o lugar é tão especial, tão cheio de força... De fato, um local santo. Agora, vou mostrar um outro registro – uma cena ocorrida ontem aqui nesta sala, como exemplo do que acontece todos os dias. Assim, você poderá conhecer, um pouco mais, o trabalho que Maria desenvolve para a humanidade.

Pai Rafael fez um gesto com a mão e a atmosfera se agitou. O anfiteatro ficou lotado – dezenas de pessoas estavam ali, tão vivas como eu.

Todos estavam de pé, concentrados nas palavras de Mãe Maria que, diante da cruz, fazia uma invocação. Deusa muito amada! Ela voltou-se para a assistência, que se sentou.

– Dentro de um breve período vocês terão nascido de mulher em mais uma etapa de aprendizado. A tarefa que se apresenta é única para todos: manifestar fisicamente a Imagem Perfeita. A Presença EU SOU. Eu lhes peço, filhos queridos, contemplarem agora sua própria Identidade. Não olhem para mim neste momento; apenas se concentrem em suas Presenças. Vejam, com a maior nitidez possível, a sua Presença Divina, o seu corpo de Luz.

Então me dei conta de que o espaço ocupado pelo público se iluminou. Em torno e acima de cada um dos presentes, porque muito alto, havia agora um ser luminoso. Todas as Presenças são belíssimas, embora de feições e vestimentas distintas entre si: algumas louras, outras morenas ou orientais, masculinas ou femininas, de cabelos curtos ou compridos, soltos ou presos; as vestes luminosas tinham cores definidas, praticamente compondo o arco-íris.

– Saturem-se com a beleza do verdadeiro Eu. Mergulhem em consciência no cerne da Presença. E quando se comunicarem, que o façam focalizando a Luz do coração, tanto o seu próprio como o dos companheiros. Essa é a garantia que têm de serem ouvidos e se entenderem.

A Luz crescia. Todos os espaços vazios entre uma Presença e outra foram preenchidos por um mar de energia.

– Somos todos um só corpo. Somos um único cálice: o coração. E dentro da Perfeição absoluta do Ser, cada indivíduo manifestará uma qualidade ou aspecto do Criador. Repetindo: cada um dos bilhões de seres que habitam este planeta terá uma função na Eternidade, em que será insuperável: é o seu Plano de Vida, o Plano Imaculado. E todos juntos compõem a Força Maior e percorrerão o infinito, ao som de seu único Nome, com que foram chamados desde o nascimento. Meditar sobre o corpo único desenvolverá o sentido da Unidade.

Então cada uma das Presenças EU SOU pronunciou o Seu Nome, e aqueles sons compuseram uma música.

– Esta é a Vida, harmoniosa, união de todos. Quando viverem em Amor, estarão libertos da roda de muitas vidas. Sustentando o Amor 24 horas por dia, ascensionarão. O Amor é o Caminho, a Verdade e, portanto, a Vida. E agora que estão prestes a nascer de novo no plano físico e, sob o signo da Luz, tentar realizar com o êxito o modelo perfeito de Vida, vamos à formação do cálice.

Mãe Maria pronunciou um nome. A pessoa chamada se apresentou. Mamãe examinou-a atentamente. Também observei, sem perder nenhum detalhe. Muito estranho o que vi: a matéria do corpo daquela mulher não era uniforme: da cintura para baixo, era toda negra; o tórax, cinza-chumbo; só nos braços e principalmente na fronte e no crânio é que brilhava alguma luz, embora mortiça. Mãe Maria tocou-lhe a cabeça, extraindo um pouco daquela matéria luminosa, que reteve em suas mãos. E aí manipulou-a habilmente, compondo uma forma. Seria uma bola?

– O que ela está fazendo?

– Veja você mesmo. Saberá distinguir.

Procurei identificar.

– Um coração!

Como em resposta, Mãe Maria apresentou o resultado final de seu trabalho.

– Este é o cálice que você usará na vida que ora se inicia, feito da melhor energia que pôde apresentar. Em torno desse molde se agregarão os átomos de seu coração físico. O meu desejo, filha, é que esse coração venha a ser um graal sagrado de Luz, de acordo com seu Plano de Vida. Peço-lhe, em seu próprio favor, todo o empenho possível. Boa sorte!

A mulher se retirou com o modelo do coração que iria usar na próxima encarnação.

Muitos outros foram chamados e saíram depois que Mãe Maria construiu os corações – alguns meio luminosos, outros nem tanto, mas sempre feitos da melhor energia do possuidor. Até que se apresentou uma pessoa em quem a Luz brilhava quase integralmente; só havia partes nubladas dos joelhos para baixo. Mãe Maria vibrou de felicidade.

– Dependendo de seu livre-arbítrio, você poderá ascensionar ainda nesta vida, libertando-se definitivamente da roda das encarnações. (Trabalhou rapidamente e compôs o coração mais luminoso de todos os que tinham passado.) Nessa nova etapa, seu corpo físico apresentará a conformação da Presença EU SOU. Rogo à Lei Cósmica que, dentro em breve, eu possa ter a imensa alegria de dizer-lhe: "Filho, seja muito bem-vindo à Casa do Pai." Saúdo-o em Presença e que a Luz o acompanhe!

– Pai, como é que estou nesse processo de iluminação dos corpos?

Pai Rafael colocou a mão sobre minha cabeça, fazendo uma leve pressão num ponto entre os olhos. Pude ver, lá embaixo, o corpo físico com a contraparte etérica; era como se a pele física tivesse se tornado transparente, possibilitando-me uma visão global. Enxerguei os três principais centros energéticos do meu corpo girando com rapidez, e a Luz da Presença circulando por quase todo o meu corpo. Eu já estava bastante iluminado, porém com pontos escuros numa área do cérebro. A região da garganta e das mãos ainda estavam acinzentadas, mas o que mais me enfeava era uma mancha escura, de cerca de três dedos de diâmetro, na altura do umbigo.

– Com relação aos corpos astral, mental e búdico ou intuicional, a cristificação é total. Quanto ao físico, há zonas nebulosas, como pode verificar. A mancha umbilical é a sede energética do ego mortal, da personalidade, que, na ascensão, ficará reduzida a um ponto luminoso, do tamanho da ponta de uma agulha. Em contrapartida, a Luz do coração resplandecerá como uma taça.

– E a minha Presença?

– Veja-a.

A imagem de um Adônis pairava acima de minha alma. Gente, como sou bonito! Mas não é pra menos: qualquer corpo eletrônico (Divina Presença) é belíssimo. Um homão, de mais de dois metros de altura, cabelos castanhos, olhos verdes, barba e bigodes bem aparados. Usava uma túnica com um riquíssimo manto por cima.

– Engraçado. Sinto nitidamente que sou eu mesmo...

– Óbvio. Este é o seu verdadeiro corpo. Este é você!

A cena de Mãe Maria formando o coração dos que iriam se encarnar terminou. Sozinha no anfiteatro, ela projetou individualmente a imagem das mulheres que iriam conceber naquele ano, imprimindo-lhes na consciência o modelo perfeito de vida dos que seriam seus filhos, e pedindo a cada uma das futuras mães que sustentasse esse plano imaculado. Depois, numa velocidade extraordinária, projetou o semblante atual de cada um dos não ascensionados da Terra, cobrindo-o com a imagem de sua Presença. Quando me vi naquela tela, ainda com feições do adolescente que eu era no plano físico, ela imediatamente me cobriu com a imagem adulta da Presença. Finalmente, voltando-se para a cruz, agradeceu a oportunidade de, mais uma vez, servir e deu por encerrado o trabalho.

– Agora, Daniel, vamos fazer um exercício em que você terá que ser exímio para atingir a Mestria: transfigurar-se, ou seja, fundir todos os seus corpos num só, o da Presença. Você terá que ver tudo o que o rodeia com os olhos da Presença, terá que falar com a voz da Presença, terá que pensar, sentir e criar a energia Dela. Só não precisa respirar porque, como Presença, o ser não respira, a não ser que queira, para algum propósito específico. Vamos lá. Sugando a imagem adulta do Filho de Deus para dentro do corpo!

– Sugar como? Falando, pedindo?

– Não há necessidade de falar. Basta querer; este é o comando. Você já se encontra num grau de pureza razoável para conseguir.

Eu quis que aquele corpo de luz, que é a Presença Divina, descesse, mas isso não aconteceu.

– E agora? A Presença Divina não quis.

– A Presença Divina sempre quer. Você é que não está abrindo caminho. Acreditando. Querendo realmente. Vamos, Daniel, mostre-se como o homem adulto que você é.

Então eu quis verdadeiramente. Com fervor. E amando, mais e mais, a minha essência de Luz e de Amor, o Cristo em mim.

O primeiro sinal da transfiguração iminente foi o som

AIEAM... AIEAM... AIEAM...

– Assim como o OM é a canção da Vida fluindo pelo universo, AIEAM é o som dos elétrons da Presença. Ouvi-lo é estar bem próximo do Eu Superior. Continue, filho.

Sustentei a concentração, o Verbo ressoando mais alto em cada fibra do meu ser. O cordão de prata, este canal de energia que liga meu corpo ao da Presença, se avolumou. Uma torrente de elétrons, brilhantes como pequeninas joias, se precipitou dentro de mim pelo alto da cabeça e me inundou de Luz. A Presença fundiu-se no meu corpo e, por uma fração de segundo, fui um homem adulto de mais de dois metros de altura, extravasando Amor e Amor. Mal tive tempo de saber que EU SOU, e já era: a Imagem já havia desaparecido. Tinha subido.

– No princípio é difícil. É uma força poderosíssima e muito sutil para se encaixar perfeitamente num corpo onde ainda existem trevas. Mas você terá tempo bastante para treinar. Em Luxor, sede do Raio Branco, o Mestre Serapis Bey exigirá um tempo maior de sustentação da Presença antes de conceder o Lírio da Vitória.

Pratiquei, supervisionado por Pai Rafael. Era como um jogo de pingue-pongue: batia cá e ficava lá. Mas no instantinho em que a Presença tocava meu corpo, era aquela avalanche de energia de Amor. Comentei o fato com papai.

– O Amor é a chave da Senda. Qualquer membro da Fraternidade Branca define a ascensão como o estado pleno, absoluto, de Amor. É viver em Amor durante 24 horas por dia, é amar ilimitadamente. Filho, você vem de um aprendizado no Sexto Raio, onde trabalhou ativamente o desapego e a abnegação; como resultado, já consegue manifestar Amor. Entretanto, ainda não vivenciou a grande explosão do Amor-Sabedoria, que é o próprio Cristo Vivo, mas o tempo não tarda. Só depende de sua união com a Presença. Traga-A, em Amor, até você. Empenhe-se em amar cada vez mais, infinitamente, a sua própria Divindade – quer dizer, a sua própria identidade.

"Agora, Daniel, observe o cordão de prata, esse canal de energia que, passando por sua coluna vertebral, vai ligando todos os seus corpos até a Divina Presença. Comece focalizando a região do cóccix, no corpo físico lá embaixo. Acompanhe o fluxo da energia que se eleva através da espinha, atravessa os corpos astral e mental, e desemboca no corpo de Luz da Divina Presença."

Observei.

– Ele é, na verdade, constituído de três tubos, um dentro do outro. O tubo externo, que se formou quando o homem perdeu a consciência de sua Divindade e afundou na matéria e na ilusão, é o canal de circulação da energia cármica, mal ou bem qualificada (de acordo com a dialética humana), que volta ao possuidor para o resgate ou neutralização. A camada central contém a energia acumulada em suas atividades e aprendizado nos Sete Raios. E pela parte interna do cordão de prata, pelo miolo, escoa-se o Amor, tanto o que vem da Presença como o que sobe a Ela. Amor, Daniel.

"Agora, conscientemente, erga através de sua coluna vertebral uma onda de Amor até a sua Divina Presença, e receba de volta todo o Amor da Presença Mágica pela parte central do cordão de prata. Assim a Presença descerá muito mais facilmente."

Amei a Presença sem força, sem tensão, com todo o meu ser. Amei-A verdadeiramente, como fogo circulando pela espinha e penetrando na espinha do meu Eu adulto. Amei o homem que sou, desde o início dos tempos. Amei o Autor de meus dias, amei-O em cada irmão, em cada átomo de Vida. Tocha de Amor, amei o Amor. Em resposta, submergi numa torrente de elétrons cintilantes, cada vez mais abundantes. Durante minutos inteiros, diante de Pai Rafael, encarnei a imagem do Filho de Deus.

– Existe uma passagem na Bíblia que fala da transfiguração de Joshua. Foi isso que vivi agora?

– Exatamente isso, só que, no caso presente, você está realizando a transfiguração astral – a Presença se acoplou com este seu corpo astral, ao passo que o texto bíblico retrata a transfiguração física de Joshua. O que você também fará, dentro em breve. Transfiguração é, como sabe, conseguir sustentar temporariamente, em corpo astral ou físico, a Presença.

"Agora, desvencilhe-se definitivamente do condicionamento da forma externa, que é aparência. É uma ilusão como qualquer outra. Hoje você é um adolescente, ignorante de muitas coisas do mundo. Mas já viveu milhares de vidas. E através desses milênios de existência, foi crescendo como alma, como discípulo. À medida que se iluminava, foi adquirindo o direito de ingressar no discipulado dos Raios, foi tendo acesso aos Mestres da Grande Fraternidade Branca.

"Diz-se na terra que quando o discípulo está preparado, o Mestre aparece. Não é inteiramente verdade. Eu diria: quando o discípulo está preparado, ele aparece ao Mestre. Porque é o discípulo que vai ao Mestre, é o discípulo que apresenta as condições necessárias para subir à frequência vibratória de um Mestre ascensionado. Também não é verdade que se tenha apenas um Mestre. Como nas escolas do plano físico, cada professor leciona a sua matéria, de acordo com o Raio a que pertença. Embora, é claro, dentre os vários Mestres, sempre existe um especial para o aluno, pela afinidade existente entre eles ao longo de várias encarnações – e é esse Mestre que conduzirá o pupilo às portas de Luxor."

– No meu caso, Mãe Maria...

– Não. Maria não é o seu Mestre principal. Certamente você, como todos os habitantes deste planeta, tem uma ligação forte com ela – afinal, ela representa Deus-Mãe para esta humanidade; portanto, todos são filhos; e além disso, teve uma convivência direta no tempo em que Joshua estava encarnado. Porém, existe outra relação ainda mais frequente do ponto de vista de Mestre e discípulo, desenvolvida no decorrer de inúmeras encarnações e desencarnações.

– Quem é esse Mestre?

– Não vou dizer. Você sabe.

– Eu sei?

– Sabe.

Eu não sabia. Mas se Pai Rafael estava dizendo que eu sabia então é claro que eu sabia. Fiquei algum tempo mudo, pensativo, tentando saber o que já sabia. Não consegui saber nada.

– Uma pista, por favor.

O olhar azul, profundo, de Pai Rafael me perfurou.

– Não. Você sabe. Trate de lembrar.

E agora? Não me ocorria nenhuma lembrança. Olhei para cima, para a Presença, buscando auxílio. Assim, naquele momento, teve início um diálogo que se tornaria cada vez mais fácil e constante até o dia abençoado em que passei a residir, em tempo integral, na Gruta do Sol. Perguntei, olhando para cima:

– Você sabe?

A resposta, bem concisa, desceu pelo cordão de prata, numa torrente de luz:

– Nós sabemos.

A torrente luminosa que vinha da minha Divina Presença me fez pensar em Amor. *O Amor é a chave da Senda,* dissera Pai Rafael. *Erga através de sua coluna vertebral uma onda de Amor até a sua Divina Presença e receba de volta todo o Amor da Presença Mágica.* O Amor é, pois, a chave, o clique, o tcham. O milagre. Não foi assim que a Presença, que tudo sabe, veio e se encarnou em mim, ainda que por breves instantes? Então...

Vibrando de Amor, ergui a taça da minha consciência à Presença. Não deu outra: no fluxo de elétrons que jorrou, me lembrei de tudo. Claro que eu sabia quem era esse Mestre! Sabia desde a infância. Digo mais: sabia desde antes de nascer.

Imagens antigas, gravadas em mim. Por vezes soterradas no esquecimento, como aquelas dos primeiros anos de vida. Outras, bem nítidas, que, por não identificar com precisão, por causa do cérebro infantil, eu as encaixava no meu universo de fantasia, todo habitado por super-heróis. Mas sempre eram do Mestre adorado, que me conduziria à plenitude do Sol Crístico. Senão, vejamos:

O NASCIMENTO

As últimas palavras de Mãe Maria foram:

– Está na hora, filho. Deus te abençoe. Boa sorte!

E aí, na dor da separação, eu chorando muito, fez-se um silêncio profundo. A imagem de Mãe Maria foi se tomando embaçada E SUBSTITUÍDA POR OUTRA. um homem muito alto, de barba e bigode escuros, trajado à maneira hindu, com um turbante. Ele me disse:

– Aquele que caminha com os Irmãos da Humanidade carrega consigo uma Espada invulnerável, e quando a consciência desperta, toma-se o Cálice que ressoa no infinito. Amado discípulo, eu o consagro com o Fogo da Espada e da Taça.

E com Fogo, suas palavras se impregnaram na consciência de minha alma, para serem recordadas um dia, nesse dia.

Tudo aconteceu muito rápido: a despedida de Mãe Maria e a consagração do Mestre., seguida de um mergulho na escuridão.

Então veio o meu primeiro alento na nova vida física que se estava iniciando, e o meu vagido de recém-nascido cortando a madrugada.

APRENDENDO A FALAR

Eu, bebê, estava no colo de Mônica, ensaiando os primeiros sons:

áááááábááááááb á
ááááááiiiáááááá
áááááámáááááámá
áááááábááááááb á

De repente, neném arregalou os olhinhos porque viu lá em cima uma luz muito forte e, no meio dela, um barbudo bonito, de olhar doce. Esticou os bracinhos querendo agarrar e morder. Neném ria sem sequer imaginar o que era aquilo. Mas o espírito, que assistia à brincadeira, foi capaz de decifrar o que aquele cérebro não podia e pronunciou, no bebê, a primeira palavra daquela vida.

PA — PA — I

Foi uma festa. Neném foi

abraçado

mordido apertado

beijado elogiado

exibido festejado

aplaudido

passando de mão em mão numa brincadeira de roda. O mais feliz de toda a família era Walter, achando que ele era o dito pai.

Neném ria e ria quando Walter o pegou no colo.

MEU IRMÃO GÊMEO

Quem é filho único vai entender perfeitamente o que vou contar agora.

Todo filho único sonha com um irmãozinho para brincar. Eu, que fui filho único durante toda a infância, queria um irmão. Mas não desses pequenininhos que não servem para nada, a não ser pra se jogar no lixo junto com todo o cocô que fazem. E também não queria um maior do que eu, pra me bater. E também não queria irmã porque é outra coisa que não presta. Menina não sabe fazer nada, não joga futebol, nunca vence no bafo e só brinca de mocinho e bandido pra ser salva, mas pra isso a gente pode usar um gato. Além do mais, menina é danada pra prestar atenção no que a gente faz de errado e sair correndo pra contar aos pais. Irmã é horrível e todo mundo que tem reclama. Aliás, por mim, menina nem precisava existir.

Então eu quis um irmão gêmeo.

Tinha cinco anos e brincava de bafo no chão do meu quarto quando formulei esse desejo claro como água e forte que nem pedra. Estava com a mão erguida em concha pra bater nas figurinhas e tentar desvirá-las quando ele apareceu na minha frente. Fui erguendo a vista, mais e mais, porque ele era muito muito muito muito muuuito aaaltoooo.
Levantei pra ver melhor. Era bem crescido mesmo. Estava todo vestido de branco (até os sapatos). Tinha barba e olhos pretos. Usava um pano enrolado na cabeça, e no meio do pano, bem na testa, uma pedra azul. Calças largas e camisa comprida que vinha até o joelho. Piscou o olho e riu. Também ri pra ele. Mas aí eu disse:

– Peraí.

Saí do quarto e corri até a cozinha, onde Mônica estava botando alguma coisa no forno.

– Mãe, quando tem dois irmãos gêmeos, um pode crescer mais do que o outro?

Atenta ao que estava fazendo, ela respondeu sem nem me olhar:

– Pode. Sempre tem um que nasce primeiro.

Voltei correndo para o quarto. Ele estava sentado na minha cama me esperando. Riu de novo quando entrei. Sentei ao lado dele.

– Você é o meu irmão gêmeo, né?

– Sou. Seu irmão gêmeo.

– Eu sabia, eu sabia!... Mas como foi que você entrou aqui? O porteiro deixou?

– Ele não me viu.

– Não?! Ué!... Por acaso você voa?
– Voo.

– Poxa, que legal, caramba! Como é que você voa? Como um passarinho, que bate as asas, ou como o Super-Homem, com os braços assim pra frente – ó?

– Nem como passarinho nem como Super-Homem. Eu voo com o pensamento.

– Com o pensamento?

– Eu penso num lugar e já estou lá.

– Ih, então é mil vezes melhor que o Super-Homem!... Você também é super-herói, não é?

– Sou. Mas você também vai ser.

– Eeeeeeeeuuuuuu?

– Se aprender tudo o que vou lhe ensinar, você também vai ser super-herói.

– Eba! Então vou aprender tudo na ponta da língua!... Qual é o seu nome?

– Isso é você quem vai dizer. Qual é o meu nome?

– Seu nome? Eu sei?

– Sabe. Olhe bem pra mim, pense e descubra qual é o meu nome.

– Seu nome é... Deixe eu ver... é... ARTUR! Acertei?

– Acertou. Pode me chamar de Artur.

Minha curiosidade era um poço sem fundo e, lembrem-se, eu estava em plena idade dos por quês?

– Por que você usa esse pano enrolado na cabeça? Você se machucou?
– Não. Esse pano se chama turbante. Lá onde moro os homens usam muito. É como um chapéu.

– Meu avô tem um chapéu; ele usa no sol, quando vai regar as plantinhas... (Examinei com um certo desânimo os ombros e o peito do meu irmão gêmeo.) Engraçado, né, todo super-herói é forte, musculoso... Mamãe vive falando: "Você tem que comer, Daniel! Comer tudo senão vai ficar fraquinho!" Ela diz que estou muito magro. É mesmo, né? Eu nem tenho muque, olha só! Mas quando eu crescer quero ter um peito bem grande, e ser cheio de muque, pra lutar com os bandidos... E você, tem muque?

– Não, também não tenho muque.

– Então você não é forte!

– EU SOU muito forte!

– É?! Você mata leão com um soco?

– MA-TAR?! Por que eu haveria de matar?! EU SOU a Vida! EU SOU a maior Força que existe: o Amor por tudo o que foi criado, por tudo que respira e se movimenta na Terra...

Assim começou a primeira lição de super-herói e nossa amizade, invisível para todos.

Pra todo lugar que eu ia, carregava Artur comigo. Tudo eu conversava com ele, não tinha nenhum segredo. E pedia sua opinião; afinal, ele tinha nascido primeiro. E me ensinou muitas coisas, como, por exemplo, tomar mel.

– Mel é o mais puro dos alimentos. Mel, sim – eu ouvia direitinho a voz dele.

Eu caía de boca no mel.

– Carne, não! – Artur me dizia.

Bem, Mônica e Walter são vegetarianos, portanto nunca me deram carne. Mas um dia, quando fui à casa de Tiago, a mãe dele falou um monte de coisas a respeito de comer carne. Contei a Artur:

– A mãe de Tiago disse que eu tenho que comer carne por causa da potaína.

– Diga a ela que a alga, a soja, a lentilha, o trigo integral, a amêndoa, o amendoim, a castanha-do-pará são ricos em PRO¬TE-Í-NA. E não têm os inconvenientes da carne.

– O que é inconvenientes?

ESCOTEIRO SEMPRE ALERTA

Tinha seis anos e por causa dos sobrinhos do Pato Donald – Zezinho, Huguinho e Luizinho –, que eram escoteiros, eu também quis ser. Lobinho sempre alerta – achei o maior barato!

Por mais que eu gostasse do meu chefe, gostava muito mais de Artur. A ele eu obedecia cegamente e jurava lealdade todo dia. Descobri a pólvora: meu irmão gêmeo é que devia ser o nosso chefe. A ideia ficou na minha cabeça.

Até que um dia, numa folha de caderno da Alfabetização, escrevi um bilhete para Artur dizendo que ele era o chefe dos lobinhos. Recortei o bilhete e o preguei com durex na parede do meu quarto, prometendo a ele todo o meu amor de irmão gêmeo para sempre.

Aí Mônica, da cozinha, me chamou para o lanche. Fui e voltei, pra ficar curtindo o meu presente para Artur. Qual não foi a minha surpresa quando olhei para a parede e vi que o papel tinha sumido. Fiquei doido. Procurei no chão, embaixo da cama, na cômoda, no armário, até no banheiro e dentro do fogão. Sumiu-se! Mas como era possível? Então vi a janela aberta, as cortinas balançando um pouco... Entendi tudo: tinha dado um vento mais forte que levou o papel, que não devia estar muito preso. Me debrucei na janela, procurando, mas não tinha nem sombra do bilhete.

Aí é que me dei conta de que Artur ainda não tinha aparecido naquele dia. Fiquei bronqueado. Gritei, que era pra ele ouvir onde estivesse:

– POXA, "SEU" ARTUR! ISSO É COISA QUE SE FAÇA, HEIN? LOGO HOJE VOCÊ NÃO ME APARECE?! VOCÊ TINHA QUE ESTAR AQUI ANTES DO PAPEL SUMIR, SABIA? AFINAL, ESCREVER É MUITO DIFÍCIL! ENTENDEU, "SEU" ARTUR?!...

Sentei na cama pra pensar... lh, será que ele ficou cansadinho, hein, do futebol de ontem? É, quando fui jogar bola levei ele comigo. O tempo todo ele ficou do meu lado, eu senti a presença dele. Me arrependi da bronca. Aí falei pra ele ouvir:

– DESCULPE, ARTUR, NÃO FIQUE TRISTE, NÃO. VOCÊ É O MEU CHEFE, TÁ? E DE TODOS OS LOBINHOS DO MÉIER TAMBÉM. OLHA, VOCÊ É O MEU IRMÃO GÊMEO, MIL VEZES MELHOR QUE O HOMEM ARANHA, O SUPER-HOMEM E O BATMAM JUNTOS. EU GOSTO DE VOCÊ, TÁ? PARA SEMPRE, ARTUR.

A ESPADA ERA A LEI

Esse era o nome de um filme que estava passando no Festival Walt Disney, num cinema lá perto de casa. Walter leu no jornal: *A Espada era a Lei*, às 16 horas, censura livre. Voltou-se para mim: *Que tal?*

Fomos para o cinema.

Era sobre uma espada que estava encravada numa pedra. Tinha uma lenda que dizia quc quem conseguisse puxar aquela espada seria o novo rei da Inglaterra. Aí veio muito nego forte à beça que tentou e não conseguiu.

Até que chegou um garotinho magrelo que nem eu a uma cabana na floresta onde morava o Mago Merlin, que tinha uma coruja chamada Arquimedes.

Adivinhem qual era o nome do magrelo!

Artur, Artur, Artur!

E agora adivinhem o que ele fez!

Tirou a espada da pedra!

O SONHO

Finalmente o sonho que tive aos nove anos.

Estava voando com uma capa e uma espada e acabei caindo no Himalaya. Havia um castelo onde morava meu irmão gêmeo. Só que no sonho não me lembrava de seu nome.

– Como é que você se chama?

Aí ele respondeu:

– MORYA.

E nesse instante senti uma vibração tão forte no alto da cabeça – NO LÓTUS DE MIL PÉTALAS ou CENTRO CORONÁRIO , agora eu sei – que acordei.

– Morya! Aquele que eu chamava de irmão gêmeo era o meu Mestre! E dizer que, quando estava com os meus sete ou oito anos, passei a duvidar de sua existência! Achei que era invenção minha, um super-herói imaginado! Oh, Deus, foi aí que deixei de vê-lo...

– Sim, você permitiu a entrada da dúvida e, assim, bloqueou a comunicação. El Morya é o seu Mestre e Diretor do Raio a que você também pertence: o Primeiro Raio, o da Vontade e do Poder, que tem como símbolos o Santo Graal e a Espada Excalibur.

– Ele foi o Rei Artur...

– E você, na época, era um cavaleiro da Távola Redonda.

– Quando voltarei a encontrá-lo?

– No dia em que você for até ele, no dia em que seu coração, com ardor, chamá-lo. Mas neste momento estamos em Creta. Há muito que aprender e trabalhar.

Cruz dourada: sim, há muito que aprender e trabalhar... À minha direita senti a mais doce presença. Mãe Maria acabara de se materializar ao meu lado, na arquibancada... Silenciosamente tombei a cabeça em seu ombro. Ela me abraçou, beijou meus cabelos e os afagou.

– Hoje você se transfigurou pela primeira vez... É um grande dia e, por isso, os céus estão em festa...

Pai Rafael acrescentou:

– Vou lhe fazer uma confidência: em proporção à humanidade, são tão lentos os passos reais de crescimento interno que, quando ocorrem, a minha vontade, como Arcanjo, é a de descerrar as asas e tocar trombeta. Aliás, é assim que grande parte dos homens imaginam os anjos, a cuja evolução eu e Maria pertencemos. Na opinião deles, anjo só serve para tocar trombeta ou harpa ou então posar para esculturas e pinturas barrocas. Com honrosas exceções, tais como um Rafael Sanzio ou um Masolino Panicale, você sabe como retratam os anjos: bebês, gordos e de asa menor que a de um biquinho-de-lacre! Ou seja: só existem querubins, os homens desconhecem totalmente os serafins, anjos e principalmente Arcanjos!

– Imagino a paciência que vocês têm conosco...

– Infinita, filho. Infinita! No tocante aos Arcanjos e Elohim Diretores dos Raios, que colaboramos na criação deste corpo planetário e presenciamos cada nascimento dos Filhos de Deus aqui, a espera pela elevação da Terra já passa muito de vinte milhões de anos.

"Após a chamada *queda do homem*, os habitantes deste planeta atingiram um tal estágio de degradação e de trevas que toda a Terra ficou em nível de umbral, comprometendo inclusive a harmonia do sistema solar. Medidas drásticas tinham que ser tomadas, e os Senhores Galácticos, reunidos em concílio, decidiram pela extinção da Terra. Ora, participando dessa assembleia estava o Supremo Dirigente de Vênus, conhecido esotericamente com o nome de Sanat Kumara (na língua venusiana, Sanat significa "o mais velho" e Kumara, "venusiano"; portanto, *O Mais Velho Venusiano*); face à decisão do concílio, Sanat Kumara ofereceu-se como avalista deste mundo bárbaro. Ele se dispôs a vir à Terra para reacender o Fogo da Consciência, o Fogo da Vida, que estava apagado, e aqui permanecer até que o primeiro homem desta humanidade ascensionasse e estivesse em condições de assumir a direção da Hierarquia Espiritual neste planeta.

"O Ancião de Vênus veio acompanhado de outros Kumaras da Fraternidade de Vênus, que também se ofereceram para auxiliar o seu Mestre na obra de ressuscitação planetária. Quando seus pés tocaram o solo deste planeta, um frêmito de Paz percorreu a Natureza já tão convulsionada. E quando ele respirou, seu alento deu vida a Shamballa, também chamada de Cidade Sagrada e Jerusalém Celeste, entre outros nomes, porque é um núcleo de energia espiritual que literalmente dá Vida a este planeta e estimula o despertar e o crescimento da consciência no homem.

"O exílio, registrado nos anais históricos da Terra como O Grande Sacrifício, durou dezoito milhões de anos e só terminou quando Sidarta Gautama, o Buda, o primeiro ser humano a ascensionar, atingiu a estatura necessária para assumir a chefia da Grande Fraternidade Branca no planeta. Somente então Sanat Kumara se liberou da grande renúncia a que se impusera e pôde retornar a Vênus.

"Depois houve o sacrifício de Joshua, propiciando um desenvolvimento que a Terra não lograra por milênios, a ponto de ocorrer, durante as horas da crucificação, profundos desequilíbrios ecológicos pelo resgate súbito de toneladas de energia resultante da primeira transgressão (o chamado *pecado original*) à lei de Equilíbrio Universal, que ele ia processando em seu corpo.

"A propósito, é bom observar que não foi a dor, o sofrimento, que propiciou o resgate, e sim o ato de Amor de Joshua – este Amor que chegou até as últimas consequências, que deu uma nova Vida a todo o planeta. É o Amor que redime, que resgata.

"São cerca de dez bilhões de Famílias Cósmicas que aqui residem; da linha humana não contamos, no dia de hoje, com sequer quatro milhões de ascensionados, portanto, menos que quatro por cento. No tocante à linha elemental, o número é mais reduzido. De fato, nossa paciência é infinita..."

Sem comentários.

– Dentro de meia hora sairá, de nossa sede, uma expedição de salvamento ao umbral, sob a coordenação de Mestre Il Arion, o Chohan (quer dizer, o Senhor ou Diretor) do Quinto Raio – disse Mãe Maria. – Desse trabalho, diário, participam seres de todos os Raios, entre ascensionados e discípulos. Gostaria que você também participasse. Eu e Rafael poderemos apresentá-lo a Il Arion.

*

Encontramos o Diretor do Quinto Raio num amplo salão; a grande mesa de mogno no centro, cercada de muitas cadeiras, sugeria que o recinto servia de palco a importantes reuniões. Porém, o mais notável eram as paredes: telas panorâmicas mostrando o cosmos. Chegando mais perto, pude conferir: não eram painéis afixados às paredes. Eu diria que as paredes eram as lentes de poderosos telescópios. Dos quatro pontos cardeais o espaço sideral nos envolvia como se estivéssemos no interior de uma nave. No negro cenário astronômico, vi galáxias, com suas constelações, sistemas solares, cometas, poeira cósmica; e nebulosas, buracos negros, asteroides... Não era totalmente cru em Astronomia na medida em que conversava muito com Walter sobre o assunto, que o apaixonava, e também porque o acompanhara várias vezes para assistir à programação do Planetário. Assim, não tive dificuldade em identificar alguns astros mais conhecidos, mas não sabia ou não me lembrava do significado de certas luzes que eram emitidas pelas estrelas.

Il Arion, aproximando-se, resumiu:

– A luz violeta e a azul emitida por uma estrela significa que ela é jovem; a amarela indica que se trata de uma estrela de vida média, como, aliás, é o caso do sol do nosso sistema; a vermelha é a de uma estrela velha e, por fim, a luz branca indica uma "anã branca", ou seja, que a estrela ou já se extinguiu ou se encontra em processo de extinção – é quando a massa se concentra cada vez mais e ela se torna cada vez menor.

"Mas independentemente das luzes que demonstram a magnitude e a idade do astro, observe, neste visor, o brilho ou o fulgor especial que aparece inclusive em milhares de planetas. Aqui, por exemplo – apontou um ponto na tela. – Qualquer telescópio terrestre mostraria a imagem deste planeta como sendo a de um mundo desabitado, inóspito, de atmosfera muito densa. Mas este brilho que está aqui, e que não é detectado por nenhum aparelho material, mostra que neste planeta há vida, sim, e vida abundante, só que em níveis imateriais. Os seres que o habitam (pode-se dizer que este planeta é densamente povoado) são poderosas Consciências... Consciências sublimes, que fazem parte da Grande Fraternidade Branca... Como vê, formamos uma irmandade cósmica. E esses mundos assinalados por esse brilho especial – são tantos, não é? – todos eles são subestações da Fraternidade, a que chamamos de Lojas.

– E quanto a esses planetas quase às escuras ou mesmo essas estrelas que só apresentam aquele tipo de luminosidade – azul, violeta, etc?

– Estes são realmente desabitados.

Il Arion é ruivo, de olhos azuis. No modo de falar, no formato do queixo, nas linhas bem definidas do rosto imberbe há sinais evidentes de firmeza, de determinação – resquícios talvez da ardente e apaixonada determinação que caracterizou Paulo de Tarso.

– Bem, cumprimos nossa missão: trazê-lo até Mestre Il Arion – disse Mãe Maria. – Está entregue.

– Antes de saírem, por favor me dêem sua bênção – pedi.

Mãe Maria tocou-me o coração.

– Nós o abençoamos com a Única Verdade, que revela a Realidade de todas as coisas visíveis e invisíveis.

A impressão que tive é que o meu coração pulsou num ritmo novo... E que uma palavra dita por Mãe Maria nele se alojou: Verdade.

O que é a Verdade?, me perguntei. O coração tocado pela Mãe respondeu: *Verdade é aquilo que não se modifica no passado, no presente e no futuro. Verdade é a essência.*

Em seguida, me senti engolfado na Presença radiante de Pai Rafael. Intuitivamente, estendi minhas mãos abertas em sua direção. Ele disse:

– Nós abençoamos suas mãos como instrumentos da Cura de Deus em ação.

Após me abençoarem, a imagem dos dois se diluiu em luz e graças... Instintivamente, olhei para as palmas das minhas mãos. Estavam como que transparentes e carregadas de poder de cura.

Il Arion confirmou o que eu estava sentindo:

– As mãos são os principais veículos de transmissão de energia de cura. Um virtuoso na aplicação do Quinto Raio, isto é, um Mestre, não necessita de um bisturi, por exemplo, para fazer uma incisão; no decorrer de uma cirurgia (que pode ser realizada numa velocidade superior à da luz) o médico de Creta simplesmente deixa fluir a energia curativa através de seus dedos, manipulando-a como *laser* se necessário for... Bem, vamos nos dirigindo à entrada do edifício, para a organização dos grupos e as instruções preliminares.

Enquanto andávamos pelos corredores, Il Arion resumiu a função que os calouros exerceriam no trabalho: a de auxiliar de enfermagem.

– Do ponto de vista do atendimento médico, obviamente é um trabalho desqualificado mas, por outro lado, é um trabalho de suma importância porque vocês estarão aprendendo a manipular a energia (é o seu discipulado!) e, ademais, nos darão o apoio necessário. Vocês funcionarão como transformadores de voltagem. Os irmãos que tentaremos resgatar nesta noite apresentam-se, nesse atual estágio de desenvolvimento, tão degradados e tão bárbaros que a simples presença de um Mestre poderia fulminá-los... Além das atividades normais que vocês irão desenvolver aqui, é facultado aos discípulos que tiverem interesse e vocação frequentar o Curso de Medicina de nossas esferas. Garanto que não existe faculdade melhor que a nossa.

Bem, este era exatamente o meu caso: eu tinha interesse e vocação. No ato pedi autorização para me matricular. Ele consentiu e comentou:

– Boa escolha. Aproveitando os seus naturais pendores literários, você poderá até escrever livros reformulando certos princípios da Medicina terrestre atual, que estão errados mas são tidos como irrefutáveis. E demonstrar que Ciência e Religião não se excluem; ao contrário, complementam-se. Um médico ou um cientista tem que ser necessariamente um sacerdote e vice-versa. Quem exerce uma dessas profissões de forma indigna está se prostituindo. No futuro (por enquanto ainda muito, muito longínquo) as religiões vão desaparecer e isso será sinal inequívoco de grande evolução. Haverá, sim, uma Religião única – a Religião Universal, que é a comunhão do indivíduo com o Criador e se fundamenta na fraternidade entre os homens. Essa Religião, que é praticada aqui no chamado Reino dos Céus, é ao mesmo tempo Ciência e Civilização. Nós vivemos a Unidade e por isso somos imortais.

*

Mais ou menos quinhentas pessoas aglomeravam-se no átrio do edifício. Il Arion subiu ao púlpito; ao lado dele postaram-se dois Mestres (um homem e uma mulher).

– Pensem no que aconteceu a Hiroxima e a Nagasaki no passado. Ou pensem então no que aconteceria a uma região onde tivesse ocorrido um acidente nuclear – o de Chernobyl ou de Fukushima, por exemplo. Ou pensem nas dezenas, centenas de cidades arrasadas pelas guerras. Pois bem. O lugar aonde vamos em missão de resgate e de assistência é ainda pior. Desceremos à primeira, ou seja, à mais baixa das subcamadas do umbral; é a área mais densa, mais contaminada. Lá está concentrada a escória da alma desta humanidade; suas piores aberrações; é o ponto mais baixo de degradação que uma raça pode atingir. A atmosfera desse mundo é mais perniciosa que a radioatividade de certos metais. Portanto, medidas de segurança máxima deverão ser rigorosamente observadas. Para começar, é necessário usar uma vestimenta especial – o Manto Inconsútil ou Manto de Luz Branca. Na verdade, essa Roupa é um campo eletromagnético que vocês criarão ao seu redor, tomando-se invulneráveis.

"Para criá-lo, primeiramente sintonizem-se com a Presença EU SOU, entoando o Verbo emanado pelos elétrons que constituem esse corpo incorruptível – AIEAM – três vezes.

"Por que três vezes? Porque trino é o universo eterno, que corresponde aos três corpos e planos superiores, que constituem a Trindade: a Presença é o Filho, a Vida que nele existe é o Espírito Santo, e a Mente é o Pai. Os três formam uma unidade tão perfeita que é indivisível quando atua. Qualquer ordem ou desígnio emitido nesse triângulo de forças é irrevogável. É o comando *Fiat Lux* (Faça-se a Luz).

"Então, suguem a Luz da Trindade, trazendo-a firmemente até o coração. Daí a Luz se expande, formando ao seu redor um chamejante Manto de Luz, um verdadeiro escafandro, protegendo-os de qualquer força ou energia desarmoniosa. Declarem com convicção: *Este Manto me torna invisível e invulnerável a toda criação humana agora e para sempre.* E aceitem este poder. Aceitem o seu poder divino.

"O poder criador do pensamento é ilimitado, a energia é obediente a um comando; qualifiquem-na com a invisibilidade, a invencibilidade, a invulnerabilidade a qualquer força discordante ou contrária. Imediatamente isto estará realizado. Esse Manto é feito da mesma energia que nós, ascensionados, usamos para proteger nossos retiros e atividades; é infalível. Em verdade, é um campo eletromagnético que se estabelece ao seu redor, constituído de pura força eletrônica. Habituem-se a usá-lo permanentemente, visualizando-o perfeito, sem fendas nem rupturas. Ele se mantém autossustentado na exata proporção da fé que o usuário nutre quanto à sua eficácia e à frequência com que o utiliza."

Emitimos o Verbo e o decreto.

A uns dois ou três metros acima da cabeça de cada um dos presentes, houve primeiramente uma espécie de relâmpago, e em seguida, a partir daquele ponto luminoso, desceu um jorro de luz brilhante e aperolada, envolvendo cada pessoa individualmente. Mais tarde, durante a expedição ao umbral, o Manto me pareceu um verdadeiro escafandro, forte o suficiente para nos isolar das emanações letais daquele ambiente tétrico.

– Como disse, a região que vamos visitar é altamente contaminada. Para começar, antes mesmo de nos acercarmos do local, vamos inundá-lo de Fogo Violeta, que rapidamente irá se misturar às muitas toneladas de energia saturada de instintos e sentimentos vis que compõem o ambiente. Mas mesmo assim, ainda que indiretamente e em quantidade mínima (porque o seu aproveitamento depende da aceitação de cada indivíduo) , os habitantes da região já estarão absorvendo a energia transmutadora do Raio Violeta, e isso nos permitirá fazer uma limpeza preliminar de seus corpos, invocando a Presença Divina de cada um deles, que parecerá tão longínqua.

"Somente após a assepsia preliminar do Fogo Violeta é que teremos condições de proceder às cirurgias necessárias, em que utilizaremos a energia curativa propriamente dita. No caso das doenças mentais (comuníssimas na região), vocês poderão observar que a energia assume um belo matiz dourado.

"Volto a repetir: tudo depende da aceitação do paciente. Em outras palavras: a alma do paciente é livre e a escolha lhe pertence. Se ele quiser receber a cura, ele a receberá. Se não quiser, não poderemos lhe impor a cura porque o seu livre-arbítrio tem que ser respeitado em toda circunstância.

“Fiquem atentos às orientações que cada coordenador de grupo irá transmitir, passo a passo, no decorrer da expedição. Cumpram as instruções à risca, para a sua própria segurança.

"Após cada intervenção, invocaremos Maria, para que ela, com a sua estupenda força de Cura e de Verdade, possa balsamizar os corpos e imprimir nas consciências a Imagem do Filho de Deus Perfeito, o que significa um convite para a liberação da essência divina interna e uma grande oportunidade de evolução. Como todo convite, pode ser aceito ou não – pois depende do livre-arbítrio de cada pessoa.

“Finalmente, invocaremos a lei cármica e formalmente, conscientemente, nos despiremos do mérito desse ato de caridade, atribuindo-o aos pacientes. Por que adotamos este procedimento? Pela seguinte razão: pela lei cármica, toda ação acarreta uma reação; cada causa gera um efeito. O trabalho de cura e de resgate que vamos agora desenvolver teria, necessariamente, um retorno (muito positivo, neste caso) segundo a lei cármica. Só que nós não vamos agir sob a lei cármica, e sim, de acordo com uma outra lei, superior, que não gera nenhum carma. Quando a personalidade doadora renuncia ao mérito da ação, esta se torna perfeita, isto é, impessoal, sem sombras, sem dívidas, sem carma. E quando isto acontece, o receptor (ou seja, aquele que está sendo beneficiado) recebe todo o mérito, e por isso o auxílio que ele pode receber será muito maior, muito mais efetivo. Entenderam? Lembrem-se sempre: o trabalho aqui em nossa oitava de Luz é totalmente impessoal, porque está baseado na compreensão de que ele é realizado por Deus através de nós. Somos Cristos, canais desse Amor-Misericórdia universais.

"Este serviço à Vida é realizado em nome de Joshua, sob sua égide; ele estará presente o tempo todo, e muitos o verão. Hoje nos dividiremos em três grupos que atuarão em zonas distintas do umbral, ao longo da crosta terrestre; uma equipe será coordenada por Artur, outra por Eleonora (II Arion indicou os dois Mestres que o ladeavam) e a terceira por mim. Entendido?"

Sim.

– Mas antes de sairmos pediria a todos os presentes que se abastecessem no Fogo da Lâmpada de Creta, respirando as qualidades do Quinto Raio: Ciência, Cura, Verdade e Concentração. Inspiração, retenção, expiração, sustentação. Isso, assim... E agora de novo!

O Fogo da Lâmpada, da cor da alface tenra, se liquefazia ao penetrar em nossos corpos. *Ideias livres e eternas – meditem sobre isso... Aceitem-se como Filhos do Universo – e, a propósito, reflitam sobre a inconsistência do sentimento de patriotismo. Nós, realmente, somos Filhos do Universo, vivendo ora com esta, ora com aquela nacionalidade...*

A reflexão foi reforçada pela ordem:

– Levitem! Levitem!

Então todos nós (cerca de quinhentas pessoas) encontramo-nos flutuando no espaço aéreo de Creta.

– O segredo está na respiração...

Depois, nos posicionamos no solo. E então todas as vozes passaram a entoar a palavra de ordem, hino da Fraternidade de Creta, cuja melodia aprendi instantaneamente:

– VERITAS! VERITAS! VERITAS! VERITAS! VERITAS!

Veritas: Verdade.

A Verdade é Deus. Toda a Criação, incluindo os próprios Filhos de Deus, se originaram da Verdade e a Ela retornarão. A Verdade é imutável no passado, no presente e no futuro.

De onde vem esta voz, que ficou entranhada em mim desde aquele dia, em Creta, e que agora, anos depois, se imprime nas páginas deste livro?

Aqui em nosso mundo, a palavra concentração *tem um significado bem diferente do conceito humano. Se no mundo material* concentração *quer dizer focalização da mente concreta, objetiva, numa determinada questão, aqui* concentração *consiste em conhecer as coisas e as pessoas a partir de sua essência, que é sadia.*

De onde vem este ensinamento, que continua repercutindo aqui, na Gruta do Sol?

No plano físico, o médico faz o diagnóstico das doenças, prescrevendo medicamentos às vezes até mais agressivos que a própria enfermidade. Aqui, o médico, após se oferecer como um instrumento de cura e de amor da Divindade, primeiramente se concentra *no paciente, ou seja, reconhece sua essência sadia, e depois deixa que a luz curativa jorre de sua própria aura e de suas mãos, em abundância, sobre tudo aquilo que está ocultando ou sufocando a essência – todas as ilusões aderidas ao físico, emocional e mental do paciente. Desta forma, corrige as infrações passadas, harmonizando-o no presente e possibilitando-lhe uma futura evolução.*

A voz continua ressoando...

Transforme sempre o seu trabalho (qualquer um que esteja fazendo) numa oferenda a Deus. Meditar em Deus é um dos degraus para se obter a firmeza da mente... Não é preciso esforço, luta – muito ao contrário: é só se entregar, deixar fluir...

Enfim, devidamente abastecidos de Luz e com o conhecimento fluindo, fomos nos organizando em grupos, perante os coordenadores Eleonora, Artur e Il Arion. Em seguida Joshua se materializou; dirigindo-se a nós, agradeceu por esse serviço de Amor e prometeu que estaria, em pessoa, ao lado de cada um de nós, auxiliando-nos no que preciso fosse.

Aí teve início a expedição.

*

– Então é esse o inferno! O fundo do poço!

Antes de bombardearmos o local com Fogo Violeta discerni o seguinte panorama: o solo era um imenso charco, infestado de baratas e ratos, onde se misturavam sangue, excrementos e outras imundícies; pesadas nuvens negras de poluição asfixiavam o ambiente, o calor devia ser insuportável; espectros torturados, mutilados, bestiais gemiam seus indizíveis sofrimentos ou gritavam de ódio e desespero; as vozes tinham perdido as características humanas, mais pareciam grunhidos. Na atmosfera densa podiam-se perceber, palpáveis, todas as torturas e aberrações possíveis da alma humana: a perversão, o ódio, o terror, a licenciosidade, a violência, a opressão, a barbárie, a miséria, a dor, enfim, a imensa agonia! Ponto máximo de degradação! Pelo visto, a Copacabana das profundezas com que me defrontara certo dia deveria ser, dentro do contexto umbralino, uma região de bem-aventurança.

Descemos, envoltos nos Escafandros Inconsúteis. Il Arion exigia da equipe muita, muita eficiência na aplicação do Fogo Transmutador:

"Mais Compaixão pelo seu semelhante! Mais Amor! Sob essas aparências repulsivas, existe a essência pura, sadia; existem deuses!... Médicos-sacerdotes, de sua aura ainda pode fluir muito mais virtude, muito maior força de vida para esses moribundos!"

Moribundos? Sim, era dessa forma que muitos se mostravam, como se estivessem no limite da resistência à dor e prestes a desfalecer no momento seguinte, apresentando inclusive todos os sintomas de coma. Porém, milhares de outros eram violentíssimos e queriam nos matar ou nos expulsar a todo custo porque lhes interessava manter aquele estado de coisas. Portanto, os demônios daquela região dividiam-se em duas classes: os oprimidos e os opressores.

– É bom lembrar – disse Il Arion – que nenhum de nós cura realmente ninguém, pois é o próprio doente que se cura. Nós somos apenas instrumentos; meros facilitadores. A nossa tarefa se resume em manter a nossa consciência, o tempo todo, focalizada em Deus, na Presença Divina, na essência perfeita – ou seja, numa frequência superior, acima da doença, da miséria, da depravação, das desarmonias... Assim, e somente assim, nos convertemos em instrumentos para uma cura real, duradoura e abrangente porque acontece no físico, no emocional e no mental.

"Eu digo que é o próprio doente que se cura porque é ele que tem que aceitar, querer esse processo e usar a ferramenta de cura que se lhe está oferecendo... Ele tem o livre-arbítrio e a escolha é dele e só dele. Se ele quiser, ele se abre às cirurgias que se fizerem necessárias (que são indolores, diga-se de passagem) ou então, se o caso não for assim tão grave, absorve de nossa aura, e na quantidade que quiser aceitar, o medicamento de que necessita para se curar. Mas digo e repito: se ele não quiser, nada podemos fazer...

"Compreenderam? A cura do Quinto Raio provém de níveis superiores de consciência, e é real, duradoura e abrangente, requerendo do curador apenas uma atitude de entrega (pois nós trabalhamos unicamente para a glória de Deus), a impessoalidade em relação ao paciente e o respeito à liberdade dele."

Joshua, em pessoa, estava conosco. Ele derramou o seu tremendo poder de Compaixão naquela área delimitada e, principalmente, estimulou o nosso próprio poder. Senti a Misericórdia crescendo dentro de mim a um nível jamais atingido antes. Foi naquele momento que realmente me conscientizei de que sob aquelas aparências demoníacas havia Deuses! Lágrimas brotaram-me dos olhos – lágrimas de Amor!

O Fogo ardeu com intensidade, com ímpeto, em turbilhões, e tornou mais suportável aquela fedentina. A princípio estranhei o fato de não estar sentindo náuseas, mas entendi: o poder do Manto e a consciência focalizada num nível superior nos tornavam imunes àquele ambiente altamente contaminado!

Muitos aceitaram submeter-se às cirurgias que, em nome de Joshua, começaram a ser feitas. Os médicos trabalhavam em velocidade estupenda. Após o banho de Fogo Violeta, os raios que estavam sendo utilizados reluziram em toda a área. Eram feitas incisões quase imperceptíveis aos nossos olhos e, ato contínuo, os Mestres extraíam das cavidades abertas tumores cheios de sangue e de pus, depositando-os em recipientes próprios, que eram imediatamente carregados para o Palácio de Saint Germain para a devida transmutação. Tudo muito rápido: mais Fogo, mais Amor, a consciência firmemente focada na essência, a atitude amorosa de doação, o respeito à liberdade de cada pessoa, mas também o cheiro de sangue atordoando... E depois passando às doenças mentais, curando esquizofrenia, a loucura, com o Fogo Dourado, que ativa o centro cardíaco e se irradia para a faringe, a laringe, penetrando no cérebro, limpando o veículo mental. Depois a presença de Mãe Maria tornava-se visível, e os impregnava com a perfeição e a saúde de um Filho de Deus. Finalmente, a renúncia ao mérito (que é uma ação perfeita) porque Deus e somente Ele é o único doador, o receptor e a doação...

– Renúncia ao mérito: esta é uma mera formalidade que tem por objetivo lembrar aos discípulos que o trabalho tem que ser impessoal. O curador do Quinto Raio é um canal para a fluência da energia curativa universal. O Espírito está no comando, não a personalidade. Por isso, a ação é perfeita, pois não gera carma.

Horas e horas a fio trabalhando num ritmo louco, no inferno. .Resultado: apenas sete no final aceitaram abandonar aquela vida e aquele local! Sete, entre milhões com que nos defrontamos! Sete, entre mais de quatro mil cirurgias feitas só pela nossa equipe! Em meio a amorosas ofertas de auxílio. Apesar das reiteradas advertências a respeito do livre-arbítrio dos pacientes, não pude deixar de experimentar um sentimento de frustração. Desabafei: tudo isso, pra quê? Para conseguirmos apenas sete salvamentos efetivos?!

– Torno a lembrar – disse Il Arion. – Impessoalidade, desapego, respeito ao livre-arbítrio do outro!... Daniel, nós somos jardineiros de Deus. Lançamos as sementes; a terra as acolhe em seu seio fecundo; a água, o vento e o sol irão colaborar no processo de germinação. Tudo a seu tempo... Um dia, veremos a primavera crística...

"Foram sete salvamentos efetivos? Que fosse um, Daniel. Ainda assim teria valido a pena. E se não tivesse ocorrido nenhum, a sua esperança e o seu Amor teriam que se manter inabaláveis, na certeza da primavera.

"Sustentar a imagem da Perfeição para alguém que está manifestando a mais repulsiva depravação e ajudá-lo a erguer-se é sinal de Amor. Mas também o é esperar por ele, por sua resposta, pacientemente. Meu querido, lembre-se de Sanat Kumara. Foram milhões de anos de espera em exílio na Terra, que era toda umbral.

"E lhe digo mais: enquanto houver irmãos se debatendo em dor e miséria, estamos sempre prontos para descer ao inferno. E esperar indefinidamente. A expedição foi coroada de êxito – sete irmãos conseguiram evadir-se. Sete; e eu dou graças ao Criador por eles, em essência tão perfeitos como EU SOU."

*

De volta a Creta, fizemos duas visitas.

A primeira foi ao Santuário dos Elohim Cyclope e Cristal, que também se situa no edifício-sede. Lá o Fogo Verde tem o atributo específico da Concentração. É ensinado ao aprendiz como atrair essa energia para o mental e como empregá-la na remoção de ideias e conceitos limitados, de preconceitos, de formas e substâncias do chamado inconsciente coletivo; é um verdadeiro lixo que carregamos conosco!... Assim trabalhado e limpo, o corpo mental vai adquirindo uma limpidez extraordinária e uma capacidade crescente de concentração. Para os que ainda não são conscientes de suas encarnações anteriores, esse trabalho com o Fogo Verde ajuda a descerrar a porta das lembranças.

A segunda visita foi à Faculdade de Medicina, aparelhada de equipamentos sofisticadíssimos, ainda nem sonhados pela tecnologia moderna. Lá estudam desde leigos dotados de inata capacidade de cura e calouros da profissão até alguns dos mais conceituados cientistas do plano físico. A lembrança das aulas que lá recebem (geralmente ministradas à noite, enquanto dorme o físico) depende, é claro, do grau evolutivo de cada um, mas sempre fica o conhecimento intuitivo.

Quanto a mim, desde menino a escolha da profissão estava feita: Medicina, embora nutrisse a esperança de um dia vir a publicar os contos, um ensaio e crônicas que já escrevera. Então ratifiquei a opção matriculando-me na faculdade do Quinto Raio, mesmo antes de fazer o vestibular do plano físico. Ora, estudando aqui e estudando lá, foi uma barbada o meu segundo lugar no Vestibular Unificado da UFRJ. Não por coincidência, o estudante classificado em primeiro lugar foi justamente um colega de turma da faculdade lá de cima.

*

Fui a Il Arion:

– Il Arion, só poderei passar ao Raio Branco quando terminar o Curso de Medicina? Isto é, daqui a alguns anos?

– Não, você já pode ir. O que decide a passagem para um discipulado mais avançado é o desempenho na aplicação do Raio. Você tem se saído bem; demonstra domínio e consegue bons resultados. Agora é só aprimoramento. O curso na Faculdade prossegue; foi uma opção sua, que nem todos adotam. Vejo que está ansioso para chegar a Luxor.

– A Luxor, a Morya...

– Muito bem. Sabe, eu comparo a ascensão a um parto, e de fato é um nascer para uma nova vida. No período que o antecede, até o preciso momento de se dar à luz, ocorrem as dores e as contrações. É necessário que você saiba que não está imune à dor. Contudo, unindo-se à Presença, poderá suportá-la com galhardia. O prêmio é, literalmente, divino.

"Daqui por diante o Caminho se estreita porque só os comprovadamente puros ultrapassam os limites do discipulado do

Quarto Raio – que, aliás, se prolonga até a ascensão. Espero vê-lo, o mais breve possível, entre os eleitos."

– Obrigado, Mestre... Quer dizer que posso voltar aqui, a qualquer hora, para participar de outras expedições de resgate?

– Ah, sim, você continuará trabalhando aqui também. Aliás, vá se preparando: os ascensionados trabalham vinte e duas horas por dia.

– Então até a próxima quinta-feira?

– Certo, até quinta.

Capítulo VII
O LÍRIO DA VITÓRIA

O ingresso nas atividades do Quarto Raio – o Raio da Harmonia, da Arte, da Ressurreição e da Ascensão começou, para mim, justamente contemplando a Morte.

Gigantesco e silencioso edifício branco, rodeado de jardins bem cuidados. As janelas estavam abertas, porém com as cortinas cerradas. Girei o trinco da porta envidraçada e entrei. Um vestíbulo muito aconchegante, decorado com arranjos de flores silvestres, grossos tapetes e cortinas rendadas. À esquerda e à direita, longos corredores.

Tive a intuição de que, ali, o tempo se detivera para descansar. Sim, naquele local parecia não existir vida. Por outro lado, estranhamente, também não percebia a presença da morte. Era como se a vida e a morte estivessem em suspenso, dormindo de mãos dadas no branco e no silêncio.

Tomei o corredor da direita. Inúmeras portas de um lado e de outro, das quais saía uma fraca luminosidade lilás. Perfume de rosas impregnava o ambiente. Como em resposta, senti se evolar de mim uma onda de Amor, mesclado de Compaixão, à semelhança de uma ave branca abrindo as asas e voando no espaço infinito do silêncio.

Ouvi murmúrios. Dirigi-me ao cômodo mais próximo. Era um salão retangular, onde mais de uma dezena de leitos, forrados de lençóis alvíssimos e ocupados por seres adormecidos, estavam dispostos de um lado e de outro.

Conclusão: era um hospital.

Belos anjos, vestidos de branco, postavam-se diante das camas, cada um deles tratando de seu paciente. Todos faziam a mesma coisa: recebiam em suas mãos uma labareda de Fogo Violeta, proveniente do centro do quarto, temperavam-na com um raio luminoso que lhes saía do coração, e jogavam essa essência por sobre a epiderme dos adormecidos que, sentindo-a, sorriam durante o sono. Uma espécie de terapia?, eu me perguntei. Os anjos de uniforme branco deveriam ser médicos. Ou então enfermeiros.

E quem seriam aqueles pacientes – homens, mulheres e crianças que dormiam tão profundamente?

Súbitas recordações explicaram tudo o que eu desejava saber: aquele hospital fazia parte de um complexo chamado "Reino dos Adormecidos", construído na jurisdição do Quarto Raio para o abrigo de todos os seres de um certo mérito que, tendo passado por um desencarne súbito, violento ou cansativo em decorrência de uma longa enfermidade, precisassem descansar antes de comparecer ao Tribunal do Carma e de serem encaminhados a um novo aprendizado no astral.

Na própria hora do desenlace ou então logo após o sepultamento ou cremação, as almas desses seres, de tão exaustas, adormeceram quase que instantaneamente. Assim inconscientes, foram trazidas para o Reino dos Adormecidos, recebendo o amoroso cuidado dos anjos. Ora, esse descanso é aceitável, mas apenas por um breve período – afinal, a vida é movimento; inércia é a negação à vida. Durante o período em que permanecem nesse hospital, imersos num sono profundo, os adormecidos nada fazem pelo seu crescimento individual e, consequentemente, retardam a evolução planetária. E o que estava acontecendo é que muitos deles se recusavam a acordar para receberem a intimação do tribunal, assumirem suas novas tarefas, e prosseguirem no seu aprendizado e evolução.

Antigamente a situação dos adormecidos era pior ainda: aferrados ao sono de séculos e fazendo-se surdos aos rogos para despertar, assumir responsabilidades e seguir vivendo, uma grande parcela dos adormecidos se entregava totalmente à inércia e não queria acordar; e eles conseguiam dormir ainda mais profundamente. Seus corpos, então, registravam essa recusa à vida: apresentavam-se cada vez mais rígidos e se petrificando nas camas.

Até que a Grande Fraternidade Branca baixou um decreto: dormir só por seis meses no máximo, prazo mais do que suficiente para um belo descanso. Mas se fosse menos, melhor ainda. Afinal a vida urge e é bom viver.

Discípulos de toda a Terra se mobilizaram para auxiliar os médicos e enfermeiros do Reino dos Adormecidos, invocando e evocando muito Fogo Transmutador para conseguir dissolver os sofrimentos que tinham levado essas almas a esse estado crônico de evasão da realidade. Formou-se uma poderosa corrente de Amor e Compaixão. O clamor ressoou forte nos éteres planetários e chegou até o coração daqueles que, de tão imersos no sono da inconsciência, transformavam seus corpos em pedra. "Lázaro, desperta! Sai do teu sepulcro e anda! Volta à vida! Lázaro, acorda e vem viver a vida, não desperdiçando os teus talentos, o teu amor..." O Amor e a Compaixão foram penetrando nos corações dos adormecidos e, pouco a pouco, aquelas pétreas figuras foram despertando de seu sono secular...

Como é que eu sei de tudo isso? Quando as trevas em mim eram mais espessas, estive ali dormindo pelo menos umas cinco vezes, ao que me lembre assim de relance. E, naturalmente, houve quem me acordasse.

Abri a porta para ver quantos ali trabalhavam, além dos anjos. Lá estavam eles, também vestidos de branco. Três discípulos manipulando o Fogo Alquímico. À medida que a transmutação ocorria, o sono dos dorminhocos ia esmaecendo. Rapidamente os resultados se faziam sentir: aquele ali da cama em frente começou a esfregar os olhos, aquela outra se espreguiçou, o outro já se levantava... Todos prontos para seguirem avante na jornada da vida.

Sim, eis o que é a Morte: renovação, reciclagem. Recomeço. Arcano XIII do Tarô: a Caveira cortando, com a foice, o que é supérfluo e poupando o essencial. O Sem Nome é o saudável mecanismo de eliminação e purificação e, mesmo no Tarô, jamais significa morte. Ao contrário, esse arquétipo indica, sempre, renascimento.

Tive o impulso de me reunir ao grupo que trabalhava naquele quarto. Mas mudei de ideia: melhor seria procurar outro onde meu auxílio fosse mais necessário. Fui em frente.

Observei a mesma cena em todos os quartos. Cheguei ao final do corredor, subi a escada que levava a outro pavimento e localizei um aposento onde havia apenas uma pessoa trabalhando com o Fogo. Juntei-me a ela. Matéria a ser trabalhada: o cansaço profundo, o desânimo dos que ali dormiam, sua atitude de fuga e impotência diante da vida. Fizemos um bom trabalho.

Foram acordando: um aqui, outro acolá, um terceiro, e no final seis naquele quarto. Um toque de humor: um garotão de seus 18 anos já acordou dizendo que ia à praia e procurando sua prancha de surfe. Não pude deixar de rir com essa estória. Pensei na família. Com certeza ainda devia estar pesarosa, pranteando o seu morto, enquanto aqui em cima o belo defunto, após dormir meses, só pensava em praia.

Discretamente perguntei a um dos anjos-enfermeiros:

– Ele morreu de quê?

– Se afogou... Um desencarne tranquilo, sem nenhum sofrimento, até porque existe uma afinidade natural entre o corpo astral e a água, sendo ambos de natureza protéica. Situação bem semelhante à do feto, envolto no saco amniótico...

Aos recém-despertos demos toda assistência: explicamos o que tinha acontecido, a morte, o porquê e a duração de seu sono, como haviam sido trazidos a esse hospital, e os vários campos de trabalho e aprendizado que agora se abriam à sua frente.

Logo logo se materializou uma nova personagem em cena. À minha memória ocorreram informações ou lendas a respeito dessa figura, e por isso eu logo o identifiquei: era o Mensageiro do Tribunal do Carma. O anjo-enfermeiro ao meu lado se apressou a fazer observações preciosas:

– Tribunal do Carma – esse é o nome que normalmente os encarnados empregam, no plano material para designar o processo de avaliação de uma determinada encarnação, quando esta termina, e há necessidade de um novo programa de treinamento daí por diante. Infelizmente, os humanos atribuem um peso enorme à palavra *tribunal,* que para eles significa julgamento, culpa, condenação, reclusão, punição etc. Esses significados e esses pesos só existem no plano físico e no umbral, que é a camada mais baixa do astral, onde realmente ocorrem julgamentos (ou simulacros de julgamentos), onde existem presídios, juízes e apenados, carcereiros e prisioneiros, torturadores e torturados...

"Aqui o tribunal é interno; cada qual é o seu próprio juiz. Todos estão perfeitamente conscientes dos acertos e também dos erros e possíveis delitos que cometeram durante a última encarnação, e as consequências de seus atos. E querem, espontaneamente, reparar suas falhas e evoluir; já têm o anseio pela Luz porque a sua alma já está desperta; a consciência já opera numa determinada faixa. Então, atendendo a essa aspiração interna, aparece esse belo Mensageiro, com uma espécie de programação de treinamento individual; ele convoca cada uma das pessoas para comparecer no dia tal, às tantas horas, no dito “Tribunal”. Lá, sob a supervisão amorosa dos assistentes dos chamados Senhores do Carma, cada pessoa vai avaliar a sua própria trajetória, compreender realmente o que errou e o que acertou, a maneira de equilibrar tudo isso, e escolher, entre as opções que lhe serão mostradas, suas próximas atividades (tanto de estudo quanto de trabalho); ela também poderá expor algum projeto de vida que por acaso tenha, e receber a orientação e a ajuda adequada para realizá-lo, e até mesmo planejar sua próxima encarnação...

“Aliás, já se foi o tempo em que o intervalo entre as encarnações era longo – às vezes chegava a séculos; hoje em dia, o ritmo é muito mais acelerado; a evolução da Terra não pode mais esperar. Por isso, atualmente estão ocorrendo encarnações muito especiais, em todos os países da Terra. Estão nascendo crianças muito evoluídas, que, em suas áreas de atividade, vão preparar o mundo para uma nova etapa de desenvolvimento... A Terra há de se tornar um planeta sagrado...”

Minha atenção voltou-se para o Mensageiro. Todo vestido de púrpura, tendo, na altura do coração, o desenho de uma balança com os pratos em perfeito equilíbrio. Ao redor de sua fronte, altiva e nobre, havia uma radiação luminosa peculiar; observando-a com atenção, em certo momento tive a sensação de que aquela luz formava uma coroa de sete pontas. Ele trazia nas mãos uma espécie de rolo de papiro. Dirigiu-se a cada um dos despertos:

– Você é o Birunga? (Dizia o nome completo.)

– Sim.

Então o Mensageiro entregava a esse indivíduo, em mão, o convite para comparecer ao Tribunal do Carma para a devida avaliação *post-mortem* e o consequente encaminhamento a uma nova atividade, quiçá a uma nova encarnação. E passava adiante, abordando, um por um, os despertos:

– Você é o Cafunga?

*

Sim, eu muito ansiara para chegar logo a Luxor, receber o Lírio da Vitória, encontrar-me com Morya e seguir avante, ao Sol da Gruta, à eternidade ao lado de Mãe Maria.

Mas parece que ainda não era chegada a hora. No momento em que eu dizia, convicto: "*Estou em Luxor, perante Serapis Bey*" ou então "*Estou diante de Morya*", isso simplesmente não acontecia. Por quê?

Théo, um companheiro de trabalho do Reino dos Adormecidos, me deu a resposta:

– Não se apresse. Há tempo certo para todo propósito debaixo do céu. E o momento que se espera com tanta ansiedade pode estar mais próximo do que se supõe. Aqui existe muito trabalho a fazer. Aqui e em toda parte. Pois vá fazendo. Quando menos esperar, terá atingido as condições necessárias para se apresentar diante de Morya ou de Serapis Bey, e nada nem ninguém no universo poderá impedi-lo.

Era a voz do bom-senso. Realmente havia muito trabalho a ser feito. E o ritmo das minhas atividades no astral era vertiginoso: havia mais de três anos estava trabalhando em dois hospitais do Reino dos Adormecidos; participava de expedições diárias ao umbral sob a coordenação de Il Arion; além do mais, estagiava no Palácio de Saint Germain auxiliando na transmutação cármica e posterior encaminhamento da energia ao Reservatório Universal. Isso sem contar o Curso de Medicina na Fraternidade de Creta. Enfim, a todo momento trabalhava com os Raios e adquiria um certo virtuosismo em sua aplicação.

No plano físico também tinha muito a fazer. Ora, Mônica e Walter (já aposentados) mudaram-se para um sítio em Nova Friburgo, deixando Ísis morando comigo até o final daquele ano letivo. Ficou conosco Luísa, a empregada da família, braço forte na administração da casa e nos cuidados à minha irmã. Mesmo assim, vocês sabem, criança dá trabalho.

Ísis, casa, Faculdade, e... literatura. Eu escrevia sempre, tipo compulsoriamente. Era como se fosse uma veia aberta, o sangue fluindo, inspiração, palavras, períodos inteiros jorrando quase que independentes de mim mesmo.

Théo me alertara para o fato de que o acontecimento tão esperado poderia estar mais próximo do que eu supunha. Ele estava certo, e vou contar como chegou essa hora mágica. Vou contar da maior felicidade que alguém pode experimentar em vida e de como se anunciaram as dores. E vou fazê-lo a partir da literatura, da ficção que andava produzindo na época e que, por sinal, anunciava os novos tempos que vinham.

Eis aqui. Um trecho do conto intitulado "O Padre Está Nu!" Era sobre a vida de um padre chamado Marcelo que, aos 60 anos, cristalizado, automatizado, se dá conta de que não gosta da profissão. De repente, percebe que o sacrifício da missa, que celebra diariamente, tornou-se insípido. Que a comunhão não tem gosto. Isso, aos 60 anos de idade. Como se recobrando de um choque anafilático, de repente se pergunta onde se perdeu. Em que atalhos se enredou. Onde está a pureza. Por que não medrou a rosa do Amor, que o impeliu a vestir uma batina. Sim, porque houve Amor quando de sua ordenação, há uma eternidade atrás. O Amor que explodiu durante o seu Batismo, não o batismo católico, intramuros, da Igreja, mas a autêntica sagração ao ar livre, feita por Deus-Mulher, com a bênção dos elementos, que ocorreu quando era adolescente e estava de férias numa fazenda. Esse Batismo fora um Chamado (mas teria sido para a batina?):

> O verdadeiro Chamado, emitido pelos lábios carnudos floridos de Deus-Mulher, que fez com que num momento seu coração se abrisse e brilhasse, resplandecesse, joia preciosa numa explosão de luz e paz, tabernáculo santo, mil vezes santo, como santo é o Nome Dela.
>
> Há quanto tempo? Parece incrível, mas tem mais de 40 anos, porque foi no tempo do seminário, período de férias, na fazenda de tio Haroldo.
>
> Ele acordou na claridade que antecede a manhã. Levantou, mudou a roupa, desceu as escadas do sobrado, passou pela porta dos fundos, cruzou a relva molhada, deixou para trás o pasto e as criações, e se encaminhou para o mato, terra de animais pequenos e de algumas cobras, sim, e venenosas. Parou diante daquela pedra que a gente acha parecida com uma mesa, ao lado do rio formado pela cachoeira, sentou ali, a primeira vez ouvindo a orquestra do amanhecer – um pequeno fruto caindo de uma árvore na água do rio, o barulho cavo, círculos se desenhando na superfície, e lá uma folhagem se movendo, era um animal, no céu o canto de um pássaro, e sons

baixinhos, quase imperceptíveis, todos encadeados, tudo encaixado numa presença maior, única respiração, uma gota de orvalho caindo ao seu lado na pedra, a última estrela coabitando com o primeiro clarão avermelhado no céu, o prenúncio, aí ele se viu pequeno, um menino selvagem em adoração ao Fogo Sagrado de sua taba, em uma floresta qualquer, num tempo perdido, só o fogo crepitando, e mais nada, o calor, o calor... o corpo quente, nu, e a presença Dela... Ela estava ali, está aqui, está em tudo, protetora. Marcelo tirando a roupa na manhã que se aproxima.

Salve Rainha, ou que Nome Lhe deem, bendito seja o Teu Corpo, Teu ventre farto, Teus seios duros em oferta aos céus aonde quero chegar, Tuas entranhas e pelos, arrepiados de vento, cabeleira que se desata nas águas, louvo o espírito que Te anima e embeleza, louvo-A, Criação manifestada, organismo de que sou átomo, ritmo que absorveu minha respiração, consciência se distendendo, engolfando universos, e assim conhecendo-A, e amando, amando, Marcelo jogou-se na água, já em cima o sol, o fogo, ele mergulhou e respirou, em golfadas de ar Ela vinha e se deitava, se dava, esparramava em essência, fragrâncias, energia pura, matriz eletrônica, Mamãe virgem, Salve Mãe, ele seu filhinho adorado, nesta hora de Batismo, na água, na terra, no fogo, em Luz. Ele submergiu fundo, o mais fundo, e se levantou da água como um graal vivo, ungido, este é o Meu filho muito amado, e ele vê que tudo é bom, é perfeito, os elementos se curvando e obedecendo à vontade dele, até as serpentes o reverenciando, a ele, Marcelo Pão e Vinho, a Luz cintilando no céu e na terra, nos frutos e nas flores, adornos de Deus-Mulher, e Marcelo nu, em graça, ouve a canção, vendo diante de si, toda nua, toda amor, Deus como Mulher,

Neste ponto, uma pausa. Voltei atrás, relendo o que havia escrito. Pausa mais longa para reflexão. Num átimo de segundo, a verdade grafada naquelas folhas se acendeu como um holofote bem em cima de mim.

Vejam bem: eu me propusera descrever a vida de um padre envelhecido, cristalizado, igual a tantos outros, que, sendo sacerdote, não desabrochou como ser, não buscou a sua filiação divina. Apenas isso: a vida do padre Marcelo. Só que, à revelia, a minha verdade se evaporou como um éter e se expandiu no ar dessa ficção.

O cofre de sentimentos fora arrombado e seu conteúdo exposto de forma incontestável. Resumo: Mulher. E as provas estavam todas ali: o corpo quente, nu, e a presença Dela, bendito seja o Teu corpo, Teu ventre farto, Teus seios duros, Tuas entranhas e pelos, Ela vinha e se deitava, se dava, este é Meu filho muito amado...

Eu misturava o sublime Amor pela Mãe Cósmica, a Suprema Felicidade, com tudo o que ruminei quando me vi, dias após, diante de Maria Carmen – meu Raio Gêmeo, ainda tão distante da Luz! O conto era o mais claro prenúncio do que estava prestes a acontecer. Sim, três dias escrevendo o conto, ela me aparece; a única mulher que eu amava, que amara durante anos a fio, mesmo sem conhecer-lhe as feições. Maria Carmen!

Só que não foi exatamente aquilo que eu tinha imaginado. Desde que a vi pela primeira vez, senti uma coisa doída, ansiosa, atormentada, uma mistura louca de adoração com respeito e um desejo lancinante... E dor, uma dor tão profunda, tristeza, ao mesmo tempo alegria de enfim me sentir completo... Um mundo se agitava em mim.

Maria Carmen era minha colega de faculdade. Um rosto comum, e dela não se podia dizer que fosse elegante ou até mesmo charmosa. Não; era uma mulher comum, dessas que não se destacam na multidão. As únicas coisas que se sobressaíam em sua figura um tanto mirrada eram o cabelo estupendo e o olhar vivo, verde, vibrante, mas esse olhar era... como direi?... oblíquo.

Espero que meus leitores sejam suficientemente sutis para entenderem que, quando falo de seu olhar oblíquo, não estou dizendo que ela tenha um olho aberto e outro fechado, a *la* Luís de Camões. Não, não! *Oblíquo*, queridos leitores, tem a mesma conotação usada por Bentinho, o personagem de Machado de Assis, para definir o olhar de Capitu, e significa dissimulado, traiçoeiro – e como me doem essas palavras! E me doem porque, lá no nosso passado mais remoto, em antigas encarnações, ela já me traiu e já me fez sofrer muito...

Ao vê-la pela primeira vez nesta vida atual, minha superfície serena imediatamente se agitou, dando o sinal; está entrando no ar o monstro da lagoa! Pois esse monstro, ou melhor, a monstrenga, transferida de outra Faculdade, adentrou a sala de aula, olhou muito rapidamente os novos colegas enquanto escolhia a carteira justamente à minha frente para sentar, e sentou. Foi o bastante para me arruinar. Minha vida fragmentou-se em dois blocos: o primeiro, de algodão-doce, chamado a.C. (antes de Carmen), se afastava de mim, já levado pelas ondas do tempo, e o segundo, o de ferro, d.C. (depois do aparecimento de Carmen), acabara de colidir comigo.

Estava me recompondo quando os faróis oblíquos focalizaram a mim:

– Começou agora?

– Não... é, sim, é, nã... hã? Começou o quê?

– A aula. Ei, cara, acorde! Estou falando com você. A AU-LA! Começou agora?

– Ah, sim, a aula. É, começou. Agora.

Mas o nosso caso, monstrinho – falei cá com os meus botões –, começou há milhões de anos. Entrelaçados no curso de incontáveis encarnações (até onde a memória pode alcançar), juntos cruzamos as barreiras do tempo e do espaço, e muito pintamos e bordamos neste mundo de meu Deus.

No *akasha* aberto à minha visão, estava nos vendo, a nós dois, nas mais diversas situações e épocas; em certa ocasião, fomos ambos necromantes, enredados em nossas tramas e vícios; em outra, sendo traído por ela, mulher devassa, no auge da paixão eu a assassinara. Por ela me precipitara em profundos abismos e para conquistá-la quisera lhe oferecer os céus. De todas as mulheres que amei no decorrer do tempo e do espaço, e do verbo e do átomo, fora sempre a mais importante.

E agora, renovando o ciclo interminável, ei-la que surge e se senta na carteira à minha frente, fazendo brotar de minhas entranhas não o Amorzão com que pretendia recebê-la, mas intrincados sentimentos, herança de épocas pretéritas.

O tiro de misericórdia: em sua figura, conquanto envolta em sombras, distingui a silhueta da Mulher Divina. Foi se revelando gradativamente: por sob o rosto de Maria Carmen (de perfil para mim), despontou outra face, belíssima. O cabelo ficou um pouco mais claro, os olhos verdes brilhantes, o corpo trajado de uma túnica luminosa, cravejada de joias, e calçava sandálias douradas.

A Mulher Divina, ainda de perfil, ergueu-se à minha frente, imponderável, cercada de uma luminosidade rósea rajada de dourado. Como se executasse um balé mágico, foi-se virando. Cada um de seus movimentos era lentíssimo e possuía a solenidade da criação das galáxias. Quando enfim o mundo ficou pronto, ela se mostrou inteira –

e em sua glória eu me soube cativo de um Amor avassalador e do Poder mais doce.

Contemplando a Mulher, resvalei para outra dimensão do universo de que sequer suspeitava. Primeiro ouvi o som de mil clarins tocando em uníssono, anunciando o evento transcendental. Depois veio a dor inesperada na base da coluna vertebral, e foi tão forte que senti como se estivesse em trabalhos de parto. Tão forte como se um bisturi invisível estivesse cortando, sem anestesia, minha carne. O suor me alagava. Tentei gritar mas meus lábios permaneceram selados. Tombei para frente, tremendo de dor, mas ninguém naquela sala demonstrou perceber algo.

Então aconteceu. Com a visão astral acompanhei todo o fenômeno: uma energia ígnea, branca como a do sol a pino, com fulgurações douradas e vermelhas, depois de ter rompido as malhas que a continham, distendeu-se pelo conduto interno da minha espinha e disparou rumo ao alto. Atravessou e vitalizou, consecutivamente, sete portais, que são os sete principais centros energéticos (*chacras*) do corpo, e culminou na cabeça, ao redor da qual espargiu um esplêndido fulgor dourado, semelhante a uma coroa de Luz. E a ultrapassou.

O Fogo desvelado começou a percorrer sua estrada ascensional pela parte mais interna do cordão de prata. Como música ou como prece, ou talvez como o deslizar das asas de um pássaro cortando o vento, um hino milenar preencheu meu ser:

> Oh! Agni! Fogo Sagrado! Fogo Purificador!
> Tu que dormes na lenha e sobes em chamas brilhantes sobre o altar, Tu és o coração do sacrifício, o voo ousado na prece, a centelha divina oculta em todas as coisas e a alma gloriosa do Sol."

Sim,

EU SOU O FOGO.
EU SOU O ALTAR.
EU SOU O CORAÇÃO.
EU SOU O SACRIFÍCIO.
EU SOU A PRECE – O VOO E O HORIZONTE SEM LINHA.
EU SOU A CENTELHA.
EU SOU O SOL.

O Fogo então penetrou na coluna vertebral do meu corpo astral e, sempre subindo, o incandesceu. Levou-o ao êxtase. A consciência, antes restrita a um corpo e agora abrasada em Amor, identificou-se com a Mente Cósmica e percebeu que todo este universo à volta é moldado pelo meu alento. Que vejo aqui? Sóis, planetas, nebulosas? Pois tudo isso é a expiração da Divindade que também está em mim.

> "Escutai em vós mesmos e olhai no infinito do Espaço e do Tempo. Lá retumbam o canto dos Astros, a voz dos Números, a harmonia das Esferas.
> Cada sol é um pensamento de Deus e cada planeta um modo desse pensamento. Almas!, é para conhecerdes o pensamento divino que desceis e subis penosamente a estrada dos sete planetas e seus sete céus.
> Que fazem os Astros? Que dizem os Números? Que rolam as Esferas? Almas perdidas ou salvas! Eles cantam, eles dizem, eles rolam vossos destinos!"

Ascensionando, penetrei no céu das ideias. Deixei de ter forma. Transformei-me numa fagulha mental espocando num mar de eletricidade. Em vertiginosa velocidade, cruzei, de uma ponta a outra, a camada que reveste os universos físico e astral. A minha trajetória foi o traçado de um pensamento. Eu – Ideia – juntamente com as outras, formamos o magnífico bordado da Mente em Operação.

EU SOU MENTE – Energia e Substância.

Minha consciência dilatou-se ainda mais, como um balão que infla, e foi abrangendo todos os recantos da vasta criação do Pai. Desta vez, me vi pousando sobre uma estranha superfície, muito estranha, sim, mas confere: era uma superfície retangular, autoluminosa, suspensa no ar. Em volta, silêncio profundo e um mundo que era, todo ele, uma noite estrelada. E à minha frente, na outra extremidade desse retângulo, uma gigantesca naja de ouro me fitava com seus olhos rubis.

A Verdade vibrou em minha mente, desvendando-me o mistério: estava perante o Fogo Universal da Vida, o Fogo de Amor que arde na Criação, simbolizado pela serpente de ouro – nossa espinha, nosso eixo.

Suavemente me dirigi a ela, AMOR. Me prostrei diante dela, AMOR. Unido a ela, AMOR, em adoração, gritei, clamei pelo Autor de minha vida.

EU SOU o Amor, que abre a porta e descerra o véu.

Nossos olhares se encontraram e fui impelido, como um bólide, para uma dimensão ainda mais sutil, o Universo do Filho. Acoplei-me à Presença em Sua Casa. Na sublime união com a Terceira Pessoa da Trindade, pude reconhecer que, enfim, chegara ao Lar.

A Casa do Pai é o Fogo. Nela, somos Fogo – moldes ígneos plasmados na Matéria Virgem. Desse ponto da Mente de Deus, o Filho consegue captar a Voz do Criador – o OM Solar, e consegue ver todas as formas que habitam os Universos no Eterno Agora, que abrange o passado milenar e o futuro longínquo. No éter, no ventre da Mãe, resvalam os fetos: ora modelos de flores e vegetação, paragens, praias, campos, montanhas, ora formas animais, inclusive os pré-históricos; ouve-se o marulhar de ondas e a canção dos elementos. Modelos de planetas, modelos de sóis, modelos dos Filhos, modelos dos tempos.

OM... OM... OM... OM... OM... OM... OM...

Um raio de Luz prateada atravessou minha forma. Vinha de cima. Uma pomba branca, de asas abertas, pairava por sobre a Criação manifestada. Dela, incorporação do Espírito Santo, nasce a Vida. Fui arrebatado ao Seu Coração, e o Universo do Amor-Sabedoria se descortinou. Vi a Energia bruta, primitiva. Ainda informe. Elevava-se no espaço infinito como ondas gigantescas, borbulhava, redemoinhava, se precipitava em abismos e se derramava em volta, para baixo, para cima, pelos céus sem princípio nem fim. OM... Ali o Criador se manifestava como Luz.

EU SOU EHEIEH
EU SOU IAH
EU SOU IAVEH
EU SOU EL
EU SOU ELOHIM
EU SOU ELOHA
EU SOU IAVEH TSEBAOT
EU SOU ELOHIM TSEBAOT
EU SOU SHADAI
EU SOU ADONAI

Proferindo os Dez Nomes de Deus, cheguei ao Caos Primitivo, ao Escuro Luminoso.

Com a consciência ébria de Amor, contemplei a Face da Mãe Cósmica. Ouvi a Sua Voz – a cálida e terna Voz de Mãe falando a Seu Filho muito amado. Primeiramente Ela me disse Seu Nome –"EU SOU RADA" – e a seguir conversamos. Sobre o quê? Ah, sobre tanta coisa... sobre minha vida, desde que a minha Imagem se manifestou no Universo. Uma conversa alegre e despreocupada. Simples e natural – enfim, uma conversa familiar.

Em êxtase e alegria, fui onisciente e onipresente.

Em beatitude permaneci o resto daquele dia, em que reencontrei o Amor de minha vida, Maria Carmen, durante uma aula de Patologia do terceiro ano de Medicina da Universidade Federal do Rio de Janeiro.

*

Chegando em casa, abstive-me de refeições e tranquei-me no quarto, com ordem de não me interromperem. Queria saborear essa infinita plenitude. A Voz da Mãe Cósmica, muito doce, ainda ressoava em mim e A comparei a uma harpa. Orei com intenso fervor, agradecendo o nosso encontro. E fiquei em contemplação.

Deviam ser quase duas horas da madrugada quando adormeci; despertei uns vinte minutos depois, sussurrando uma frase:

VOCATUS ATQUE NON VOCATUS, DEUS ADERIT.

Embora o latim fosse uma língua desconhecida para mim nesta vida, o Conhecimento fluía. Sabia tratar-se de uma sentença do antigo Oráculo de Delfos e significava: "Invocado ou não, Deus estará presente".

VOCATUS ATQUE NON VOCATUS, DEUS ADERIT – assim fora sentenciado, e ante minha visão se descortinou a seguinte cena: uma brilhante cachoeira se precipitando de céus muito altos, como se fora do próprio Coração do Universo, e no chão formava um caudaloso rio. Debrucei-me sobre o espelho das águas e ele refletiu a gloriosa imagem de Mãe Maria, com os cabelos ornados de rosas brancas. Sorriu-me com a ternura da Mãe Cósmica. Aí a imagem se dissolveu e aflorou outra no lugar: a de Mônica, já muito envelhecida, sentada na cadeira de balanço, serzindo as meias de Walter. Estava de cabeça baixa, totalmente concentrada no trabalho. Novamente ocorreu a dissolução e outra mulher surgiu no curso das águas: Maria Carmen, mas não com o corpo que usava agora mas como a mulher divinizada que eu vira tão nitidamente em sala de aula. Nova troca – contemplei então o semblante de uma mulher feita, extremamente bela, e nela reconheci, com surpresa, minha irmãzinha Ísis, então com oito anos.

E as águas rolavam, levavam rostos, traziam outros, uma infinidade, e somente de mulheres. Algumas, nem sequer as conhecia bem, aliás nem lhes sabia o nome. Mas o rio passava, trazendo suas fisionomias, às vezes alegres, às vezes angustiadas e sofridas. Vi a mulher gorda da cantina da faculdade, a "tia" Dora, vi a mendiga que fazia ponto na porta da igreja, vi uma certa trocadora de ônibus, colegas, professoras, misturadas às mulheres que me eram chegadas – parentas e amigas.

DEUS ADERIT. Sim, Deus ESTÁ PRESENTE! Aí percebi o significado daquele rio inesgotável: todas as mulheres são expressões diferentes da Única Mãe Cósmica, Deus-Mãe, que Se manifesta a este Seu Filho e por quem ele suspirava de Amor.

Ajoelhei-me ao lado da cama e rezei da forma mais sentida como jamais conseguira até então:

– Mãe de Amor, doce Rada! Conduz-me àquele que há de fazer eterna a nossa união. Leve-me ao meu Mestre. Agora, minha Amada, AGORA, porque não posso mais esperar... Eu Lhe imploro, Mãe querida: leve-me à presença de Morya! MORYA!

A oração ardia em mim. As lágrimas marcaram meu rosto. A voz rouca, pesada, era a voz de quem iria morrer se não tivesse satisfeito o seu apelo desesperado – porque então nada mais lhe restava, nada teria e nada mais queria.

– Agora, Mãe, eu Lhe suplico: o meu Mestre, Morya! Agora, JÁ!

A Voz de Rada me soou aos ouvidos:

– Assim seja!

Então fui transportado aos portais de Luxor, onde estava aquele que, em minha infância, chamava de irmão gêmeo. Ele me disse:

– Aqui estou.

Em prantos, prostrei-me a seus pés, tocando o solo com a fronte. As palavras me saíram sincopadas:

– E aqui estou eu, Mestre, a seus pés. Faça da minha vida o que quiser. É seu o meu passado, o meu futuro, a minha eternidade. Guie-me por onde for, para sempre, porque eu suplico e aceito a sua direção! Leve-me a Ela, à Mãe Cósmica, à Mãe Maria, ao Cristo, à minha Libertação! Não posso mais esperar! É tudo o que eu quero, é só o que eu quero. Mestre adorado, eu lhe peço: aceite-me como seu discípulo!

– Você foi aceito desde há muito. E agora, meu amado discípulo, erga-se!

Levantei-me, limpando as lágrimas e a garganta. Murmurei:

– E me perdoe por tê-lo chamado algum dia de irmão gêmeo. Muita petulância...

– Isso eu não perdoo. Porque tenho é que lhe agradecer o grande Amor com que me elegeu o irmão que tanto procurava, assim como também lhe agradeço o honroso título, que me foi conferido nessa época, de chefe dos lobinhos do Méier.

Ante minha surpresa, me estendeu a palma da mão, onde se materializou o bilhete que lhe escrevera aos seis anos de idade e que sumira da parede do meu quarto, levado talvez pelo vento. Dizia:

Artur você é o xefe dos lobinhos do
meier Eu gosto muito de você

Daniel

Ruborizei-me feito donzela medieval. E prestem atenção ao detalhe: CHEFE com X!

– Foi o seu primeiro milagre.

– MILAGRE?!

– Pelo menos é esse o nome que empregam, erroneamente, na terra para designar o simples funcionamento da mais simples de todas as Leis: o Amor. Essa força cósmica de coesão é que organiza o caos, forma os mundos, preenche o Espaço, vibra no éter e no fogo, borbulha nas águas, é o Pai se fundindo e manifestando no corpo da Mãe Cósmica, prazerosamente gerando vida e alento universal. É ser e essência. É, simultaneamente, a Ideia e a Manifestação. Quando um ser está expressando essa força capaz de gerar universos, como seria possível deixar de criar, de materializar? Eu digo que o milagre seria justamente que um ser em Amor não criasse nada. Assim, milagre não existe. Você estava pleno desse sentimento perfeito ao escrever o bilhete. O seu Amor foi a ideia do bilhete, a manifestação física e a entrega, pois se materializou em minhas mãos.

– Mestre, é uma vergonha para mim: nomeá-lo chefe dos lobinhos do Méier!

– Um título tão grandioso e importante quanto o do presidente do Conselho de Darjeeling e de Diretor do Primeiro Raio. Todos frutos do mesmo Amor Universal e recebidos por mim com a mesma reverência e gratidão.

– Mesmo sendo chefe com X?

– O que importa a forma quando o conteúdo foi eternizado pelo Amor? Não se preocupe com detalhes, Daniel. Você já não sabe escrever chefe corretamente?

– Sei.

– E não sabe pronunciar, e escrever, corretamente PROTEÍNA ao invés de POTAINA?

– Sei.

– E não toma mel diariamente, como lhe recomendei durante a infância?

– Diariamente. Com frutas.

– Então tudo leva a crer que você desempenhará a contento, no tempo preciso, a função de Mensageiro da Grande Fraternidade

Branca, difundindo a Sabedoria dos Raios de Luz e impulsionando muitos irmãos no caminho ascensional.

– Ah... sim?

– Sim.

Seus olhos escuros se fixaram em mim com o Poder do Amor, e ele sorriu:

– Contudo, meu caro lobinho do Méier, você não se convenceu de todo com as minhas explicações. Dúvidas existem e, portanto, estou à disposição para, juntos, as analisarmos.

– Bom, claro, é verdade... você sabe muito bem, Mestre, o que estou pensando. Sim, eu me dou conta de que é uma grande infantilidade minha, até um pouco de mesquinhez, mas...

– O que há de se fazer, não é?

– Exatamente. O que há de se fazer?

– Em minha opinião, o que se tem que fazer é expor francamente o problema; só assim ele começa a ser solucionado.

– É verdade... bem, é quanto à questão dos milagres, sabe? Quando se lê a respeito da vida de santos, de Mestres, os milagres são simplesmente espetaculares: sarça ardendo, mares se abrindo, pães se transformando em rosas, curas extraordinárias, enfim... E olhe o meu: chefe com X! Isso é lá milagre que se apresente?! Para mim parece um tanto ou quanto fajuto...

– Você se impressionou demasiado com a forma literária em detrimento do conteúdo. Até certo ponto é perdoável, considerando-se que, como ser do Primeiro Raio, é dotado de natural facilidade de expressão oral e escrita; daí o perfeccionismo, a intransigência quanto à pureza gramatical. O conselho é que você escreva um livro, mostrando a si próprio, e ao mundo, que já sabe escrever a palavra *chefe* corretamente. Resolveria o constrangimento do primeiro milagre e, no tocante à tarefa de colaborador da Fraternidade Branca, difundiria através da literatura o conhecimento da Luz, propiciando a milhares de leitores que também se convertessem em candidatos à ascensão.

"Hoje, apesar de tudo o que se escreve sobre a organização da Fraternidade Branca, sabe-se muito pouco da doutrina e do método de trabalho dos ascensionados. Por absoluta carência de canais humanos límpidos, o conhecimento transmitido pela Hierarquia se perde em grande parte. Por conseguinte, os homens (mesmo os que já começaram a trilhar a Senda) ignoram o significado de uma ascensão, ou de uma ressurreição ou de uma transfiguração, o uso correto dos Raios, o que vem a ser o próprio Cristo pulsando em seus corações, a Divina Presença, a fisiologia de seus corpos, as várias camadas vibratórias ou moradas da Terra, sua própria Família Cósmica, o caminho evolutivo e o direito à iluminação que pertence a cada ser, encarnado ou não. Perdendo o conhecimento de si mesma e do mundo em que vive, a humanidade perdeu o conhecimento interno do Criador. Mas o seu livro será um meio de divulgar as mais novas Instruções da Fraternidade Branca aos homens para esta época.

– Meu livro?

– Sim, o seu livro, sua obra literária. A partir de agora não será mais possível deixar de publicar o que escreve. "Não se acende uma candeia para colocá-la debaixo do alqueire, mas no velador, para que dê luz a todos os que estejam em casa."

– Mas será que meus escritos têm algum valor literário?

– Por estar revelando o Conhecimento das coisas eternas, o valor de sua obra será eterno, e não simplesmente temporal, sujeito aos critérios de avaliação de alguma escola literária em voga no momento. Independentemente deste fato, como eu já disse, todo ser do Primeiro Raio foi divinamente dotado da perfeita expressão oral ou escrita e, em alguma vida antes da ascensão, poderá ser um escritor reconhecido, pois estará exercendo uma profissão condizente com seu Raio. Mas é bom esclarecer que esse seu primeiro livro não está destinado às massas (pelo menos neste atual estágio de desenvolvimento da humanidade); ele será lido, sim, por milhares de pessoas, mas aquelas que já estão com sede de conhecimento.

– Como deverá ser o livro? Um ensaio sobre os Raios, a Fraternidade Branca?

– Ou em forma de romance, ou autobiografia? Preservando o seu estilo e transmitindo conhecimentos de maneira clara, com o bom humor que lhe é peculiar. Ensinando, acima de tudo, a magnífica lição da Alegria. É necessário.

Aí o Mestre deu início à instrução propriamente dita.

– Antes de ser apresentado ao Mestre Serapis Bey, vamos falar de onipresença. Você a quer, e não há em seu coração fascínio pelos fenômenos nem tampouco a luxúria do poder. Você quer a onipresença, assim como a imortalidade, como naturais decorrências da ascensão e para melhor servir à causa da Luz na Terra – e quem, em seu coração, não poderá compreender a beleza desse anseio? É um desejo claro, desprovido de egoísmo, uma alavanca criativa, uma flecha que não pode ser detida, pois é um desejo do coração. Portanto, cumpra-se segundo a sua vontade e a sua fé!

"Quando o discípulo penetra no Mundo Superior aprende que antes da manifestação vem o *sentimento* da manifestação. Sinta-se onipresente e assim será. Medite sobre a Essência, que é indestrutível e multiforme em sua natureza. Somente mergulhando no oceano da Essência poderá perceber que o sentimento já é a manifestação. (No caso, a onipresença e a imortalidade.)

"Por agora, um exercício facilitará a meditação sobre a Essência; vamos adestrar a atenção. A consciência unificada é capaz de controlar dois ou vários veículos ao mesmo tempo. Estando diante de minha presença, com plena atenção ao Ensinamento que estou transmitindo, erga seu corpo físico, lá embaixo, e vá à cozinha beber água. Nenhum movimento físico deverá ser feito mecanicamente. Atenção plena às minhas palavras e atenção plena também ao caminhar até a cozinha, ao pressionar o interruptor de luz, ao apanhar um copo, ao abrir o filtro, ao fechá-lo, à bênção da água que vai ingerir, e ingerindo-a, ao apagar a luz, ao retorno ao quarto."

Enquanto eu agia no físico, procurando manter atenção plena ao que fazia (inclusive quanto à bênção da água), Morya começou a falar de pássaros. "Eles sabem da mudança de plumagem e se submetem às condições necessárias." No momento, porém, em que abençoei a água lá embaixo, minha atenção desviou-se do Mestre. De seu discurso ouvi apenas trechos: "Tal como os pássaros, o discípulo... para conseguir voar... O raciocínio limitado... antítese da Graça..."

– Não consigo. Estou perdendo parte de sua instrução.

– Não é que não consiga. Você apenas não imagina que pode. Sem acreditar que pode, nunca poderá. Primeiramente imagine que pode controlar os dois veículos simultaneamente, com plena atenção. A raiz da imaginação está na base profunda da Existência. Sem a força da imaginação não é possível o movimento. Unindo-se firmemente a mim, à minha onipresença, à minha onisciência, mantenha a atenção no Ensinamento e dê continuidade ao conto que está escrevendo – "O Padre Está Nu!"

Lá embaixo aproximei-me da mesa de estudos, aqui Morya falando sobre "o fio prateado que une o Mestre ao discípulo – este é o grande ímã do coração", abri o caderno e segurei a caneta, "deve-se segurar o fio do coração como se fosse a única âncora", relendo as últimas palavras do conto – Marcelo nu, em graça, ouve a canção, vendo diante de si, "a união entre Mestre e discípulo afirma a essência de todas as evoluções", diante de si, toda nua, toda amor, Deus como Mulher...

Segurando firmemente o fio que me une ao Mestre, "nós mostramos a necessidade da unificação de consciências", a minha consciência uniu-se à dele e aí começou a controlar os dois veículos simultaneamente. Em cima, a instrução, embaixo a estória do Padre Marcelo:

O fio existe como uma tromba d'água na qual o céu e a
E Marcelo a amava, amava em forma e símbolo, no fundo

terra se unem. Deve-se acostumar a ver esse vínculo
um útero para acolher uma nova vida, Vida, Vida, na

portador de Luz como uma espiral incandescente no meio
nova manhã a Luz indicando Seu novo filho, a vocação e

do turbilhão
o caminho...

– É assim mesmo. O domínio virá com a prática. Passemos agora ao exercício da transfiguração. Traga o EU SOU até o veículo astral.

Nunca foi tão fácil. Obediente à voz do Mestre, meu Eu divino pousou dentro e em torno do corpo astral (porque bem mais alto) e ficou.

– Agora a transfiguração física.

Minha mente concreta, sempre ávida por explicações, agitou-se lá embaixo, formulando uma série de questões.

– Apenas ofereça as rédeas da personalidade ao divino condutor. A mente humana, concreta, deve se transformar nos pés do trono onde se assenta a Divina Sabedoria, e a Ela tem que se submeter integralmente. Eu sugiro, para os próximos dias, um exercício: sustentar, a despeito de qualquer aparência, e sempre, a afirmação de que "EU SOU A MENTE CÓSMICA, QUE TUDO SABE". Por ora, "EU SOU A TRANSFIGURAÇÃO FISICA" é suficiente.

"Onde está, ó morte, o teu aguilhão?" Cada átomo físico foi sendo tragado na Vida Eterna da Presença. A peregrinação deste Cristo no plano físico começou, assim, num quarto de um apartamento simples do subúrbio do Méier, no espaço compreendido entre uma cama, um armário e uma escrivaninha. Com o Mestre ao lado.

– Concentre-se no infinitesimal centro crístico, alojado no coração. O cerne – Infinito e Eternidade: eis o Santo Graal. Gota que contém o vasto oceano, e o nosso Plano é que assim se manifeste fisicamente para todos os homens.

"Deus geometriza. Há similaridade em toda parte e não existe espaço vazio. A Criação se organiza a partir do centro do mais sutil de todos os universos, que é a Divindade Cósmica, e o espelho das águas da Vida reflete essa organização.

"Para encontrar a Divina Mãe (que tem infinitos aspectos e nomes, dentre os quais Rada), você caminhou para fora do corpo mais denso (físico), atravessando os sete universos. Inicialmente ultrapassou o quaternário da matéria, os corpos inferiores: despojou-se da vestimenta etérica, a seguir cresceu, aquilatando o mundo dos sentimentos e emoções, ampliou-se depois no mundo elétrico das ideias e, por fim, abrangeu a imensidão do universo búdico ou abstrato, fundindo-se na essência do Amor Universal, concentrada no símbolo da Serpente de Ouro. Por ter se tornado Amor, você descerrou o véu da Santíssima Trindade: encarnou a Presença, ascensionou com Ela ao Sagrado Espírito Santo da Vida e atingiu o Grande Sol Central ou Caos Primordial, onde o Criador Se revela e Se comunica com cada um de Seus Filhos. Por uma questão de polaridade, Deus Se revela a princípio a um Filho sob o aspecto feminino – a Grande Mãe. A uma Filha se manifestaria sob forma masculina.

"Segundo o seu próprio julgamento e visão do fato, você foi a consciência que inflou como um balão e açambarcou todos os universos. Isso é expansão. Você agigantou-se e conheceu o infinitamente grande. Para encontrar Deus Pai-Mãe face a face, este é um dos métodos. Mas existe o caminho inverso: tornar-se infinitamente pequeno. Sua consciência agora se encolherá até ficar do tamanho do Cristo Interno, a bíblica 'semente da mostarda'.

"Observe o Cristo Interno. É o Centro do Poder, onde está cinzelado o Corpo de Deus e também o Imanifesto. No macrocosmo, é o maior, o que tudo encerra. No microcosmo, é o ponto que gera o círculo porque todos os universos gravitam à sua volta. Sendo o Centro, também tudo encerra.

"Reduza o seu tamanho até tornar-se menor do que o átomo. Estou falando da consciência, da identificação com a Mente Divina, que é a energia e a substância do macro e do microcosmo. A Ordem Cósmica se equilibra em dois grandes princípios. Primeiro: a lei do movimento é Amor; segundo: o que a Mente aceita, isso manifesta. Aceite-se como a Mente em movimento e faça a Grande Viagem nos universos subatômicos."

Focalizei o Ponto, e a Força, centrípeta, Dele emanada, me sugou como se o fizesse através de um tubo microscópico. Foi exatamente a mesma Viagem, foram os mesmos universos.

Estive cônscio de que me fizera menor que o átomo, ou ainda, menor que o nêutron – porém minha individualidade, esta permanecia resguardada. No Coração de Rada pude dizer:

EU SOU INDIVISÍVEL
PORQUE SOU O PILAR DA CRIAÇÃO.

E sendo EU o Infinito que engole a Si mesmo e se gera Infinito, no Tudo que contém o Todo,

EU SOU A LUZ DAS LUZES,
PORQUE ME ENCONTRO AINDA ALÉM DAS TREVAS.

*

Do centro do quarto minúsculo, onde se encontrava de pé, o Mestre relanceou os olhos por sobre a minha mesa de trabalho, ocupada pelos rascunhos do conto "O Padre Está Nu!"

– Maria Carmen... – balbuciei.

Ele assentiu com a cabeça, sem outros comentários. Depois comandou:

– Voltemos a Luxor.

Aparecemos, eu e Morya, não mais nos portais de Luxor mas no interior de uma gigantesca sala quadrada em cujo centro há uma pira de mármore branco onde flameja o Fogo Branco da Ascensão. À frente se materializou um casal, vestido de branco. A mulher, bem alta e delgada, era jovem mas expressava fortemente o aspecto da Maternidade Divina; os cabelos louros e brilhantes, repartidos ao meio, estavam adornados com uma tiara de diamantes; os olhos azuis eram tão claros que, a princípio, me pareceram brancos; o figurino resumia-se a uma túnica longa e drapeada. O homem tinha os cabelos encobertos por um turbante egípcio; a barba pontuda afilava-lhe ainda mais a fisionomia; por cima da túnica, trazia uma capa com incrustações de ouro.

– Amados Hierofantes Serapis Bey e Ísis, tenho a alegria de apresentar este meu discípulo, Daniel. Rogo sua permissão para que ele possa ingressar no discipulado preparatório da ascensão.

Ocorreu-me ajoelhar diante do casal. Entretanto; o olhar do Hierofante se fincou em mim como um punhal e literalmente me paralisou, privando-me de movimentos.

Certa feita, perante Mestra Nada, me senti nu, querendo esconder as vergonhas. Agora a sensação se repetia e era bem mais angustiante. Tive medo, vergonha, pânico. Então este é o Dia do Julgamento, de que falam as Escrituras! Lembrei de Adão, querendo fugir ao Olhar de Deus. Mas não há por onde fugir. Cravado ao chão de mármore, me senti mármore. Duro e frio. Absolutamente imóvel, respiração suspensa, diante do Olhar de Fogo Branco. O Anjo de Espada Flamígera que guarda a porta do paraíso. Os segundos se arrastavam como se fossem séculos, no silêncio de um olhar. Lá fora, muito longe, explodem as ondas do mar do Espírito Santo, numa praia chamada Eternidade – "Meu Pai trabalha incessantemente", dissera Joshua. Aqui, porém, se manifesta a suspensão do tempo, do espaço, da respiração e do trabalho; o vácuo é mais denso que no Reino dos

Adormecidos. Seria o vácuo também uma forma da expressão de Deus? Ou esse vácuo é apenas uma ilusão?

O olhar é o bisturi que Serapis maneja com rara perícia na dissecação de um discípulo. Diante da paz aterradora do Supremo Hierofante, sentia minhas artérias sendo pinçadas e expostas à Luz Daquele que tudo sabe. És pó, Daniel, mas, vejamos, se eu disser sim, talvez ao pó não precisarás retornar.

Absolutamente desagradável esse olhar. Demolidor. PORQUE É O CRISTO AVALIANDO SUA CRIATURA!

– Parabenizo-o por sua conclusão, Daniel. EU SOU o que EU SOU: o Cristo olhando a criatura. Sou Fogo e não tenho sombra. Sou a Justiça. Não sou julgamento, mas diante de Meu Trono os julgamentos espontaneamente se desenrolam.

"Posso aceitá-lo na antecâmara de Luxor, como discípulo probatório. Do seu trabalho, do seu suor, muitas vezes da sua dor e pranto, enfim da vitória sobre si mesmo, nascerá o Lírio da Pureza, cujo caule se transforma na lança que matará *mâyâ*, a ilusão, e que tem o poder de rasgar o véu de Ísis. De hoje em diante você contará com a assistência permanente de dois Hierofantes de Luxor, que terão a incumbência de orientá-lo a cada passo do Caminho até a ascensão. São eles: Luna e Christian."

Materializaram-se Luna e Christian. Ambos são altos, esguios. Têm feições finas, e os cabelos são negros e lisos, de corte reto. Seus semblantes têm algo de misterioso e, ao mesmo tempo, de uma placidez incrível. Aliás, a semelhança física dos dois, realçada pelo vestuário (estavam vestidos de calças compridas brancas, batas azuis, sandálias), é tão acentuada que eu diria que se tratava de um único ser manifestando-se simultaneamente nas versões masculina e feminina; um parecia o reflexo do outro. Como confirmando minha impressão, os dois ergueram as mãos à altura do terceiro olho, palmas unidas, e com uma leve inclinação, me cumprimentaram.

Ísis esclareceu:

– São dois discipulados distintos. O Mestre Morya lhe transmitirá o conhecimento necessário para prosseguir na Senda. Luna e Christian estarão atentos às suas limitações enquanto personalidade humana, com seus veículos sujeitos às leis da matéria; eles darão instruções de como se sobrepor às leis cármicas, materiais, adequando-o às leis superiores, imateriais, e lhe ministrarão as provas.

Eu e Serapis lhe desejamos sucesso e aguardamos o momento em que você adentrará os portões de Luxor em seu glorioso corpo de Filho de Deus.

Os Hierofantes Maiores fizeram o sinal da cruz ansata (que consiste num círculo sobre um T) e desapareceram. Mestre Morya, dizendo que me deixaria a sós com os instrutores Luna e Christian, fez uma reverência e da mesma forma abandonou o recinto.

Passamos a outra sala. Da janela pude divisar a entrada de Luxor, com as sete colunas; o chão é formado de sete grandes pedras, por onde passa, segundo explicaram os Hierofantes, cada alma prestes a ascensionar, fazendo um juramento; só depois entra no Templo e, diante de Serapis e Ísis, envolve-se na Chama da Ascensão; a Presença coloca-se nesse pilar de Fogo Branco, absorve o veículo astral e em seguida desce ao corpo físico, para também absorvê-lo em Si mesma. Assim, todos os corpos inferiores tornam-se um com a Presença.

Sentamo-nos a uma mesa; os Hierofantes começaram a me instruir acerca desse processo a que chamamos de ascensão.

Esta será a primeira e a última vez em que me refiro, neste livro, a Luna e Christian porque não estou autorizado a revelar absolutamente nada do discipulado ou das Sete Provas de Luxor. A não ser com o êxito alcançado na sétima, última e mais difícil prova a que um mortal é submetido, é que este obtém a permissão da Fraternidade para que a Presença absorva definitivamente todos os quatro corpos inferiores em Si Mesma, ressuscitando o físico e depois o elevando até as oitavas de Luz, onde passará a residir como ascensionado.

Porém, não vou deixar este espaço em branco. Vou ocupá-lo relembrando aos leitores, a título de meditação, uma história antiquíssima: o mito de Deus-Sol da primitiva religião pérsica.

Mitra é o Sol que, a cada nova manhã, dá Luz a tudo o que tem fôlego. É sacrificado e morre ao anoitecer, renascendo no dia seguinte para perpetuação da Vida.

Certa feita, Deus Mitra decidiu Se encarnar na Terra. E o fato aconteceu num domingo, 25 de dezembro. Por Ele mesmo concebido, nasceu de uma rocha, à beira de um rio profundo e debaixo da sombra da árvore sagrada. Ele saiu da pedra nu, tendo à mão um archote para dissipar as trevas e usando um barrete frígio, a título de coroa.

Pastores da região presenciaram o nascimento e, reconhecendo a Divindade, O adoraram, ofertando-Lhe os frutos da terra. À semelhança do homem, o Divino Arqueiro usou folhas de uma figueira próxima para tecer uma roupa que lhe escondesse a nudez. E dentre todos os lugares do mundo, escolheu uma caverna para habitar.

A Luz brilhou nas trevas.

No confronto com os poderes da terra, Mitra encontrou o grande adversário – o touro, por sinal o primeiro ser criado por Ormazd, Deus-Construtor. Mitra teria que domá-lo.

Foi uma batalha colossal. O Deus-Sol agarrou o touro pelos cornos e tentou subjugá-lo, mas foi repelido furiosamente: era a resposta da natureza selvagem, que recusava arreios de qualquer espécie. Mitra o montou, e maior foi a revolta do animal, que partiu a galope, tentando derrubá-lo e transpassar seu corpo com os chifres. Afinal, depois de muita luta, o bicho se rende ao Deus-Homem; exausto, a Ele se curva. Mitra então o conduz pelos cascos traseiros até a caverna.

Mas a rendição tinha sido temporária: o touro ansiava por pastos livres. E fugiu na primeira oportunidade. Então os Poderes da Luz encarregaram um corvo de transmitir uma mensagem a Mitra: o touro deveria ser localizado e morto. Embora a contragosto, o Divino Mitra cumpriu o que se Lhe ordenara. Em companhia de seu cão, encontrou o fugitivo, segurou-o pelas ventas e enterrou-lhe a faca na virilha, consumando o sacrifício.

O sangue que jorrou transformou-se no vinho dos Mistérios Santos; a espinha dorsal do touro esfarelou-se no trigo que faria o pão, e das entranhas nasceram muitas árvores.

Alguns animais da terra (serpente, escorpião, formiga) quiseram comer os órgãos genitais do touro mas não conseguiram. Nesse ponto, a lua intercedeu e recolheu a semente do animal, que gerou numerosa prole. Guardada pelo cão de Mitra, a alma do touro subiu aos céus, onde recebeu o nome de Silvano, transformando-se no Guardião da Luz.

A saga do Deus-Sol (Aquele que é retratado sempre em companhia de um jovem casal, que com Ele compõe a Trindade) continua: quando os filhos dos homens foram assolados pela sede e pelo fogo que o deus das trevas fez descer sobre a terra, Mitra retesou Seu arco e disparou a flecha que feriu a rocha, que se abriu num veio de água viva, que saciou a todos. E quando, mais tarde, a terra ímpia submergiu no Dilúvio, Mitra flutuou num barco sobre as águas, juntamente com algumas espécies animais. No final, o Divino Arqueiro foi arrebatado por uma carruagem de fogo e subiu aos céus.

No final dos tempos, depois de um período de rilhar de dentes e aflições, Mitra voltará. O arauto será o Novo Touro, Divino. E tendo sido anunciado, Ele surgirá nos céus, conclamando os Filhos para a Nova Vida. Os mortos se levantarão das tumbas e haverá o julgamento. Os ímpios voltarão ao seio da terra; os justos sorverão o Elixir da Vida Eterna e as Bodas serão perpétuas.

Como se vê, não há nada de novo no *front*. A história é milenar pois vem de um tempo remoto, em que a Pérsia era um cálice de Luz e não se chamava Irã. Mas é eterna e atual.

A interpretação do mito é clara, não exige nenhum talento. Assim, vamos nos ater somente à figura do touro.

Trata-se, naturalmente, de nós mesmos. A natureza selvagem, a parte instintiva, o id, o ego, as limitações. Os poderes da Luz encarregam aos corvos-mensageiros, os Mestres ou instrutores, de transmitir a mensagem de que o animal terá que ser imolado. O punhal do sacrifício ficará cravado nas ilhargas, na região sagrada, onde a sarça (o sistema seminal) se banhará definitivamente no Fogo. Só então a alma do touro, purificada, conseguirá se elevar aos céus, fazendo jus a um novo nome. Aí o Sol reinará absoluto nessa região, outrora desgovernada.

Portanto, o sacrifício significa: total aniquilamento de uma cidadela, sua reconstrução e a composição de um novo governo. Arrasar a matéria na medida em que se lhe subtrai todo o poder, entregando-a, reorganizada, às mãos do Novo Rei.

Por isso, nunca é demais enfatizar o seguinte: do ponto de vista humano, a palavra *sacrifício* é sempre entendida como sofrimento, esforço, luta, privação, dor – aliás, o próprio mito relata que o touro devia ser morto, imolado, e o foi realmente. Porém, do ponto de vista místico, *sacrifício* significa consagração, elevação, liberação.

Todo o processo alquímico interno tem os seus fundamentos no sexo, na região sacra.

Após tanto tempo de separação, ocorre o meu reencontro com uma mulher. Ela se chama...

*

Com certeza Freud explicaria por que estou protelando contar logo o Caso Maria Carmen. É, reconheço que isso mexe comigo. Na verdade, posso dizer que o nosso casamento foi satisfatório, considerando-se critérios de relacionamento puramente humanos. Porém, sendo eu humano, sempre almejei o divino; quero ascensionar, sempre quis, e estou em vias de. Nessa .perspectiva mais elevada de consciência e vida, de discípulo da Luz, a relação deixou muito a desejar. Claro, isso é normal, bem sei. Quantos homens ascensionados há tanto tempo estão esperando, até hoje, a elevação de suas companheiras? A grande maioria.

Eu rezo para que a dona Maria Carmen não faça muita bobagem por aí nos séculos que se seguirão. E que suba logo, em Luz, para os meus braços. Mas enquanto isso não acontece, EU SOU O ÍMÃ DE AMOR DO GRANDE SOL CENTRAL EM AÇÃO, atraindo-a a mim.

*

Tenho agora a honra de lhes apresentar dois colegas da faculdade: à direita, o Paletó, e à esquerda, o Márcio.

Frederico de Souza Montalvão Júnior, o Fred da família, é o Paletó da Faculdade. Os colegas deram-lhe o apelido por causa da postura um tanto vergada para frente, à semelhança de um paletó "desabitado" e suspenso por um cabide imaginário. No princípio foi um horror: ele protestou violentamente, e aí é que o apelido se alastrou de vez; hoje, conformado, atende risonho ao ouvir *Paletó*. O da esquerda, Márcio Kozinsky, foi outra relação cármica emblemática reencontrada durante a presente encarnação. Os dois me chamam de Faquir em virtude de minha magreza (mas não seria melhor dizer elegância?), que tantas preocupações causam a Mônica: "Filho, você está tão magrinho... precisa se cuidar!..."

– Você, sim, está com a vida ganha. – Paletó falando a Márcio. – Consultório assegurado desde antes de fazer o vestibular. Família estribada e aceita pela alta sociedade. Vai fazer cirurgia plástica – ou seja, vai ganhar os tubos. Quer mais o quê? *Tás* com a faca e o queijo na mão. Tudo na bandeja, prontinho, sem nenhum esforço. Isso é o que eu chamo de cara bafejado pela sorte.

Sorte? Olhei Márcio e vi... Um calafrio me percorreu a pele enquanto as imagens se sucediam: Márcio ligando o carro. Dando a partida. A intuição me avisa: vai haver uma tragédia. Na minha tela mental, tenho uma visão frontal do veículo: ele parece correr em minha direção, ganhando mais e mais velocidade. Márcio ao volante, dirigindo, com expressão tensa. Continuo vendo o carro dele, como se estivesse vindo em minha direção, mas não consigo enxergar os arredores; não consigo distinguir os locais por onde o carro trafega. Tampouco consigo saber o horário em que essa cena acontece. Tarde, noite? Madrugada? Sim, madrugada... De qualquer forma, a intuição avisa: o perigo está no ar, rondando...

O discurso empolgado de Paletó corta o fluxo:

– Percebeu como nós três aqui representamos os perfis básicos dos médicos brasileiros? Márcio, incluído naquele 0,001% da classe, vai ser a fama e a badalação; eu, o simples profissional liberal, duramente caçado pelo Leão, descontando até...

De novo, o silêncio daquela madrugada se fez denso, e a expectativa, o medo, a tristeza e a compaixão se misturaram dentro de mim, e se escorreram pelas axilas e mãos como suor. Ao longe, noutro tempo, Paletó agora falava de mim, me chamando de Faquir... *Um visionário,* dizia ele, me apontando. Minha visão descortinava um futuro breve: um automóvel iniciando uma longa viagem. *Qual seria o final?*, eu me perguntei aflito. *Desencarne?* Ouvi um som cadenciado e me perguntei se seria o do relógio ou o do meu próprio coração. Márcio está tranquilo, aqui, fisicamente ao meu lado, bebendo um cafezinho, na cantina da faculdade, mas na minha vidência ele está dirigindo o carro com o rosto contraído, sofrido... Nisso, um outro veículo se aproxima em alta velocidade. A colisão é iminente. Meu grito, que não saiu: "VAI BATER!"

– Faquir, pode escrever o que estou lhe dizendo: assim que você colocar o canudo embaixo do sovaco, na mesma hora vai botar o pé na estrada rumo às populações carentes. Vai para onde nem urubu voa, malandro!

Sorri sem vontade às gracinhas de Paletó, contemplando um quadro terrível: a frente do carro de Márcio totalmente destruída, vidros estilhaçados, sangue recobrindo o painel, o corpo preso às ferragens, várias vezes fraturado. Um fio de vida. Melhor dizendo: apenas vida vegetativa. A sentença se cumpria: o resto daquela encarnação Márcio passaria numa cama, vítima de paralisia total. A alma dele gritava de angústia, começando a se confrontar com o sofrimento que infligira, tempos idos, a quase uma centena de pessoas.

Relembrando o funcionamento da lei cármica: cada bilionésimo de grama de energia vital, que sugamos, límpida, da Fonte da Vida (a Presença) e expiramos depois, sai qualificado ou colorido pela força de um pensamento, sentimento ou inserido em algum ato propriamente dito. É esse colorido (o timbre pessoal vibratório de cada indivíduo) que faz a energia voltar ao emissor.

Muito interessante a definição de carma que uma vez li num livro: é a carta que escrevemos a nós mesmos. Dirigimo-nos a uma agência de correios. O funcionário recebe a carta, pesa-a e sela. Deposita-a numa bolsa de malote, que o mensageiro recolhe e encaminha à expedição. Outro funcionário leva-a ao transporte escolhido. Há o tempo necessário ao trânsito. A correspondência chega à agência mais próxima de onde estamos no momento e o carteiro providencia a entrega.

Acontece que, a partir do instante em que se expede a carta até recebê-la de volta, a correspondência é carimbada em quatro departamentos: Tempo, Espaço, Verbo e Átomo. Ou seja: as condições necessárias à existência do mundo físico ou astral. Também chamadas, na intimidade, de Bestas do Apocalipse ou o Quadrado da Matéria. Portanto, cada grama de energia utilizado na respiração voltará multiplicado por quatro. Até que aprendamos a respirar perfeitamente, exalando apenas Amor, que constitui a fonte de toda Vida.

Então, o acidente que condenava Márcio a uma vida vegetativa era o resultado da dor vivenciada por quase cem pessoas multiplicado por quatro. Ora, a lei cármica reza que toda vítima, encarnada ou não, assistirá à punição do agressor. Eu fui uma daquelas quase cem pessoas torturadas por Márcio anteriormente. E quisesse ou não quisesse, teria que vê-lo pagando o preço. Mas no tocante a mim, tudo havia sido transmutado pela Misericórdia. Mais ainda: o nosso relacionamento fora edificado pelo Amor.

Amor. É nesse ponto que a lei cármica deixa de funcionar e entra em operação a Lei do Amor, que é uma lei de evolução superior, pois reflete a Vontade de Deus na evolução de toda a vida planetária.

Eu amo Márcio Kozinsky verdadeiramente como meu irmão. O Cristo que EU SOU está presente nele também. E quero, por Deus!, eu quero, a todo custo, a qualquer preço, evitar esse sofrimento atroz, essa vida presa a uma cama. E essa minha vontade está fundamentada no anseio pela liberação e elevação de toda vida.

Com fervor, meus pensamentos se alçaram ao Mestre Morya. Que respondeu instantaneamente. Frases concisas, que se imprimiam velozes em minha mente, num diálogo telepático. *Está bem quanto a você. Mas e quanto às outras noventa e quatro vítimas?* (Nada pude responder.) *Posso lhe adiantar que 20 já ascensionaram e 17 são discípulos adiantados que transmutaram completamente essa energia, como você. Mas que pelo menos 28, no íntimo de suas almas, continuam acalentando um forte desejo de vingança. A hora cármica soou. A energia está prestes a retornar a ele, chegando até o corpo físico. Resta pouco tempo.* (Com a respiração opressa, implorei:) *Salve-o, Mestre, por favor!) Não posso. A nós, ascensionados, é vedada a interferência no livre-arbítrio dos Filhos de Deus a não ser que...*

Interferência de Paletó, sempre falando:

– ... a não ser que haja um revertério e você se torne um escritor famoso. Por que não? Ô Faquir, você escreve bem paca, por que não publi...

A não ser o quê, Mestre? Não estou conseguindo ouvi-lo...

Estava ficando impaciente com o falatório de Paletó. Márcio, despreocupado, estava achando graça das asneiras do amigo. Eu, ainda sem muita prática no exercício de manter a consciência simultaneamente em dois corpos ou dois lugares diferentes, tentava agoniado restabelecer a comunicação com Morya.

– Sim, Mestre, a não ser o quê?

– A não ser que para isso sejamos invocados, que o possível beneficiado aceite nossa ação, ou que um outro não ascensionado trabalhe para ele, conseguindo converter o desejo de vingança das antigas vítimas (hoje obsessores) em paz e substituindo, no antigo algoz, a compreensão que viria do sofrimento pela iluminação e pelo Amor.

– Muito Fogo Violeta, não é, Mestre?

– Sim, muito perdão, muita misericórdia – numa quantidade estupenda.

– Até a ponto de evitar o acidente?

– Improvável. Não impossível, mas improvável neste caso. Embora o livre-arbítrio das vítimas e o seu afinco no trabalho de transmutação desse carma sejam fatores de relevância, o tempo é por demais escasso para resultados tão extremos. O acidente deverá ocorrer. A gravidade das consequências é que dependerá da receptividade de Márcio e das antigas vítimas, e por que não dizer?, também do seu labor, Daniel. Do seu trabalho, da intensidade da sua compaixão por ele, do seu amor.

– A responsabilidade é muito grande, Morya, me pesa nos ombros.

– "Meu jugo é suave", disse Joshua. Trabalhe em Nome Dele, do nosso Mestre e Rabi, e ao Criador toda honra e toda glória!

O besteirol continuava fluindo livre da boca de Paletó:

Ocultismo! É isso! O grande barato hoje é dar consulta, cobrando em dólar. Ô Faquir, por falar nisso, eu tenho uma proposta para lhe fazer. Sério.

"Negócio seguinte: a gente arranja uma salinha, faz um *merchandising* porque afinal a propaganda é a alma do negócio, compreendeu? – e aí você passa a dar consulta. Cobrando em dólar, é claro. Muda o nome; você há de convir que um nome indiano sempre tem mais charme, não é verdade? Digamos: Professor Rabacachinga e eu, o seu fiel secretário Funou, a dupla dinâmica. Pronto! Em um mês a gente taí cheio de discípulo querendo beijar o seu pé, Faquir. E com o dinheiro limpinho, sem Imposto de Renda, ISS..."

Involuntariamente eu ri do besteirol. Convenhamos: o cara tem engenho e arte... Com dificuldade tentei me concentrar em Joshua para, em seu Nome, atrair Misericórdia para Márcio quando a voz do Mestre se fez ouvir: "Sugiro que deixe para iniciar o trabalho em casa. Ainda há muito a aprender na sustentação da consciência em dois planos simultaneamente."

– Então? Qual é a sua resposta? Podemos planejar o rendoso negócio?

– Volte para o armário, Paletó!

Após um suspiro melodramático, próprio de quem presenciou o ruir de um castelo de esperanças, Paletó concluiu com sonoridade:

– És um asno.

*

Mal abri a porta de casa, Luísa, a empregada, se precipitou em minha direção:

– Ísis está com mais de 39 de febre!

– Faça um chá de cebola. Ela vai tomar junto com a medicação que vou dar a ela.

Lavei as mãos e fui para o quarto de Ísis. Ela estava deitada sob uma montanha de cobertores. Puxei uma cadeira, sentando-me ao lado da cama. Coloquei a mão em sua testa molhada e no pescoço; a temperatura realmente estava elevada. Ao sentir meu toque, ainda estremunhando nos braços de Morfeu, ela abriu os olhos. E sussurrou:

– Não foi nada, já está passando. Amanhã nós vamos para Friburgo.

– De maneira nenhuma, mocinha. Pode tirar o seu cavalinho da chuva porque nós vamos ficar no Rio neste final de semana. Você está gripada e com febre alta. Não pode viajar assim.

– Ah... eu quero!

Eu quero, eu quero, eu quero, a febre já passou, eu já estou boa, e etecetera. Luísa entrou no quarto com o chá.

– Beba o chá. Todinho!

Fui ao meu quarto pegar o remédio.

Ao me ver entrar, Ísis continuou fazendo manha: *eu quero ir para Friburgo amanhã, eu quero...*

– Tome esse remedinho – entreguei-lhe o medicamento junto com a água.

E nem precisei dizer muita coisa, pois logo logo ela voltou a dormir.

Fiquei ali sentado ao lado dela por um longo tempo, observando-a.

Comparei a imagem atual de criança com a da linda mulher que vislumbrei nas águas da Mãe Cósmica. Depois meu pensamento pulou para Maria Carmen. E depois para o acidente de Márcio. E depois para Mônica: tinha que telefonar avisando que não iríamos a Friburgo nesse final de semana.

Ao som do suave ressonado de Ísis, apaguei a luz da cabeceira e saí do quarto. Telefonei para Mônica, tomei banho, comi alguma coisa. A Luísa, que estava assistindo televisão, avisei:

– Vou ficar um tempo trancado no meu quarto. Só me chame se Ísis acordar e precisar de mim. E se alguém telefonar, diga que já me recolhi.

– Está bem.

Entrei no meu quarto, passando a chave. Sentei na poltrona, concentrei-me na respiração, acalmando todo o corpo, colocando-me num estado de receptividade, buscando no coração a conexão com a majestosa Presença do Mestre. Após envolver-me em sua estupenda força de Amor, focalizei no passado a causa do próximo acidente que condenava Márcio, hoje, a uma vida vegetativa.

Na tela da memória, enxerguei o sombrio vulto do cardeal, crucifixo preso ao peito, executando a macabra tarefa de supervisionar pessoalmente, em cada masmorra, a tortura de muitos irmãos, e isso em nome de Jesus Cristo nosso Senhor e da Santa Madre Igreja.

A seguir, busquei o contato com os supliciados de então, principalmente com aqueles que, mesmo depois de cinco séculos, ainda se nutriam do ódio. Localizei-os no Manto da Mãe Divina, que tudo recobre. Transportei-me até eles para pedir concórdia e perdão para Márcio – uns estavam encarnados, outros desencarnados; uns moravam no Oriente, outros no Ocidente; uns eram criminosos e se encontravam presos, outros estavam hospitalizados, outros ainda gozavam de excelente saúde; uns eram miseráveis, outros de classe média e alguns riquíssimos; uns eram ateus, outros religiosos; uns homens, outros mulheres; uns velhos, outros jovens, crianças e dois deles eram bebês... Mas o ódio estava ali, ainda hoje presente naquelas almas, latejando com virulência, irrigando a sede de vingança e se derramando por suas vidas, por seus corpos, por seus relacionamentos...

Levei horas entrando em contato com cada um deles, conversando, argumentando. À minha simples aproximação, já fiquei sabendo que a tarefa seria dificílima – um deles, inclusive, convertera-se no mais pertinaz obsessor de Márcio, a ponto de, por três vezes, durante a infância, tentar empurrá-lo para uma morte certa. Armado de paciência e de um profundo sentimento de compaixão, ouvi suas queixas, enquanto ia transmutando o rancor e a revolta, e ia argumentando, doutrinando, explicando-lhes a todo instante o que lhes parecia um tremendo atraso da cobrança cármica.

"Não houve atraso nenhum – eu lhes dizia. – Nenhum mesmo; isso é engano. O tempo da cobrança cármica varia de acordo com cada caso, mas é sempre, matemática e absurdamente exato, tanto com relação ao agressor como ao agredido. E afinal, para que lhes serviria hoje o sofrimento atroz de uma pessoa? Pensem bem! A Inquisição foi há mais de cinco séculos! Vocês, através do ódio, continuam ligados à Inquisição, vivendo em seus porões, recordando, a cada instante e eternamente, as dores infligidas pela tortura. Eu vim para anunciar que a tortura acabou. LIBERTEM-SE! Todos vocês merecem ser libertos para receber a Paz e a Abundância, que constituem a Lei do Universo. Compreendam isso. E compreendam também que, no seu caso específico, foram torturados porque mereceram. Também foi um resgate cármico – lembram-se?"

Nesse ponto, quando eu, de leve, fazia menção ao seu próprio passado de algozes, eles se encolhiam e debandavam, me deixando falar sozinho...

Bem, depois de muito trabalhar, e fazer tudo o que estava ao meu alcance, dei por encerrada a minha atividade; as sementes tinham sido lançadas, e o meu desejo é que frutificassem em breve...

*

– Foi assim.

Aproveitando os sintomas de receptividade daquela alma, talvez já como consequência do processo cármico que estava começando a viver, eu me abri com Márcio. Pela primeira vez relatei a minha experiência com os ascensionados, discorri sobre os Raios – o que significa cada um deles e para que serviam (especialmente o Fogo Violeta), e como esse conhecimento foi sendo revelado no decorrer de minha vida. E falei também dos Mestres...

O olhar de Márcio refletia, ao mesmo tempo, surpresa e encantamento. *Como são eles?*, perguntou.

Respondi:

– Eles são a própria alegria de viver. Têm perfeito domínio sobre a matéria; assim, podem manifestar corpos gloriosamente jovens, perfeitos, saudáveis, que não podem ser afetados pelo processo natural de envelhecimento. Por outro lado, também podem se apresentar em corpos mais velhos, mais idosos, se assim o quiserem – há Mestres que escolhem se apresentar com a aparência do corpo usado na última encarnação, com a idade em que ocorreu a sua iluminação... É o caso, por exemplo, de um Mestre conhecido pelo nome de Tibetano.

"E eles são divinamente humildes, simples. Meu Mestre, por exemplo. Quando "inventei" o irmão gêmeo, eu tinha por volta dos meus cinco anos de idade. Jogava pelada e batia figurinha com os garotos da rua. Mesmo durante a partida de bafo, ele transmitia lições, já me preparando para o discipulado futuro. Quando eu salvava alguma menina do terrível bandido Cara-de-Pau, ele sempre falava alguma coisa sobre a importância das meninas, apesar da minha dificuldade de compreender. Participava do dia a dia sugerindo o que eu devia comer para preservar a minha saúde, e me mandava rezar antes de dormir, agradecendo o dia, de modo a que, ao adormecer, eu estivesse conectado com o Mundo Ardente, isto é, o Mundo Espiritual, e assim pudesse reabastecer as minhas forças... Ele era o pai, o amigo, o irmão... Outro exemplo: Jesus, que é a própria doçura do Amor. Enfim, todos eles são assim: simples, como é simples a vida. Estão sempre receptivos a um contato conosco. São nossos professores e assumiram o compromisso de auxiliar na elevação da humanidade terrestre, tornando este planeta sagrado...

– Mestres ascensionados... – balbuciou Márcio, entre pensativo e maravilhado.

Estávamos em meu quarto, à mesa de estudos, naquele fim de semana em que não fora a Friburgo.

– Daniel...

(Em assuntos sérios, Márcio me chamava pelo nome.)

– Eu aceito plenamente a existência de guias superiores, de espíritos iluminados. Você bem sabe que há anos atrás cheguei a trabalhar como médium num centro kardecista. Depois é que a vida tomou outro rumo... mas é claro que aceito irrestritamente a existência de uma hierarquia de espíritos. Até chegar ao topo da pirâmide: Jesus Cristo. Uma hierarquia espiritual... ou Mestres ascensionados, como você diz...

Parou um instante para coordenar os pensamentos.

– É, eu quero, na verdade eu *preciso* me reconectar com a presença desses guias na minha vida. Acho que estou me ressentindo da falta de uma prática espiritual regular, desenvolvida numa casa espiritual séria... Sei lá, há tanto tempo não vou a um centro ou a uma igreja! Há um vazio aqui (tocou o peito).

Mordeu o lábio inferior e respirou fundo. Depois virou-se na direção da janela aberta; olhou o céu azul atentamente, como se estivesse à procura dos guias espirituais do seu antigo centro... Por fim, num gesto involuntário, moveu levemente a cabeça em negativa, como se dissesse: *não sinto mais a presença deles; estou só, desamparado e em conflito...*

Depois, começou a falar:

– Sinto que estou no limiar de uma nova etapa de vida. Um rito de passagem. Estou questionando antigos valores, crenças... ah, sei lá! (Um suspiro profundo.) É sobre isso que vim conversar com você. Porque eu preciso falar com alguém! Desabafar. Ou simplesmente falar alto, sabendo que tem alguém na escuta. Mas nem sei por onde começar...

– Comece pelo princípio.

No ato, saquei a situação: a namorada de Márcio estava grávida. De fato:

– Claudia engravidou.

– De um garotão, que nascerá com mais de quatro quilos, de parto normal, no mês de março.

Márcio levou um susto.

– Um menino?! Tem certeza?... Em março, é? Você está sentindo isso, é?

– Estou vendo.

– Ai, Deus!... Não sei, estou muito dividido, confuso, entende? Por um lado, acho a ideia de ter um filho agora o maior barato! Por outro lado, a realidade... Raciocine comigo: meu pai faleceu tem seis meses. Deixou uma boa situação financeira, concordo. Mas, cara, o dinheiro não é meu, é de mamãe! Claro que, um dia, vou receber a minha parte, quando terminar o tal do inventário, que pode demorar anos, como se sabe. Eu pergunto: qual é a grana – minha, certa – com que posso contar no final do mês, para bancar as minhas despesas, até mesmo com os livros da faculdade, que são caríssimos? A do aluguel de dois imóveis. Só que o valor está defasado pela inflação; um dos inquilinos, que já não vem pagando o aluguel há alguns meses, ainda teve o desplante de nos comunicar que não aceita o reajuste, e por isso vamos ter que entrar com uma ação de despejo. As lojas de móveis não são minhas, são de mamãe! As ações são dela! E cá pra nós, não podemos dizer que a minha mãe seja propriamente um modelo de generosidade. E também não quero me indispor com ela – chega de confusão! Você bem conhece os problemas da minha família... Além disso, Claudia é professora primária, ganha uma merrequinha, quase que somente o salário mínimo. Eu sou visceralmente contra o aborto... Mas não era hora, Daniel, não era hora! Entende?

– A hora é sempre essa que se está vivendo!

Numa atitude inconsciente de defesa, ele desviou o olhar. Agarrei o seu ombro com força, fazendo-o virar-se para mim.

– A hora é esta! Não há antecipação ou atraso sequer de um segundo, Márcio. De um único segundo, entendeu? (De repente, sem perceber, alteei a voz.) OUÇA O QUE ESTOU LHE DIZENDO: A HORA FOI DECRETADA E É RIGOROSAMENTE CERTA! NÃO HÁ COMO DETÊ-LA. ÀS VEZES A GENTE LUTA CONTRA O TEMPO, LUTA, LUTA, TENTANDO MUDAR O CURSO DO RIO, MAS ELE CORRE INDEPENDENTEMENTE DE NOSSA VONTADE...

– Por que você está tão alterado?

– É verdade. Desculpe.

Alguns segundos para me recompor. Depois, minha voz saiu cansada mas firme:

– Márcio, o primeiro de todos os direitos naturais do ser humano é o de viver. Assim, ninguém tem o direito de atentar contra a vida de outra pessoa... Você não vai impedir seu filho de nascer! Não vai!

Um silêncio absoluto desceu sobre nós, parecendo mortalha. *Mas a Vida*, pensei, *há de vencer*.

– Essa criança virá como um consolo para você. Seja qual for o seu futuro, seu filho será um raio de luz no meio da escuridão. Ele é a oportunidade que você tem de se redimir.

Lágrimas corriam pelo rosto de Márcio.

– De me redimir de quê? De pensar em aborto?

Também eu tinha um nó na garganta. Fiz que sim com a cabeça.

Márcio se levantou, caminhou até a janela e sc debruçou sobre o parapeito, de costas para mim. Ainda chorava.

– Eu sempre quis tê-lo. Só não estava na programação agora.

– Programação! Quem é você para programar a Vida?!... Um dia você pode programar esse filho e não ter condições de fazê-lo. Ele já está vivo, Márcio!... Você gostaria que eu relembrasse o processo de morte de um feto pelo método de sucção?... Pelo amor de Deus, Márcio, aborto é homicídio, o homicídio mais frio que existe!

– Minha mãe é uma caretona. Assim, ó! (Com um gesto, demonstrou antolhos.) Produto de um catolicismo retrógrado e preconceituoso em que sempre viveu, desde que o mundo é mundo. A família de Claudia é pior ainda. E tem mais: é mineira do interiorzão. O pai é daqueles que, ainda hoje, associa honra com a virgindade da filha, vê se pode! Pô, mal sabe ele que a virgindade de Claudia foi pro beleléu, ó, faz é tempo, desde a época do Brasil-Colônia. Não estou dizendo que não tenha a intenção de morar com ela; eu tenho. Vou casar. Na igreja, com Claudia vestida de branquinho, com aqueles pombinhos bem bregas no convite de casamento pra não dar bode nos sacrossantos seios familiares, tudo no esquemão. Afinal, não vou frustrar minha mãe; posso perfeitamente fazer esse tipo de concessão, que pra mim é uma babaquice tremenda, mas pra ela é tão importante; mesmo porque sou filho único... Mas não vou casar agora. Porque não quero, entendeu? Não posso. Não vou ficar pedindo dinheiro a mamãe para comer, morar...

– Márcio, convenhamos, você está inventando um drama que simplesmente não existe. Para começar, o imóvel que sobrou, cujo aluguel você recebe, é nada mais nada menos que um apartamento de três quartos na Vieira Souto, caramba! Ora, não é nenhuma merrequinha – muito ao contrário! É uma grana respeitável!

– Não vou largar meu curso de Medicina...

– O que é que isso tem a ver, Márcio?... Muitos colegas nossos, em condições mil vezes piores que a sua, têm filhos...

– E quer saber do que mais? No fundo, no fundo, eu assumo: também sou quadradão. E isso aí: tenho o ranço da burguesia – uma burguesia hipócrita, retrógrada e decadente, reconheço, mas que está entranhada em mim, o que é que posso fazer? Fui criado assim! Primeiro: não tenho condições de casar agora e não vou casar. Segundo: não vou assumir filho nenhum agora porque não estou a fim. Terceiro: mesmo que Claudia queira ter o filho não vou deixar porque não admito filho fora do casamento, fora de uma família instituída. O meu velho teve filho ilegítimo por aí e eu sei o quanto mamãe sofreu. Aliás, para mim, esse irmão simplesmente não existe. Para todos os efeitos, sou filho único. Graças a Deus que o velho não reconheceu a paternidade – apesar de estar na cara, o velho negou até o fim! Eu não admito filho ilegítimo, inclusive pelo mal que causa à própria criança.

– E você evoca uma razão dessa pra rejeitar seu filho, que está aí, vivo? Babaca! Estúpido! Sua mentalidade é medieval, Márcio! E por falar em filho ilegítimo, ao lixo com as convenções humanas quando elas são antinaturais! Um filho é sempre um filho, concebido ou não dentro da instituição do casamento. A própria Constituição Brasileira já não faz distinção entre filhos legítimos e ilegítimos, restringindo direitos, como era no passado! Felizmente a atual Constituição apagou essa nódoa horrorosa das leis deste País.

– Você pretende ter filhos, Faquir?

A pergunta, formulada em tom insinuante, era capciosa. Respirei fundo e, confesso, me senti atingido. Nossos olhares se chocaram como espadas prontas para um combate. O problema era o seguinte: porque, nesses três anos de convivência, nunca me tinham visto com mulher nenhuma ou ouvido de mim referências a um relacionamento anterior, Paletó e Márcio se questionavam se eu era virgem e tinham intensa curiosidade em relação a minha vida sexual. Um dia, inclusive, chegaram a cogitar a possibilidade de eu ser homossexual. Não tiveram a coragem de me abordar abertamente, mas a dúvida eu captei no ar. Ou telepaticamente, se assim o preferirem. Não que eu levasse jeito – pensavam – mas deveria haver alguma razão bem forte para me fechar em copas... Ter a masculinidade posta em dúvida, por um motivo ou por outro, foi uma tremenda cacetada. Fiquei furioso, achando justa a minha indignação; assim, por isso, me afastei deles, sem maiores explicações. Simplesmente dei gelo. Passei a evitá-los daí por diante. Acontece que, um dia, não deu pra evitar o encontro: eles estavam me esperando à saída da Faculdade.

– O que está havendo?

– Vocês têm ideias erradas a meu respeito. Não sou quem pensam que sou.

Nem se deram ao trabalho de perguntar a que me referia e como soubera. Aliás, diga-se de passagem, eles acreditavam piamente em meus poderes extrassensoriais, e já acontecera anteriormente de se sentirem nus diante de mim, ou seja, diante de alguém que lhes conhecia o íntimo, os pensamentos e a alma e a quem não podiam mentir. Tão nus como eu próprio me sentira diante de Mestra Nada e Serapis Bey. Foi constrangedor.

– Desculpe, Daniel, não foi por mal – disse Paletó. – É que você, para nós, é um enigma, entende? Às vezes foge ao nosso entendimento. Você foge totalmente aos padrões do comum dos mortais.

Márcio, balançando a cabeça, corroborava as explicações de Paletó, que tentou fazer piada:

– Você é o enigma da múmia.

Estendeu-me a mão.

– Somos amigos! Toque aqui, companheiro! Por favor! Vamos enterrar o que não presta, os erros e os mal-entendidos. E desculpe.

Assim, naquele dia, o assunto fora enterrado; parecia definitivamente resolvido. Mas agora ressuscitava, lançando a dúvida, a insinuação – na verdade, Márcio estava se sentindo tão acuado por mim que precisava me atacar.

Eu o olhei friamente.

– A melhor defesa é o ataque, não é, Márcio? Para fugir à verdade que você sente em tudo o que estou dizendo, você quer desviar a atenção dos seus problemas para mim – e então precisa me atacar. Em me atacando, eu tenho que me defender, e em me defendendo, o foco da conversa fica automaticamente concentrado em mim. E aí não precisamos mais continuar tratando da questão principal... não é isso? Márcio, você está se sentindo uma fera acuada...

Foi só eu dizer isso que ele se desarmou, envergonhado.

– Perdão, Daniel. Estou muito nervoso. É isso. Perdão.

Conversamos mais um pouco. Ou melhor: eu falei e falei e falei; ele ouviu. E pouco depois saiu de minha casa com o dilema e nenhuma decisão. Eu rezava para que também esta semente frutificasse. Minha nova profissão: jardineiro.

Naquela noite Morya me deu uma incumbência: se eu queria tentar libertar Márcio daquele destino fazia-se mister destruir os calabouços onde a tortura fora perpetrada – apesar de não mais existirem no físico, eles foram construídos no astral, transformando-se num verdadeiro antro do mal. A alma de muitos sádicos e masoquistas, encarnados ou não, frequentam esse tipo de local, e é daí que extraem, compulsivamente, o alimento energético para suas aberrações. Seguindo a orientação de Morya, vesti-me com o manto de Luz Branca e, em companhia de mais sete irmãos que se ofereceram ao Mestre para esse trabalho, desci à região do umbral que resguarda os porões da Liberdade.

Senti um frio na espinha ao distinguir, em meio às brumas, a imponente silhueta do Palácio Episcopal, ironicamente encimado por um imenso crucifixo. Impressionante: estava perfeitamente conservado mesmo depois de tantos séculos.

A atmosfera era lúgubre demais. Aves escuras (corvos? urubus?) vez por outra soltavam uma espécie de guinchos. Tudo ali exalava medo e angústia. Senti que nos observavam de todos os lados. O engenheiro de obras identificou com precisão:

– Nas torres. Muitos deles estão escondidos ali. Sádicos ao extremo. E estão doidos para fazerem uma sessãozinha de tortura conosco. Mas não se preocupem, estamos bem protegidos. Nenhuma arma poderá ser disparada contra nós. A Luz é soberana. Bem, a tarefa é colossal para o pouco tempo de que dispomos. Temos que implodir a construção e remover os escombros. Mas só depois de desalojarmos os moradores.

– Moradores, é?

– E não são poucos. Acredito que mais de duzentos estejam residindo aí. Alguns deles você já encontrou e tentou doutrinar. A maioria, porém, não está ligada ao caso específico de Márcio, mas vive no Palácio porque está apegada a esse luxo e à relação doentia de sadomasoquismo, de algoz e vítima, mascarada pelo fanatismo religioso; a coisa é complicada. É exatamente como nos tempos da Inquisição. Inclusive, eles têm toda uma hierarquia eclesiástica – bispos, cardeais, arcebispos, até um papa! Acho que são mais de duzentos residentes fixos (é uma corte eclesiástica), isso sem contar com os milhares de visitantes do Palácio. Daniel, não quero desanimá-lo, mas a tarefa é mesmo gigantesca. Não garanto êxito total; vamos fazer o que for possível. Vamos lutar desesperadamente contra o tempo, mas escute o que estou lhe dizendo: o trabalho é grande demais; faremos o que for possível. Temos que doutrinar essas legiões que estão aí dentro, óu então expulsá-las na marra, e ainda por cima fazer todo esse trabalho braçal.

– Está bem. O que for possível.

– Vamos entrar.

O COMA

Foi uma carreta branca, disso me lembro bem.

Quando percebi, já estava bem em cima. Instintivamente aliviei a pressão no pedal do acelerador e tentei jogar o carro para a esquerda. Não consegui, claro. Do choque entre os dois veículos só registrei duas impressões auditivas: a do som de uma explosão e a de cristais se partindo. Ignoro, entretanto, se esses ruídos acontecerem fora ou dentro de mim. Objetivamente foi tudo.
Mas daí começou a grande alucinação desta noite interminável que é o coma.

Alguém se debruçou sobre mim. Era um homem vestido de verde, com máscara e luvas cirúrgicas, que trazia um solidéu na cabeça. Atrás dele, um armário pequeno, desses tão comuns em ambulatórios; através do vidro discerni uma série de redomas contendo fetos em clorofórmio. Fetos abortados.

O grito que soltei, elevando-se na escala de decibéis, rasgou o ar: Claudia, não tira, deixa viver! Mas foi abafado pela litania:

YISKOR ELOHIM NISHMOS OVI VE'IMI, SKEYNAY, ARNOLD KOZINSKY...

Revolvi a memória. Era o *kaddish*, a oração judaica pelos mortos. Só que meu pai, Amold Kozinsky, apesar das raízes judias, fora sepultado pelo rito cristão. A prece continuou, em tom monótono:

... SHEANEE NODEIR ZDOKOH BAADOM, BISCHAR, ZEH TIHYENO...

Não entendia lhufas do que estava sendo dito mas a melodia me era familiar. Exatamente! Rebecca, minha avó Rebecca, frequentadora assídua da sinagoga, que observava rigorosamente o *sabbat* e vivia rezando pelos cantos!

Até que, no meio do *kaddish*, o médico-rabino falou, claramente: TCE, o que significa traumatismo craniano encefálico.

Estranho. Tinha algo errado. No *kaddish* não havia referência alguma a TCE. Era um erro, portanto. Quis avisar ao rabino mas... passei a vê-lo de cima, como se estivesse num andaime acima da cabeça dele. Desse ponto percebi que havia outras pessoas, também de verde, máscaras e luvas, e que, no meio de todos eles, um corpo masculino jazia deitado numa cama.

E percebi ainda, um pouco distanciado, um outro grupo, de branco, e alguém explicando:

"... ESTADO COMATOSO, O QUE GERALMENTE ACONTECE EM TCE. A FASE PREPARATÓRIA JÁ FOI CONCLUÍDA. TIPAGEM SANGUÍNEA, RASPAGEM DOS CABELOS E A ANTISSEPSIA DA ÁREA AFETADA, DEPOIS DOS EXAMES RADIOLÓGICOS QUE PERMITIRAM A LOCALIZAÇÃO DOS PONTOS A SEREM EXPLORADOS PELA EQUIPE. OBSERVEM QUE O ENFERMEIRO ESTÁ TIRANDO A PRESSÃO ARTERIAL... VIRAM? NORMAL. ENTÃO, TUDO PRONTO PARA A ANESTESIA QUE, NESTE CASO, SERÁ INALATÓRIA, JUSTAMENTE PARA SE PODER AVALIAR MELHOR AS CONDIÇÕES DE RETORNO À CONSCIÊNCIA..."
Concluí que se tratava de um repeteco de uma aula a que assistira não fazia muito tempo.

"... MISTURA DE GASES QUE PROMOVEM A ANESTESIA E O USO DO ANALGÉSICO E.V."

Exatamente as mesmas palavras. Mas por que diabos eu pensava nessa aula agora só Deus sabe.

"A ANESTESIA FOI APLICADA E O CIRURGIÃO INICIA A PERFURAÇÃO DO OSSO."

Quem seria aquele cara ali deitado, a quem iriam furar a cabeça? Sério candidato *a presunto*. Talvez um mendigo. Gostaria de ver o rosto mas com tanta gente em cima dele...

"O DOUTOR AXEL COMEÇA A ABERTURA DA DURAMATER."

A respiração de alguém colado a mim, no meu pescoço, me irritou demais. Me virei para ver quem era, enraivecido. Um homem. As feições foram se tomando visíveis... MEU PAI! Foi um choque. Tremi dos pés à cabeça.

"O PACIENTE TEVE UM ESPASMO QUE PROVOCOU OBSTRUÇÃO NO SORO."

Pai, pai, pai, pai, papai, papai...

"PODEMOS OBSERVAR QUE A MASSA ENCEFÁLICA SOFREU CORTES PROFUNDOS E PERDA DE SUBSTÂNCIA. JÁ PODEMOS VISUALIZAR AS ÁREAS ATINGIDAS."

Qual indefeso astronauta que se visse, subitamente, despojado de tudo, até de um cordão umbilical que o ligasse a uma nave-mãe, fui sendo atraído, inexoravelmente, a um buraco negro.

"PODEMOS VER CLARAMENTE AS ÁREAS AFETADAS. PEDAÇOS DE OSSOS ESTÃO ALOJADOS NA MASSA CEREBRAL."

Forças gravitacionais poderosas, de intensidade variável, preenchiam o negro espaço, perfeitamente esterilizado de qualquer vestígio de luz e som. Elas me envolveram como um lençol cirúrgico, deixando à mostra as áreas atingidas: bilhões de pontinhos luminosos, semelhantes a vidros multicoloridos, que minimizaram a vasta escuridão e se distribuíam por toda a minha envergadura. Bombardearam, com precisão científica, cada um desses pequeninos sóis e os desintegraram.

Se antes havia um todo a que identificava como sendo "meu ser", esse todo fora decomposto em bilhões de seres diferentes, cada qual com seu código genético específico.

Presenciei o milagre da Vida, e posso dizer que é o mais brutal e terrível espetáculo jamais concebido pela imaginação humana.

Perdão, queridos que me lêem, pelo pulo de oito meses na narrativa, inserindo, imediatamente após o trabalho no Palácio Episcopal, o depoimento de Márcio, redigido por mim mas transcrevendo, quase *ipsis literis*, suas próprias palavras. Irresistível associação de ideias.

As sensações de que Márcio pôde se lembrar, registradas por mim, foram apenas um ínfimo segmento de "uma noite exaustiva, de muito movimento e ação, sem um instante sequer de descanso", conforme ele mesmo declarou.

Assim como, até hoje, não se conscientizou do trabalho que realizamos para evitar-lhe uma existência vegetativa, também não se lembrava, por exemplo, da frequência com que sua alma atormentada balbuciava, durante o coma, o nome de Stephen Hawking, o notável astrofísico inglês, condenado a uma cadeira de rodas e a um microcomputador até para falar, em virtude da esclerose amiotrófica lateral ou mal de Lou Gehrig, de que é portador.

Pelo paralelo estabelecido subconscientemente com o caso de Hawking, é claro que ele sabia muito bem qual seria a sua sorte, daí por diante. Com os olhos da alma viu a causa do acidente: o cardeal da Inquisição. Açoitado pelo sofrimento e pelo pavor, clamou por perdão. Márcio pediu perdão com tanta força e tanta verdade e tão insistentemente e tão humildemente e tão persistentemente, que fez despencar lá de cima torrentes e ciclones e bombas e tempestades e relâmpagos de Chama Violeta suficientes para movimentar a pesada roda do carma. Aliás, não por acaso o Sétimo Raio também é chamado de Alquimia Divina, Arte Mágica, Esfera (ou Roda) Giratória e o Revelador da Beleza.

Colocando o Sétimo Raio em ação, Márcio planificou a terra, extinguindo de vez o espectro do cardeal e todos os traços de sadismo que ainda subsistiam em sua psique, conseguiu harmonizar-se com a maioria dos desafetos, entregando-os às Legiões Astrais de Auxílio. Foi um milagre e aí... tudo se tornou facílimo.

Artur, o mais renomado cirurgião do Raio Verde, consentiu em operá-lo. Para começar, Márcio foi submetido ao Acelerador Atômico da Faculdade de Medicina de Creta. Esse dispositivo, em dimensões suficientes para comportar um adulto, lembra uma incubadora do plano físico tanto com relação ao *design* quanto ao modo de operação.

Encerrado na cápsula, o paciente recebe, por intermédio de um tubo, um fluxo de energia pura, eletrônica; esse raio luminoso, incidindo sobre a(s) área(s) afetada(s), imprime maior velocidade aos átomos astrais que, assim, repelem a substância (cármica) de vibração mais lenta a eles aderida. Sugada por outro tubo, essa substância é retirada do interior da redoma e depositada em recipientes apropriados para tratamento adequado, à semelhança dos tumores físicos que são levados à biópsia; enfim purificada, a substância é devolvida à Grande Fonte. Os Mestres que controlam a aplicação dos raios luminosos do Acelerador determinam a dosagem certa para cada caso, pois uma irradiação excessiva poderia causar graves distúrbios em organismos já combalidos. Essa aplicação, portanto, é de Raio Violeta, pois se trata da retirada e transmutação do carma.

Na segunda etapa, os doentes recebem fluxos dos raios curativos propriamente ditos. No caso de Márcio, porém, as células cerebrais e as vértebras tinham sido irremediavelmente danificadas; então fez-se mister uma microcirurgia, que consistiu em extrair cada átomo das áreas afetadas, substituindo-os concomitantemente por outros, prístinos, precipitados diretamente do Reservatório Universal.

Quinze minutos após a exposição aos raios curativos do Acelerador, que se seguiu à cirurgia, Márcio descerrou os olhos físicos, perfeitamente lúcido e com condições de, num prazo de um ano, se restabelecer integralmente, retornando a uma vida normal, sem sequelas, apesar do traumatismo craniano e da fratura na coluna vertebral causados pelo acidente.

A cura seria impossível, de acordo com os recursos atuais da Medicina? Não se espantem: várias ocorrências como essa têm sido registradas em hospitais e – é com pesar que escrevo isso – muitos médicos assumem, diante desses fatos, uma atitude evasiva, impedindo sua divulgação ou pesquisa, porque não querem admitir a própria ignorância ou porque, sendo responsáveis pelo diagnóstico e acompanhamento do caso, temem ter sua competência profissional questionada.

O milagre de uma cura impossível tem duas determinantes: a Luz daquele que a realiza e o mérito daquele que a recebe. Márcio Kozinsky teve a pena comutada para um ano e oito meses. Humanamente falando, foi um milagre.

Apesar de tudo o que eu lhe disse quando esteve na minha casa, Márcio, ao sair, tinha se decidido pelo aborto; Claudia pela gestação. Na noite do acidente, ele exigiu, ameaçou com rompimento caso ela não concordasse em interromper a gravidez; Claudia se manteve irredutível. Despediram-se. "Pra nunca mais", disseram. Ele saiu da casa da namorada batendo o portão com força. Só que as portas do carma já estavam descerradas de par em par. No caminho, o flerte com a Morte. Entre alucinações de pai misturado com fetos em clorofórmio, e muito amor materno, nasceu Fernando, vermelho, amassado como um tomate podre, gozando de perfeita saúde e (valha-nos Deus!) dotado de um berro capaz de reduzir a pó, num único fôlego, cinquenta Palácios Episcopais. Dulcificado pelo sofrimento, Márcio-astronauta conseguiu se evadir do buraco negro, ligando-se à nave-mãe e ao filhote.

Tempos mais tarde, Márcio expôs a questão que o dilacerava:

– A minha intenção de aborto acarretou um carma, não é isso?

– Certamente.

Ele ficou quieto, refletindo. Depois:

– Como fazer para apagar esse fato?

– Vou lhe contar uma pequena história do início do Cristianismo. A história de Estevão, o primeiro mártir cristão. Ele foi apedrejado até a morte, por ordem e estímulo de Paulo de Tarso, que na época ainda se chamava Saulo e perseguia os cristãos. Ora, depois da morte de Estevão e de se tornar responsável por muitas prisões de cristãos, Saulo se dirigiu à cidade de Damasco, onde apresentaria às autoridades locais a sua autorização para continuar a prender seguidores de Jesus de Nazaré. Só que, justamente na estrada que ligava Jerusalém a Damasco, aconteceu o famoso evento transcendente: uma luz celestial incidiu sobre ele e o fez cair do cavalo, já sem enxergar nada à sua frente. Completamente cego, ele então ouviu a voz suave que lhe perguntou: "Saulo, Saulo, por que me persegues?" Temeroso, ele só conseguiu articular uma pergunta: "Quem és, Senhor?" A voz respondeu: "Sou Jesus, a quem persegues."

"A história continuou: a voz lhe disse que chegasse até Damasco e lá aguardasse instruções porque lhe seria revelado o que ele deveria fazer. E assim foi. Saulo ficou cego durante três dias, até que Ananias, um discípulo de Jesus que morava em Damasco, impôs-lhe as mãos e lhe restituiu a visão. Saulo foi batizado e se tornou Paulo, e lhe foi revelada a tarefa que lhe estava destinada – que, aliás, foi cumprida muitíssimo bem. Quanto a Estevão, Paulo se arrependeu profunda e sinceramente de ter ordenado sua morte; pediu perdão, clamou por perdão. E Estevão, em resposta, o perdoou completamente. Tanto assim que, na vida seguinte, Paulo se tornou o pai de Estevão, e o amou profundamente, cuidando dele com toda a dedicação. E pronto: pelo amor, esse carma foi resolvido. Porque há sempre duas maneiras de se resgatar ou equilibrar um carma, qualquer carma: ou pela dor ou pelo amor. Escolha, Márcio."

*

Agora Maria Carmen.

Eu a vi pela primeira vez quando ela entrou na sala de aula e sentou na cadeira à minha frente; capotei, sendo arremessado às alturas. Na segunda vez, tornei a capotar, mas fui então cuspido às profundezas. Motivo: percebi que ela estava usando uma aliança na mão esquerda. Casada! Resultado: fiquei que nem pião doido rodando na pista, cabeça a mil. *Casada?! Não é possível...* Fiquei grudado na cadeira, inerte, tentando assimilar o desastre.

De repente, a decisão brotou como uma flor, inabalável, irredutível: se está casada, com certeza vai ter que descasar. Porque nós dois, mulher, temos uma relação a ser vivida, umas continhas a acertar, umas determinadas experiências pelas quais devemos passar juntos... Não, não é maluquice minha, não. Eu sei perfeitamente o que eu quero. Eu quero você. Afinal, você é a mulher que eu estava esperando, você é a mulher que...

E por falar em mulher, onde é que está a santa criatura – o monstrinho, melhor dizendo? Olhei em torno, e me dei conta de que estava praticamente sozinho na sala de aula. Estávamos no intervalo e quase todos os colegas tinham saído da sala, ela inclusive. Respirei fundo, juntei os cacos, dei um chute na decepção e corri à cantina, procurando-a.

Lá estava ela na cantina, comendo um sanduíche com a maior cara de satisfação, sem demonstrar a mais remota sensibilidade para perceber o arraso que me causara. Felizmente estava só.

Fui me aproximando sorrateiramente, como uma cobra cercando a presa. Ambos lambemos os beiços: ela por causa do sanduíche, eu causa dela. O cerco iria ser docemente implacável! Amorosamente impiedoso! Deliciosamente irresistível... *Vem cá, meu monstrinho querido. Linda mulher, minha deusa...* Pé ante pé, fui me aproximando...

– Ei, Faquir!

Ai, era o Paletó, que estava sentado ao final do balcão, à direita! Ele me chamava, mas me fiz de desentendido. Apenas acenei em resposta, continuando a me acercar de Carmen. Tive sorte: uma colega que estava sentada ao lado dela se levantou para ir embora; peguei o lugar.

– Oi.

– Oi.

E aí aquele papo besta, a título de apresentação: *Você é nova aqui, não é? Sou, entrei ontem, transferida da UFF. Conseguiu fácil a transferência? Até que não, mas a gente insiste até conseguir...*

Pedi uma vitamina à garçonete.

Conversa vai, conversa vem, cheguei ao ponto:

– Estou vendo que você é casada...

– É, sou.

– E como está fazendo para conciliar a faculdade com a vida de dona de casa, marido...?

– Por enquanto é fácil. Mas quando vierem os filhos...

Suspirei de alívio. Menos mal. Com filhos talvez fosse um pouquinho mais difícil... Recebi a vitamina que havia pedido. Do outro lado do balcão, Paletó assobiou, me acenando. Retribuí com um gesto de que esperasse.

Comido o prato principal, que era o sanduíche, Carmen passou à sobremesa. Tirou da bolsa uma barra de chocolate e me ofereceu um pedaço. *Não, obrigado* – recusei delicadamente, num crescente estado de encantamento.

Voltamos juntos para a sala de aula, conversando. Eu a olhava fixo, direto na íris, numa clara tentativa de hipnotizá-la pelo Amor. Joguei charme, fiz piada, fui terno, solícito, oferecendo meus cadernos com a matéria que já havia sido dada, sorri o meu melhor sorriso e... nem assim! A insensível continuava invicta; polida, mas refratária aos meus encantos. Definitivamente não me reconhecia.

Telepaticamente pedi ajuda a Morya:

– Mestre, por favor, materialize agora, na minha mão, uma clava pré-histórica para eu dar logo uma cacetada na cabeça dessa mulher e arrastá-la até minha caverna! Por favor!

A resposta foi imediata:

– Os tempos mudaram. Mas se quer deixá-la zonza, existe um recurso que considero bem mais eficiente. Infalível.

E dissemos juntos, a uma só voz:

– O Amor.

O Mestre continuou:

– O Amor não é um sentimento, e muito menos uma emoção. Amor é o ímã cósmico, é a energia básica deste universo e desta galáxia...

Alguém sabe informar se na aula seguinte falou-se sobre enzimas? Porque, àquela altura, a única que controlava todo o meu metabolismo... vocês bem sabem o nome dela. Pelo rabo das pestanas, vesgo, tonto, absolutamente nocauteado, eu acompanhava, inebriado, babando, cada gesto dela...

O próximo encontro ocorreu naquela mesma noite e foi o que tinha de ser: nossas almas buscaram-se e saciaram uma fome que nem lhes conto. Todas as pessoas têm, durante o sono, experiências anímicas que não imaginam ou não conseguem recordar em estado de vigília. Porém, o que acontecia conosco era tão intenso que eu acalentava a esperança de que Carmen, naquele instante, estivesse sonhando com nosso encontro e, assim, se conscientizando de nossa relação. Que assim fosse!

No "sonho", disse a que vim:

– Para servir. Na qualidade de discípulo da Luz, esta é a meta principal. E no tocante a nós, quero viver com você, constituir uma família, crescermos juntos... Ao longo das encarnações, muitas vezes nos perdemos de vista. Em outras vidas, apesar de estarmos encarnados na mesma faixa de tempo e no mesmo lugar, não nos encontrávamos porque as diferenças entre nós estavam muito grandes e porque cada um de nós se achava entregue às suas próprias experiências... Mas agora não. Nesta vida é possível um relacionamento físico, concreto, entre nós... É o que eu quero.

Apesar do clima de envolvimento, ela teve um sobressalto; sua expressão tomou-se nublada. Acabou revelando o conflito:

– Estou casada, aliás recém-casada. Isto é um fato. E não vou me envolver com ninguém – nem com você. Embora...

Não concluiu a frase – em parte porque tinha medo de se envolver comigo e, por outro lado, porque estava tentando esconder de si mesma que o seu casamento, mesmo tão recente, não andava lá muito bem das pernas...

Lembrei-me da frase bíblica: "Há tempo para todo propósito debaixo do céu"...

Eu saberia esperar.

*

Eu saberia esperar o tempo que fosse necessário, mas por outro lado, também tinha o direito de incentivá-la a tomar logo uma atitude.

– Separe-se, Carmen.

Ela não respondeu; ficou pensando. Insisti.

– Separe-se.

Argumentei:

– A união de almas gêmeas ou companheiras no físico, enquanto estão encarnadas, é uma bênção inestimável, porque facilita demais a evolução das duas pessoas. No nosso caso, faz tanto tempo, muitos séculos!, que nos distanciamos um do outro. Lembra-se?

Comecei a relembrar a ela a nossa história:

– No tempo de Joshua estivemos encarnados na Palestina, mas naquela ocasião não tínhamos mérito para nos encontrar... Isso só veio a acontecer mais tarde, na Idade Média, na Provença – se lembra? – e agora...

– Lembro! – Ela se emocionou só de pensar e sussurrou, com sotaque francês: – *Provence*...

– Eu era um trovador e vivia passeando embaixo de sua janela cantando umas *chansons d'amour** . Aliás, pra falar a verdade, poucas vezes tive chance de lhe demonstrar meus pendores artísticos porque seu pai, sempre que me via, já ia preparando o sarrafo... Já me deu boas corridas aquele bobalhão...

– Ai, de fato era um bobalhão! O que foi feito dele, hein?

– Ascensionou. Mas só quando deixou de ser bobalhão, lógico. Depois daquela vida na França, ele veio a ser meu tutor na seguinte. Mas me dava cada surra com vara de marmelo que às vezes eu não podia nem sentar...

– Que horror!

– Hoje é aquela mansidão toda... Quem te viu e quem te vê. Mas minha meiga senhora de tantos encantos e prendas, vossa mercê não gostaria de espairecer um pouco em companhia deste seu humilde jogral? Podemos conhecer sítios insólitos e longínquos que a imaginação mal consegue vislumbrar. Hum? Que tal?

– Seu convite, nobre mancebo, me enrubesce as faces e enternece o meu coração. Aceito.

Galantemente ofereci-lhe o braço.

– Então vamos? – Ela assentiu e com donaire apoiou-se em meu braço. – Para começar, senhorita, vou levá-la à Gruta Azul, na Itália. É até mais bonita que a nossa Gruta Maquiné, acredita?

Na Gruta Azul funciona o Santuário dos Elohim Claire e Astréa. Ao chegarmos, fomos saudados por guardiões, que nos franquearam a entrada, formada por um extenso corredor. Procuramos ajustar nossos corpos à altíssima vibração local.

Toda a caverna reverberava pela força da Luz Cósmica Branca, cujas atividades eram desenvolvidas no salão principal. Este é gigantesco e tem seu foco de irradiação no altar circular feito da própria rocha e situado no fundo da gruta.

(*) As trovas medievais classificavam-se em *chansons du gesse* (canções de guerra) e *chansons d'amour* (canções de amor).

O Templo estava repleto; a assistência era constituída de muitos Elohim, Devas e outras dezenas de elementais não ascensionados. Todos estavam em silêncio, de olhos fechados e receptivos à benção de seus Dirigentes, os Elohim Claire e Astréa, posicionados diante do altar. A voz de Claire reverberou por toda a Gruta Azul:

– Ó Tu, Presença Infinita, Deus em nós! Nós Te Louvamos e agradecemos por Teu radiante e acelerador Poder Crístico de toda consciência! Nós nos curvamos perante Tua magnificência e Tua glória, Senhor, reconhecendo que EU SOU o que EU SOU!

Astréa prosseguiu:

– Ó Supremo Dirigente de todos os universos e de todas as eternidades! Pelo Poder Invencível decretamos agora que cada Filho Teu seja selado no Oval de Pureza Cristalina! Que a Estrela do Teu Fogo assinale cada fronte! Que o Teu Hálito de Ressurreição nos envolva a todos, integrando-nos num único corpo! Assim é porque a Luz de Deus é sempre vitoriosa!

À medida que os Poderosos Elohim faziam a Invocação, apareceu, a uns três metros acima da cabeça de cada um dos presentes, uma radiante estrela de cinco pontas. A estrela brilhou como um relâmpago na atmosfera local. Depois, de suas pontas inferiores, projetou-se um Anel Eletrônico, que envolveu cada pessoa como se fora um Manto.

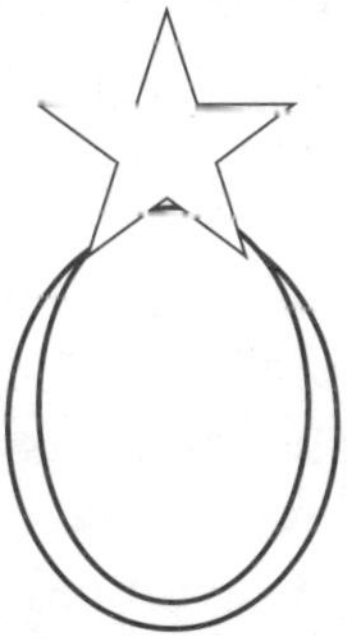

Impossível descrever a força de purificação interatômica que se desencadeou em nossos corpos físico e astral enquanto estivemos naquele Santuário, envolvidos pela Estrela e pelo Anel de Fogo Branco, circundados por um halo azulado.

Quando voltamos a abrir os olhos, minutos após, Claire e Astréa já haviam se desmaterializado; porém sua Onipresença continuava ativando o Fogo do seu Símbolo.

A segunda visita da noite foi ao Templo dos Arcanjos Gabriel e Esperança e vinha muito a calhar pois, ali, o visitante recebe um fluxo de Luz Eletrônica que reaviva a memória de sua Origem e do seu Plano Evolutivo. Carmen precisava disso, e como precisava também de esperança! Quisera Deus que ela pudesse estar receptiva à Força da Luz que revolve a memória e indica o caminho a seguir!...

Fomos recebidos por Esperança; envoltos em sua aura magnífica, tivemos a impressão de estar dentro de uma Fogueira Branca, dentro da qual cintilam pequeninos raios elétricos azulados.

Ardendo de esperança, abracei Carmen. Minhas súplicas jorraram:

– Pelo Amor de Deus, permita-se sentir! Há um bloqueio na sua consciência que atua como uma muralha, reprimindo os verdadeiros sentimentos. Eu estou vendo: é um bloqueio energético bem grande; tem a aparência de um tumor. Dissolva isso agora! Sim, você consegue dissolver isso com a força da Esperança! Agora, Carmen, por favor! Pela nossa história e pelo futuro que nos espera! Mande esse casamento às favas, porque você não está feliz assim! E vamos ficar juntos! Prometa que você (agora em corpo astral) falará à sua consciência física, ativando a memória do que tem acontecido aqui conosco, neste outro plano de consciência! Prometa, Carmen!

– Prometo...

– Mulher adorada! Por você me perco e me completo! Me dissolvo e renasço como uma fênix. Você me consome, Carmen...

... e é tão bom ser consumido assim. Ah, Carmen, Carmen... – abri os olhos.

Estava no plano físico, apertando o travesseiro contra o peito como se fosse ela. Me sentindo ligeiramente ridículo, afastei lençol e travesseiro para o lado, me situando na realidade: estava só na minha cama de solteiro, no apartamento do Méier, numa manhã ensolarada de quinta-feira; pelos ruídos que vinham da cozinha, Luísa estava colocando a mesa para o café. Me espreguicei longamente. Depois levantei e abri a janela.

Saudação ao sol, símbolo da Divindade. Bom dia, Esperança inextinguível, que impulsiona os Filhos do Fogo em direção ao Alto!

Bom dia, Mestre adorado da Espada e do Santo Graal! Reafirmo minha disposição para servir. Bom dia, ascensionados, Luxor, Grande Fraternidade Branca dos Planetas. Bom dia, Grande Loja de Sirius e de Alfa Centauro! Bom dia, planetinha Terra, muito bom dia a todos os que vivem em seu interior e em sua superfície!

Fui ao banheiro, tomei banho, me arrumei, depois tomei café, esperei a chegada do ônibus escolar que levaria Ísis à escola e em seguida tomei o rumo da faculdade. A expectativa era grande: e aí, será que Carmen se lembrava do "sonho" que tivera comigo essa noite? Em caso positivo, será que ela faria algum comentário ou, ao contrário, se calaria? Será que passaria a me olhar de uma maneira diferente ou...?

Cheguei à faculdade, entrei na sala de aula, e lá estava ela!... Sentei ao seu lado, cumprimentei-a, puxei conversa, olhei-a no fundo dos olhos, atento a qualquer sinal de lembrança, de reconhecimento, e nada!

Decepção! Parecia não ter acontecido absolutamente nada entre nós. Era o tal bloqueio energético; o tórax de Maria Carmen era recoberto por uma couraça de energia astral, escurecida, que funcionava como um mecanismo de fuga: sufocava-lhe as intuições e as percepções de ordem mais elevada. Talvez por comodismo, ela não tinha, realmente, querido dissolver esse bloqueio e sentir, lembrar, amar – enfim, ser verdadeira consigo mesma, assumindo as consequências daí decorrentes. Dissolvendo o bloqueio, ela se daria conta de que o casamento lhe fazia mal; compreenderia claramente que aquela era uma relação viciosa e que, por isso, precisa ser extinta. Mas ela precisava querer se libertar – só isso! Mas ela estava acomodada, acovardada...

Ah, megera covarde!

O fato é que eu estava ruminando uma decepção sem tamanho! E *mâyâ,* a ilusão, está sempre à espreita, pronta para abocanhar os incautos. Acreditei nas aparências, esquecendo o Poder da Presença, o seu Amor invencível. Ali, naquele dia, diante de Maria Carmen, eu só conseguia enxergar a minha enorme frustração...

Eu precisava desabafar. A cabeça estava a mil. É claro que tinha amigos com quem poderia falar, mas não queria. Apesar de Carmen se mostrar tão distante e refratária às minhas tentativas de aproximação, eu, com toda a minha frustração, ainda tinha esperança de que viéssemos a nos relacionar. E quando queremos algo, conversar sobre o assunto com outra pessoa representa uma considerável perda de energia e ainda nos torna sujeitos às influências mentais e emocionais de nosso ouvinte (lição de Mãe Maria no *Plano Infalível)*.

Assim, só para desabafar, achei que a solução seria a velha técnica da cadeira vazia, procedimento que costumava adotar nos meus processos de catarse.

De volta da faculdade, tranquei a porta do quarto e puxei uma cadeira para o centro. Imaginei que Carmen estava ali sentada. Eu lhe diria, em alto e bom som, tudo o que sentia e pensava a respeito dela.

Pigarreei, pronto para verbalizar minhas confusas emoções. Comecei o discurso com ímpeto e autoridade: você prometeu e não cumpriu! E aí fui despejando o saco das frustrações.

À medida que falava, porém, minha voz foi se tornando mais suave, até se extinguir de vez. Então me aproximei da cadeira vazia e deitei a cabeça no assento. Em minha imaginação, eu deitava a cabeça no colo dela.

*

Só doía quando eu respirava um pouco mais forte. E também quando ria. Porque tirante isso... continuava doendo. Sempre.

À noite acontecia o encontro faminto de duas almas que se buscavam; íamos a Santuários e vivenciávamos o Amor. De dia, o relacionamento superficial de colegas de classe; timidamente lhe propusera um encontro depois da aula mas ela mostrou-se desconfiada (ou perturbada? – não sei) e recusou.

Na sexta-feira, em conversa com colegas, disse que passaria o final de semana em Maricá com o marido e alguns amigos. Aí o ciúme me deu uma ferroada tão braba que saí ganindo. Aliás, pra ser franco, eu andava ganindo à beça. Simplesmente não podia tolerar a ideia de que ela tivesse relações com o marido. Isso me deixava louco! E ficava com um peso enorme no peito. Massacrante!

No sábado fui a Friburgo com Ísis e Luísa. Lá, às quinze horas, entrei em meditação e fui ao encontro de Morya em Darjeeling, Índia.

Reverenciei o Mestre deitando-me no chão como faz o discípulo em total humildade e entrega àquele que o conduz das trevas à Luz. Depois sentei-me a seus pés.

– Está muito difícil, Mestre. Muito difícil!

*

Imagine seu coração ardendo numa Chama Eterna no interior de um cálice.

O coração, que se acende pelo Fogo do Amor, é o sol de todos os sóis do universo; é indestrutível, escudo infalível que torna o seu portador infenso às flechas traiçoeiras que zumbem no decorrer da Grande Batalha. Assim, o coração é a morada do irresistível Poder do Amor; este é o nosso Raio. Diante dele, toda ilusão se desvanece. A vitória na Batalha, portanto, resume-se a sustentar o cálice flamejante.

O coração é também o palco da imaginação. Como é possível o movimento sem a força da Mente? Como é possível a Vida sem um plano predeterminado? Como se pode chegar ao cume tão almejado se não houver uma rota? Se até os Adeptos de grau mais elevado trabalham em consonância com um Plano! Se a própria Vontade do Criador se revela através de objetivos para cada sistema!

Maria, símbolo da Mãe do Mundo para nosso planeta, certa vez lhe disse: "Neste momento você é Deus criando a rosa." Então sucederam-se as sete etapas da Manifestação. Agora eu lhe pergunto: onde está o Plano Infalível, com os Sete Dias da Criação que, no passado, deu vida a uma rosa, e no presente pode promover a união de Metades Cósmicas?

Mesmo um gigante pode ser abatido por um pensamento ou sentimento pequeno, se este atuar como dissonância. O medo, a angústia, a intranquilidade são exemplos de sentimentos anões, e cada sentimento gera energia. O medo da perda ou separação, que no caso prevalece, ao crescer se tomará um ímã negativo; não sendo consumido a tempo, inevitavelmente se confrontará com você numa luta mortal, até ser esgotado.

Convença-se de que não há, nem pode haver, perda ou separação. Reconheça a Força irresistível do Amor. Sustente o cálice flamejante. Que o coração determine o Plano. A Vitória é inevitável.

Sim, o Plano, onde está? Onde está o suave perfume da Paz, selo da Criação? Só estou vendo intranquilidade! No entanto, a tranquilidade do coração não significa imobilidade, pois o coração ardente não pode ser imobilizado. Tranquilidade do coração significa equilíbrio perfeito, o Fiat.

Existe um amor terreno, que retém, mede a distância entre Friburgo e Maricá, entre Darjeeling e Maricá, e que já nasceu condenado à morte, para que, através desta, possa renascer em nova forma. Existe também o amor celestial, que É no Eterno Agora pois é a consciência inteira, plena, onisciente, onipresente, infinita, imortal. O primeiro se desintegra, ao passo que o segundo contém a chave da Eternidade: é o Ímã Cósmico.

O Ímã Cósmico, fundamento do Mundo Ardente, é o nosso Poder Sagrado e se reflete em tudo o que existe. O magnetismo cósmico reúne átomos, partes do mundo, consciências, raças, nações, aspectos da evolução, manifestações de todas as atrações. Na origem de todas as manifestações vitais e mesmo atrás da lei cármica está o Ímã Cósmico.

Exaltar o Ímã Cósmico corresponde a exaltar também o Eterno Princípio Feminino, simbolizado pela Mãe do Mundo. Na nova época que se aproxima, o Princípio Masculino devolverá voluntariamente o tesouro do Mundo à Divina Consorte, à Grande Cooperadora da Mente Cósmica, para que estabeleça a Vida e manifeste a unidade das mulheres. Mãe reverenciada pelos Senhores do Fogo, nós, os Arhats, suplicamos: "Que venha a Sua Estrela Sagrada, Senhora! Sim, que venha!"

Na poeira do passado ficou soterrada a força das amazonas; na Nova Era far-se-á necessário mostrar o aspecto espiritual, perfeito, da mulher. No semblante de cada uma, distinguir o resplendor da Mãe do Mundo; na unidade de todas, contemplar Seu Manto.

Marcelo Pão e Vinho, através do véu de *mâyâ*, a ilusão, é necessário sempre discernir:

- a essência
- as fragrâncias
- a energia pura
- a matriz eletrônica
- a canção
- o graal vivo, ungido

e não a chame mais de monstrinho ou megera! Nem de brincadeira! Rejeitamos as aparências que limitam! Use o Verbo que cria positivamente!

Invoque todo o seu Amor. Reúna todas as imagens do Amor e sobre elas construa o Plano; sobre elas maneje o ilimitado Poder do Ímã.

O ensinamento do Senhor Gautama já afirmava que a Luz não teme as trevas. A Luz Vitoriosa engolfa tudo.

*

Trocando em miúdos: estava tudo errado. Tinha que reavaliar o percurso, transmutar os sentimentos anões, afirmar veementemente o Poder da Presença, centrando-me no Ímã Cósmico. O coração deveria arder de Esperança e Fé.

Assim foi: queimei a anãozada toda. Por fim contemplei, entre as labaredas, o olhar oblíquo se transformando no olhar límpido da Mulher Divina brilhando de Amor por mim. Definitivamente Carmen não é, nem nunca foi, Capitu, personagem de Machado de Assis! E também não é monstro, nem monstrinho, nem megera! Carmen é Carmen.

Depois, o Plano. Para elaborá-lo, nada melhor que me ligar à própria fonte de inspiração: Mãe Maria, encarnação do Eterno Princípio Feminino para os filhos da Terra. Falei com ela por intermédio da Gruta do Sol:

– Mãe, quero colo. Pode ser?

– Claro, filho! Sempre!

De fato, o colo de Mãe Maria é o lugar ideal para se pensar em mulher.

*

No colo da Mãe do Mundo, fiquei quietinho, em atitude receptiva.

Lentamente, uma imagem emergiu das águas pacificadas da mente: uma Espada Flamejante, de lâmina fina e cortante e punho cravejado de diamantes; envolvia-a uma aura azulada. Era Excalibur, a Espada Sagrada do Primeiro Raio, que é a própria Vontade Divina. Nesses primeiros dias em Luxor, já obtivera algumas informações acerca dessa estupenda Atividade da Luz. Nas provas do discipulado, o aspirante à ascensão tem que manejar Excalibur com o olhar justo e límpido e o coração ardendo de Misericórdia, para cortar a insinuante rede de *mâyâ*, o véu de Ísis, o mal, aniquilando-o por completo, mas com inabalável Amor por quem o praticou.

Espada da Cristalina e Poderosa Vontade de Deus, Espada da Justiça Perfeita, do Discernimento, do Amor e da Compaixão, Excalibur é real, posto que é a Verdade. Contemplando um dos símbolos do Raio Azul (o outro é o Santo Graal), compreendi cabalmente o que me dissera João Alegre no decorrer do nosso primeiro encontro, na sala subterrânea das sete portas: a Luz é Una. De fato, na Vontade-Poder inerente ao Fiat, todos os Raios estão contidos.

Excalibur, a Vontade Suprema, desapareceu da tela mental e se materializou viva acima de mim, com o gume apontado para baixo, quase tocando o alto da minha cabeça. O fluxo eletrônico no interior do cordão de prata se intensificou.

EU SOU... EU SOU... EU SOU...

Excalibur desceu em mim. Sua ponta penetrou através do lótus de mil pétalas que é o centro energético do alto da cabeça, fazendo-o explodir em cores como um caleidoscópio; foi descendo gradativa e gentilmente, transpassando todos os meus centros energéticos, e finalmente se alojou no cóccix. Entrei em êxtase.

Em êxtase, todas as imagens possíveis e imagináveis do Amor estavam reunidas em mim; fácil manipulá-las na elaboração do Plano Infalível.

O Ímã entrava em operação. Perante Sua Luz Oniabarcante, a ilusão dos sentidos e da matéria se dissolve. Dissolveu-se o casamento de Carmen. Que, diga-se de passagem, nunca foi casamento mas uma doença a dois.

Já na segunda-feira na faculdade, depois do final de semana Maricá/Darjeeling, nossos olhares se buscaram vezes sem conta; eram olhares de amantes, com um quê de cumplicidade. Bem, daí por diante... Amor, doce Amor!

*

Como disse anteriormente, o discipulado de Luxor só termina na ascensão (o Lírio da Vitória), já que a sétima e última prova é justamente a vitória sobre a morte, a conquista da Imortalidade; só aí é que o discípulo recebe a permissão cósmica para elevar o corpo e habitar permanentemente nas oitavas de Luz, em companhia dos libertos.

Já tinham decorrido quatro anos desde a minha apresentação aos Hierofantes Serapis Bey e Ísis quando Morya me concedeu a Chama da Ascensão (é sempre o Mestre quem faz essa entrega ao discípulo).

Acabara de alcançar êxito na quarta prova – a Força, na qual lutara com Excalibur na mão, o olhar límpido de Amor e o coração compassivo. O esforço fora demasiado. Estava exausto, mas feliz. Ajoelhei-me aos pés de Morya.

– Eu o congratulo, meu Amado. A Força da Luz É em você - disse o Mestre, inebriado de Alegria pela conquista alcançada por este seu discípulo.

Ele abriu um pouco as mãos, com as palmas voltadas para cima e, nelas, se manifestou a energia puríssima da Ascensão, a mesma Chama que brilha no Monte Betânia O fulgor do Fogo Branco transformou aquela sala de Luxor, onde estávamos, numa câmara ardente.

– A Vontade de Deus está em você. A Vontade de Deus é Pureza!

Ele baixou as mãos. A Chama foi sugada pelo meu corpo, para a região da bacia, denominada esotericamente de *mar de energia*, de onde o Fogo da Pureza se irradia para todas as direções, tomando o discípulo por inteiro.

Eu me ergui forte, revitalizado, ansiando pelas provas seguintes.

***CRISTO**: o Caminho, a Verdade e a Vida da Grande Fraternidade Branca*

El Morya – Senhor do Primeiro Raio

Confúcio – Senhor do Segundo Raio

Rowena – Senhora do Terceiro Raio

Serapis Bey – Senhor do Quarto Raio

Il Arion – Senhor do Quinto Raio

Nada – Senhora do Sexto Raio

Saint Germain – Senhor do Sétimo Raio

Capítulo VIII
VOO LIVRE

O arco estava retesado ao máximo e apontado em minha direção. Num piscar d'olhos as flechas começaram a zunir. ZIM... VAPT! ZIM... VAPT! E mais outro VAPT! A bem da verdade, cada flechada daquela era uma carícia em meu rosto sorridente.

"De tanto levar
Frechada do teu olhar
Meu peito até parece
Sabe o quê?

(Adivinhem do que é que eu e Carmen estávamos brincando!)

"Táubua de tiro ao álvaro
Não tem mais onde furar."
(Mas a gente sempre arranja mais um lugarzinho.)

Brincávamos de cumplicidade, que é a brincadeira preferida por dez entre dez casais de apaixonados. O Ímã funcionava a pleno vapor!

Era a manhã de segunda-feira, pós-Darjeeling/Maricá. Eu sorvia a vitória inevitável, cantarolando a música de Adoniran Barbosa.

Ao final das aulas do turno da manhã, a turma toda saiu para almoçar. Carmen sentou-se ao meu lado, à direita. À frente, Márcio ergueu o copo comandando o brinde. Depois Paletó fez a barulhada de sempre e monopolizou as atenções. Aproveitando o ensejo, virei-me para ela:

– Agora me fale de você.

– De mim?! Infelizmente, companheiro, nada tenho a declarar.

– Mas por que nada?

– Porque... não há nada de concreto. – E prosseguiu, em tom reflexivo. – Apenas indagações. Hoje, segunda-feira, acordei me sentindo... sei lá... aliás, não sei se foi somente hoje ou se já venho sentindo isso há mais tempo, sem querer admitir... Ah, sabe de uma coisa? Vamos deixar esse assunto pra lá, vamos falar sobre o tempo, que é melhor.

– Não, não. Vamos falar de você. Como foi que acordou hoje?

– Meio pra baixo, me questionando pra caramba. Constatando certas coisas...

– Por exemplo?

– Por exemplo: que nunca fui eu mesma. Que nunca fiz o que quis fazer simplesmente porque nunca soube realmente o que queria da vida. É isso: nunca fui eu mesma. Nunca entrei em contato com a minha essência, o meu *eu* mais profundo, o meu *self*, a minha alma. Estranho o que eu estou dizendo, né? Você deve estar me achando meio doida...

– De jeito nenhum.

Ela suspirou, pensou um pouco, e continuou falando:

– Tudo o que fiz até agora ou foi por conveniência ou então por obrigação; acho que nunca me entreguei a nada nem a ninguém... A única exceção talvez seja a Medicina, que estou estudando agora. Estou convencida de que é isso o que eu quero estudar. Mesmo assim, a decisão foi tardia.

– Antes tarde do que nunca...

– Estou chegando à conclusão que nunca amei ninguém realmente...

De certa forma Carmen estava pensando alto. Era um monólogo.

– Acho que nunca amei de fato. Não estou falando de família, claro. Porque a minha família, graças a Deus, é muito bem estruturada e afetuosa. Eu amo, sempre amei meus pais e irmãos. Quando eu digo que nunca amei de fato, estou me referindo a relação afetiva... homem, entende? Marido... é duro admitir isso, especialmente quando se está casada há apenas seis meses...

– Não dá mais para tapar o sol com a peneira, não é isso? Não dá mais para reprimir o que você está sentindo... Então deixa sentir, deixa fluir, deixa sair... Quem sabe se uma outra porta está se abrindo para você, hein?

Ela me olhou desconfiada.

– Por que você diz isso?

– Intuição. Estou errado?

Foi então que nos olhamos. Fixamente. Ternamente.

– Talvez não...

Dando-se conta do rumo que a conversa estava tomando, Carmen desviou o olhar. Mexeu-se na cadeira, inquieta, perturbada. As mãos, trêmulas, demonstraram claramente o seu nervosismo. Ela respirou fundo, guardou silêncio por alguns instantes e, finalmente, voltou a falar:

– Estou me sentindo exatamente como numa roda-viva. Tem um vulcão se movimentando dentro de mim. Ou um terremoto; parece que o chão está prestes a se abrir sob meus pés. O vento sopra forte. E uma onda gigantesca se forma à minha frente. Enfim, meu mundo inteiro está balançando... contra a minha vontade, porque tudo isso é muito inquietante, ameaçador...

– Acho que não é bem assim. Se você de fato não quisesse, isto não estaria acontecendo... Mas, por outro lado, passaria a vida inteira entorpecida – e isto é uma verdadeira tragédia. Afinal, você falou em roda-viva. Está consciente do que ela significa?

– Sinceramente eu preferia nem imaginar. Eu daria tudo para cair fora dessa roda-viva. Queria que ela passasse ao largo. *Vade retro!*

– A roda-viva pode ter chegado para corrigir desvios, abrir novos horizontes... Por que não a encara de frente?

– O olho do furacão é cego e estou na periferia.

– Mais uma razão para não ser cega. Só enxergando o que está acontecendo é que terá condições de chegar ao centro da roda, que é estático.

– O que quer dizer com isso? Pela maneira de falar até parece que você está se referindo a alguma coisa específica.

– E estou. Ao seu casamento. Chegou ao fim.

Peguei-a desprevenida. Ela quase deu um pulo da cadeira.

– Como?! O que foi que você disse? – perguntou, com os olhos verdes já arremessando novas flechas, que se cravavam no meu peito-tábua, já tão furado.

– Seu casamento, Carmen, não está em crise, não. Ele simplesmente acabou, é isso! Não existe mais! Energeticamente ele já se dissolveu! Pode-se dizer que você não é mais casada. Está livre. Eis o que é a roda-viva: a força que veio movimentar sua vida, desintegrando, para começar, uma relação inconsistente, falsa, que é o seu casamento. Mas a roda-viva também está trazendo liberdade – a liberdade que você, inconscientemente, estava desejando. Use, então, sabiamente, essa liberdade. Porque já se avistam novos horizontes. Uma nova manhã está nascendo.

– Como você pode saber de tudo isso? Quem lhe contou?

– Você mesma. Preste atenção: durante a noite sua alma se encontra com a minha e conta tudo.

– Não brinque!

– Não estou brincando. Olhe para mim. Pense. Lembre. Você nunca sonhou comigo?

Nossos olhares voltaram a se encontrar. Ternos, cúmplices. Mas em seguida, ela acabou por desviar o rosto. Nisso, o garçom chegou com a comida; serviu-a. Ao final, agradecemos e o garçom se retirou.

– Então responda: você se lembra de já ter sonhado comigo?

– Você me assusta, sabia?... Mas isso não seria possível... afinal, nós nos conhecemos há tão pouco tempo que...

– Ah, quer dizer que você acha mesmo que é pouco tempo?

– Como assim? Nós nos conhecemos há uma semana apenas! Porque eu tenho certeza de que nunca nos vimos antes de eu entrar nessa faculdade... Ei, peraí, Daniel, você está me gozando o tempo todo, é isso!

– Não, de jeito nenhum!

– ... a não ser que as histórias que contam a seu respeito sejam verdadeiras...

– Que histórias contam a meu respeito?

– Que você é sensitivo, meio bruxo. Esse tipo de coisa.

– Quanto à sensitividade, pode ser... Vá lá que seja... Afinal, somos todos sensitivos, é só uma questão de treino, de disciplina. Quanto à acusação de bruxaria, isso é uma calúnia! Imagine... só porque eu tenho em casa uma vassoura voadora e um caldeirão para misturar sal e enxofre, e porque eu tenho o hábito de latir em noites de lua cheia, não quer dizer que eu seja bruxo, ora essa! Tudo isso é muito normal e não tem nada a ver com bruxaria!

Ela riu da minha piada e – vapt! – disparou outra flechada na tábua do meu pobre coração apaixonado. Depois ficou séria, mastigando. Por sua expressão pensativa, e se fosse eu um autor de outra época, diria que estava bastante ensimesmada. De repente, ela pousou os talheres no prato e me chamou.

– Daniel...

– Hum.

– Eu queria conversar com você, mas longe daqui. Pode ser? (No ato fiz que sim com a cabeça, já me sentindo inebriado de felicidade.) Topa sair daqui agora?

– Sim senhora! Agora! Vamos indo! Já! Correndo! Pra onde?

– Por aí, pra qualquer lugar. Eu estou de carro.

– Certo.

Numa velocidade quase igual à da luz, calculei o valor de nossas despesas, preenchi o cheque e o entreguei a Márcio, apanhei a mochila com cadernos e livros e saímos, acompanhados dos olhares curiosos da plebe ignara.

Saímos e não voltamos para as aulas da tarde.

Fomos para Pedra de Guaratiba, onde ficamos horas olhando o mar e contando segredos. Ela falou do casamento. A sensação que tinha era a de que se embriagara na noite anterior e hoje, acordando, se pergunta: *O que estou fazendo aqui?*

– Sim, a roda-viva chegou mesmo e se instalou de vez. Não adianta mais fingir que ela não existe.

– Você diz que tenho de encará-la de frente, entender o que está acontecendo e por quê. Muito bem, concordo: afinal o calo está doendo e vem doendo há um bom tempo, embora nunca antes tenha tido a coragem de me olhar no espelho e admitir o que os olhos gritam, a boca cala e a mente dissimula – minha eterna mania de dourar a pílula! Mas vou me enfrentar, Daniel. Prometo. Aqui e agora, diante desse mar. Tendo você como ouvinte, o ouvinte que eu, por confiança instintiva, escolhi. Mas por onde começar?

– Por você. Falando de você. O que vier à cabeça...

E ela falou. Começou falando sobre o curso de Psicologia da UFF, em Niterói, que tinha cursado até o terceiro ano; acabou trancando a matrícula para não mais voltar. Depois, emendou nas leituras: *influenciada pela Psicologia, devorei livros e livros sobre*

Freud, Jung, Adler, Reich e mesmo Lacan; aí enveredei por Erich Fromm, Marcuse, Levi Strauss, Simone de Beauvoir, Relatório Hite, Margareth Mead...

– Religião? – perguntei.

– Nenhuma.

Aí chegou a hora de falar sobre casamento:

– Conheci Mário no ano passado. Com 41 anos, tinha sido casado durante 11. Estava separado, portanto, e queria uma nova mulher e uma nova casa porque não conseguia mais viver só – aliás, quase todo homem é assim... Eu, de minha parte, também queria ter a minha própria casa – porque, por mais que eu me dê bem com meus pais, a gente sempre tem necessidade de ter o próprio espaço... E foi assim que nos casamos... por comodismo.

– E como é o relacionamento de vocês?

– Seria injusto dizer que nossa relação é difícil ou cheia de conflitos até porque não brigamos. Apenas temos perfis e interesses completamente diferentes. Exemplos: ao contrário de mim, ele vibra com futebol, é torcedor roxo do Flamengo, não perde quase nenhum jogo no Maracanã. Eu sou diurna, gosto da natureza, gosto de pegar uma praia cedinho, no máximo até as 10 da manhã, ou então fazer umas caminhadas ao nascer do dia, enquanto ele gosta da noite. Eu amo poesia, ele curte luta livre. Eu leio romances, ele costuma assistir os piores programas de televisão... Para resumir: as diferenças, ao invés de estarem sendo atenuadas com a convivência, estão se acentuando cada vez mais...

Carmen continuou falando, falando, falando, e, no final, com certa dificuldade, acabou pronunciando a palavra-chave: incompatibilidade.

– Mas estou casada há apenas seis meses...

– Não seria pior se fossem 15 anos?

– Separação agora, com apenas seis meses de casamento, me soa meio assustador. Não deixa de ser uma confissão de fracasso...

– Você não está feliz; chegou a admitir a incompatibilidade; está consciente dela. Chegou a admitir também que não chegou a se apaixonar por Mário; foi tudo uma questão de comodismo. É uma relação fria. A frustração está aumentando dia a dia. Eu pergunto: a separação, nesse caso, não poderia representar uma possibilidade de renovação? De libertação?

O olhar de Carmen se voltou para a linha do horizonte.

– E se você tivesse oportunidade de ter uma outra relação, mais gratificante, mais profunda?

Ela ficou absorta, pensando, pensando...

– Carmen, estou me candidatando.

*

Com satisfação sorvi o ar purificado pela chuva recente; os nimbos tinham se dissipado e um estupendo arco-íris fazia a festa. Primavera! Renovação! A sagrada dança do deus Shiva, dos hinduístas. O Espírito Santo! O Amor!

O sítio não era muito grande mas, para Walter, amplo o suficiente para suprir sua imensa necessidade de natureza e silêncio. "Já dei a César o que é de César" – declarou solenemente à família reunida, quatro anos antes, quando do recebimento de tudo a que tinha direito da aposentadoria.

– Agora, quero sair de cena, sair desta cidade barulhenta, confusa, e viver da única forma que considero viável: no mato. Sem poluição, sem engarrafamentos, sem greves, sem agrotóxicos, plantando o que a gente vai comer, respirando ar puro, ouvindo grilo coaxar...

– Sapo, papai – corrigiu Ísis. – Quem coaxa é sapo. O que o grilo faz é ficar buzinando no nosso ouvido que nem ele fazia com o Pinóquio.

– Uma vida mais saudável – continuou Walter, ignorando o aparte. – Com o meu Fundo de Garantia do colégio particular mais a aposentadoria de professor da faculdade mais a poupança e mais a sua aposentadoria, Mônica, dá perfeitamente para comprar um bom terreno lá para os lados de Friburgo, ou Teresópolis, e construir uma bela casinha, hein? Não estou falando de luxo, mas sim de conforto... Que tal? Sem pressa a gente pode ir tocando a obra... Aliás, já andei fazendo um levantamento de preços de manilha, saibro, tijolo...

Estranhei. Tinha algo errado na conversa.

– Ué, pai, você andou pesquisando preços de material de construção antes mesmo de procurar um terreno?

– Bem, pra ser mais preciso, o terreno já existe. (Voltou-se para Mônica.) O Noronha. Você sabe, há muito tempo ele vem propondo o negócio. Mas agora que ficou viúvo, resolveu vender logo e repartir o dinheiro pelos filhos. A oportunidade é esta. O preço está acessível e além disso ele vai facilitar... afinal, ele me conhece muito bem.

– E os meninos? – perguntou, protetoramente, a mãe. – Como é que ficam? E Luísa?

– Vão todos com a gente, ora essa! Qual é o problema?

– Daniel está se preparando para o vestibular aqui na Federal e Ísis tem a escolinha dela...

– Por mim não, mãe – me apressei a dizer. — Se um dia vocês forem morar em Friburgo ou Teresópolis e eu não puder ou não quiser ir, posso perfeitamente morar só. Já sou maior, vacinado – um homem feito! Sei me virar.

Walter concordou no ato com meus argumentos.

– É, Mônica, Daniel é um homem feito, reconheça. Não é mais o nosso garotinho! Qualquer dia desses vai estar aí casado, cheio de filhos, vai seguir o caminho dele...

– Pai, lá tem cavalo? Porque eu pedi a Papai Noel um cavalo de verdade, para morar aqui com a gente...

Mônica se aposentara (como secretária executiva) proporcionalmente aos 25 anos de trabalho e gostava da vida rural; eu poderia morar só; Ísis, a muito custo convencida da impossibilidade de um cavalo conviver com a família num apartamento ("ele bem que podia ficar na área de serviço!") e ante a perspectiva de tê-lo no campo, obviamente preferiu Friburgo-Teresópolis. Os planos de Walter contavam com a preciosa aquiescência familiar.

– Você tem prazo para dar uma resposta ao Noronha?

– Tenho. Até amanhã.

O sítio, localizado na periferia de Friburgo, foi comprado; o terreno, preparado, e logo se iniciaram as obras. Foi contratado um empreiteiro que parecia honesto e eficiente, que chefiava uma equipe que também parecia honesta e eficiente. Apenas pareciam. Após três anos de aborrecimentos vários, tais como furtos de material de construção, sumiços de pedreiros, eletricistas, bombeiros, carpinteiros, ladrilheiros e toda sorte de ajudantes, além do próprio empreiteiro, Walter chegou à conclusão de que, se não estivesse permanentemente presente para supervisionar, as obras jamais chegariam ao fim. E em julho desse ano, tomou a decisão de se mudar imediatamente para a casa não totalmente construída.

Correu-se atrás de colégio para Ísis nas imediações; os únicos que ainda tinham vagas disponíveis para o segundo semestre não apresentavam bom nível de ensino. Por isso, resolveu-se que ela ficaria morando comigo no Rio até o final daquele ano letivo; então, nas férias, ela se mudaria de vez para Friburgo, juntamente com Luísa. Tudo resolvido, Walter e Mônica se mudaram para a nova casa, ainda em obras.

Apesar dos percalços, o sacrifício fora amplamente compensado; em menos de três meses as obras progrediram tanto quanto se tinha conseguido em quase todo o ano anterior. A começar da tabuleta de entrada ("Sítio Saint Germain"), o lugar era rico em árvores, ervas medicinais, gnomos e silfos brincalhões, diáfanas fadas que voluteavam na superfície de um veio d'água localizado dentro dos limites do terreno, e elementais que me pareceram Devas, dada a sua beleza e a intensidade de sua Luz. Atrás da casa, ficava a horta absolutamente natural, sem agrotóxicos; Walter aproveitava os momentos ociosos para se aprofundar na chamada Agricultura Biodinâmica.

Assim, a pureza dos alimentos era perfeita e, diga-se de passagem, muito concorreu para acelerar o processo de sutilização do meu corpo físico; a partir dessa época, claro, passei a abastecer minha casa no Rio única e exclusivamente dos legumes e verduras daquela horta, produzida pelo Amor de Shiva, cultivada com o Amor de Walter e supervisionada pelo Amor dos Devas.

À esquerda, na parte posterior do terreno, ficava um pequenino estábulo, com espaço para aconchegar a égua "Licença" (nome inspirado em Ísis que, ao se aproximar do animal para acarinhá-lo, sempre pedia licença) e o filhote recém-nascido, o potrinho "Pois Não".

Contemplava embevecido a terra, o céu, aspirava o perfume da primavera, a paz, quando... sim, levei um susto. Diante de mim, com os pés quase tocando a relva, um casal de Arcanjos me fitava, inundando-me de Amor. Imediatamente soube que eram os *meus* Arcanjos, os Arcanjos que compunham minha Família Cósmica. Deveriam ter uns seis metros de altura. Ou mais.

Diariamente eu afirmava o que Saint Germain ensinara anos antes:

EU SOU a União da minha Família Cósmica.
EU SOU o Ser Cósmico Integral.
EU SOU uma Ideia Individualizada e Completa de Deus.
EU SOU no Cristo que se realiza no anjo, no homem e no elemental.
EU SOU o Amor que sela esta União.

Ao vê-los, enfim com toda nitidez, outras palavras de Saint Germain afloraram-me à consciência: "Mesmo que a princípio o estudante não se aperceba da realidade dessa União, mais cedo ou mais tarde experimentará a completa convicção desta Poderosa Verdade e Poder. O sentimento traz consigo uma certa visão coexistente. Muitas vezes sente-se uma coisa com grande clareza, pois na realidade está sendo percebida do ponto de vista interior."

Com efeito, eu já vivia na completa convicção dessa Poderosa Verdade. Essa convicção foi se fortalecendo aos poucos: primeiro sentira a aproximação de suas Presenças; depois, passara a receber mensagens telepáticas; suas vozes repercutiam em minha mente e eu, inclusive, chegava a discernir-lhes os timbres. Mas quando me esforçava para enxergar suas feições, meus esforços se dissolviam como espuma num oceano de Luz Azul-Elétrica.

Agora suas imagens estavam mais definidas: eram louríssimos e de olhos cor de âmbar... O que mais poderia dizer? Estava tão espantado com sua altura!

– Por sermos anjos ascensionados, somos seres imateriais, ou seja, não temos uma forma propriamente dita. Mas quando nos manifestamos visivelmente para algum ser humano, esta é a nossa altura padrão: seis a sete meses de altura, que podem ser reduzidos para facilitar o contato com os humanos... Por outro lado, é bom lembrar que existem muitos outros Seres Cósmicos, verdadeiros Senhores Galácticos, infinitamente maiores em Luz, Amor e Poder, que têm uma envergadura da extensão de galáxias, ou ainda além delas – uma mínima parcela da humanidade se referem a essas Consciências de Puro Esplendor como Tronos, Coroas e Potestades. Sua Glória é indescritível...

Ato contínuo, eles diminuíram de tamanho até ficarem com um pouco mais de dois metros. Nesse exato momento, também se manifestaram, ao meu lado, o casal de elementais. Pouco durou a visão dos Arcanjos e dos elementais, pois logo se desmaterializaram. De qualquer forma, naquele instante fugidio, eu experimentei a nítida sensação de ser uma Pessoa completa: eu *soube* que a minha consciência tinha se ampliado como num passe de mágica e que, assim, poderia vir a funcionar como um Ser Cósmico Integral, isto é, que também poderia vir a funcionar no futuro nas dimensões angélica e dévica.

Por falar em Família Cósmica, pensei em Carmen. Já tínhamos começado um relacionamento. Dez dias após aquela conversa em Pedra de Guaratiba, ela voltara a morar com os pais, colocando um ponto final à farsa que era seu casamento; nesse sábado tinha ficado no Rio providenciando a retirada de alguns móveis, roupas e objetos pessoais do antigo apartamento, ainda ocupado por Mário. Por uma questão diplomática, digamos assim, achamos por bem manter nossa relação em sigilo, pelo menos até passar essa fase crítica de turbulências, que naturalmente se segue a uma separação.

Durante toda aquela tarde fiz uma longa caminhada pelas redondezas, mantendo uma comunicação mental com meus elementais. Conversamos sobre uma das coisas que mais amávamos: a Medicina. O Amor pela Medicina significava, para nós três, o Amor pela humanidade. Em consequência, já havia em nós o mesmo ardente anseio de doar nosso corpo como pão e nosso sangue como vinho para que outros irmãos deles se alimentassem e alcançassem a cura verdadeira, isto é, a cura da alma e, por extensão, a cura de todos os demais corpos. Sim, queríamos ser instrumentos de Cura.

Um trecho da conversa:

– O curador tem que ofertar o seu ser ao Altíssimo e reconhecer a sua unidade com a Grande Corrente Universal de Amor-Sabedoria. Tem que olhar para o seu paciente distinguindo nele a essência perfeita. E ao fazer isso, o curador se torna uma fogueira diretamente alimentada pelo Infinito. A cura se ·faz – espontânea e completamente...

Outro trecho da conversa:

– Se o médico estiver trabalhando desta forma, ele mesmo receberá uma graça, uma energia especial, que irá potencializar ainda mais a energia de cura que está atravessando os seus corpos...

Dois anos mais tarde eu me formaria em Medicina; meus elementais, Megatron e Tarita, conheciam a Mãe Terra e A amavam com ardor; pesquisavam sobre plantas e ervas; sobre gemas preciosas e semipreciosas e seu uso terapêutico; tinham conhecimentos da Hidroterapia. Estávamos unidos pelo Amor e pela vontade de evoluir... por que não nos uníamos para desenvolver um trabalho conjunto dentro da Medicina?

Unimo-nos, trabalhamos e crescemos juntos. Com infinita alegria quero dizer que eles, agora, são belíssimos Devas. E um dia serão Elohim... as portas da evolução estão abertas para todos nós.

Para mim, a Medicina é Religião. Religião é a Única Verdade. A Única Verdade é a Vontade de Deus. A Vontade de Deus é Amor - por isso o Trono de meu Mestre, em Darjeeling, não é azul; é escarlate, de Amor.

Medicina é Amor.

Literatura é Amor. É o instrumento de que me valho no desempenho do sacerdócio de Melquisedeck. Pão e vinho, a seu dispor. Por favor, alimentem-se. Mergulhem, através das páginas deste livro, no Novo Grupo dos Servidores do Mundo, essa teia de luz formada por homens e mulheres já espiritualmente despertos, que estão conectados com a Hierarquia e que trabalham para a regeneração deste planeta.

A todos vocês que me leem, e a cada um que se sinta vinculado com a Obra da Luz neste planeta,

O MEU AMOR.
(Contem comigo.)

*

Para todos os que almejam servir à humanidade e à Hierarquia dos Mestres, vou relembrar o antiquíssimo caminho das rosas. Requisito básico: coração cheio de amor a Deus, pois o amor é o ponto de partida e de chegada, é a chave e o caminho; ele se derrama como amor ao próximo e se manifesta como ideal de servir.

> Amarás, pois, ao Senhor teu Deus de todo o teu coração, e de toda a tua alma, e de todo o teu entendimento, e de todas as tuas forças; este é o primeiro mandamento. E o segundo, semelhante a este, é: Amarás o teu próximo como a ti mesmo. Não há outro mandamento maior do que estes. (Marcos, 12,30)

Na prática destes mandamentos, se dissolverão as três ilusões principais: a ilusão da morte, e dois sentimentos: o de propriedade e o de separatividade.

Amor a Deus e ao próximo. Da observância desses dois simples mandamentos revelados por Joshua, virá o Sacerdócio de Melquisedeck. É quando o Mago transforma a sua carne em Pão (alimento) e o seu sangue em Vinho (bebida) para que outros possam nutrir-se e elevar-se em Luz.

Sacerdócio de Melquisedeck. Exemplo prático: Márcio foi o cardeal que, durante a Inquisição, me torturou e matou. Depois desse episódio só voltamos a nos encontrar na presente encarnação. Eu o reconheci de imediato, mas já o havia perdoado pelo menos há três séculos atrás. Eu o reconheci, portanto, como meu irmão, sem nenhum rancor – até porque se, naquela época, eu passei por um sofrimento tão grande assim é porque, de alguma forma, eu o merecia e tinha que passar por essa experiência; não por acaso estamos encarnados aqui, neste planeta de expiação, regido por uma lei cármica das mais severas. Num certo dia, vislumbrei a sorte que o aguardava. Trabalhei arduamente na resolução desse carma, que não pôde ser transmutado inteiramente (até porque havia muitas outras pessoas envolvidas e ainda cheias de ódio e ressentimento) mas que foi atenuado em grande parte, a ponto de livrar Márcio de uma vida vegetativa.

Estou contando este fato não para me vangloriar, mas para dizer que sempre que estivermos cumprindo os dois mandamentos revelados por Joshua, a pesada roda do carma, de uma forma ou de outra, estará se movimentando no ritmo do perdão dos pecados.

*

Eu, o Filho, o Cristo Interno, a Presença, a centelha de Vida imaterial, sou um com Deus.

Estava no quarto, meditando, quando, na minha tela mental, se desenhou uma translúcida estrela de cinco pontas, irradiando uma luz tão intensa que me fez abrir os olhos.

A janela estava aberta, e por ela entrava livremente a claridade de uma bela manhã de sol; mesmo assim, a luz da estrela de cinco pontas, que agora brilhava intensamente também diante de meus olhos físicos, deixava a claridade matinal quase obscura. Tornei a fechar os olhos, quieto, atento.

Imediatamente me veio à memória a frase que eu lera, ou ouvira, não sei onde e nem sei quando: "NA LUZ VERÁS A LUZ".

A intuição se desatou: a estrela de cinco pontas, por representar o homem evoluído, é também o símbolo sagrado do Cristo, a união dos aspectos divinos da Vontade e da Inteligência, pulsando num centro de Amor...

– A palavra Cristo tem vários significados...

Identifiquei a voz do Mestre Morya, perfeitamente audível no ambiente, mas não vi sua figura.

– Nós manifestamos revelações ao ouvido sensível... – disse, à guisa de explicação.

E continuou falando de Cristo:

– Cristo é o Filho de Deus presente em cada ser humano; é a manifestação individual da Divindade. Cristo também é o Fogo, a energia, a consciência desse Filho de Deus que, quando invocada, desce de sua frequência altíssima (o "Reino dos Céus") e permeia toda a personalidade humana, todos os corpos do homem – no físico, ela nutre as células do corpo; como vivência, expressa amor e luz dentro do coração, e se revela como uma Vida mais abundante, porque é Luz, Amor e Poder, tornando o discípulo apto para trabalhar junto com a Hierarquia Espiritual da Terra.

E continuou:

– Cristo é também a energia cósmica de Amor–Sabedoria, energia essa fundamental da nossa galáxia e da Terra. E é, por excelência, a energia da unidade, ou da unificação, que faz com que um ser ame de fato seus semelhantes e se identifique com eles. E tanto por ser a energia cósmica quanto por ser o Amor que brilha no coração, Cristo é a Luz do Mundo.

*

Cristo é a Luz do Mundo e, como tal, precisa voltar à terra, espalhar-se pelo mundo, percorrer os caminhos dos homens, despertar as consciências adormecidas, ressuscitar os Filhos de Deus. Por isso, Mestre Morya sugeriu que, em minha casa, fosse inaugurado um foco de luz, isto é, um Santuário que irradiaria, no plano físico, a Luz da Presença Divina. O meu quarto foi o local escolhido.

A mesinha de cabeceira, recoberta por um pano branco, transformou-se em altar; sobre ela, coloquei um cálice de cristal e três velas, simbolizando a Santíssima Trindade.

Meu guru abençoou o local, protegendo-o com um cinturão de Luz Eletrônica. Imediatamente apresentaram-se homens, anjos e elementais com um alto grau de espiritualidade que, por Amor e afinidade vibratória, me auxiliariam a manter viva a Luz do local. Um deles, um Arcanjo de belíssima aura rosada, desempenharia um papel fundamental na manutenção desse foco: o de Guardião, que zela permanentemente pela proteção e pureza das irradiações que dali seriam emitidas. Através da comunicação com os Guardiões de outros Focos e grupos espirituais do mundo inteiro, ele estabeleceria linhas permanentes de contato para intercâmbio energético, promovendo um fortalecimento geral das atividades. Com a ajuda de seus auxiliares, ele recolheria a energia produzida nos trabalhos ritualísticos e a distribuiria, já qualificada como cura, consolo e paz, para os que dela estivessem necessitando no entorno do Santuário.

– Dentro de pouco tempo meia dúzia de sinceros buscadores, atraídos pela Luz, baterão à sua porta e você os instruirá. Serão seus primeiros discípulos. Sugiro começar o trabalho explicando que eles são Divinas Presenças e o que é um Mestre ascensionado.

Com o bom humor característico de um ascensionado, acrescentou:

– Quanto à vida de um ascensionado, basta inverter a imagem que eles fazem de mim, por exemplo. Consideram-na muito respeitosa, mas essa imagem não passa de um mingau de fantasias.

No dia de inauguração do nosso Santuário pedi a Morya que abençoasse minha união com Carmen. Ele apenas levantou as mãos e irradiou Luz; ato contínuo, nossos cordões de prata se entrelaçaram, em meio a uma abundante e luminosa chuva de pétalas de rosas, que se desvaneciam em nossas almas, alçando-as, como uma única célula, a uma nova vibração.

Isso é apenas um exemplo do que pode ocorrer durante a bênção de um Mestre da Luz. Poderoso derramamento de energia e força, essa bênção viabilizou de fato meu relacionamento com Carmen. Ela estava fisicamente longe (na casa dos pais, onde passara a residir desde a recente separação), mas naquela hora Morya nos casava.

Aquela bênção foi nosso casamento. O resto é perfumaria.

*

Salve, minha Rainha – disse eu, submergindo em Maria Carmen – bendito seja o seu corpo, o ventre que eu tomarei farto... Seus seios são o céu que toco e acaricio, os seus pelos a morada do meu prazer... Nosso prazer...

Toda nua, toda Amor, Deus como Mulher...

*

É tempo de refletir sobre o incessante milagre da Vida, que é o Espírito Santo, que é o Terceiro Aspecto da Santíssima Trindade e, também, o Terceiro Raio, que tem como dirigentes a Mestra Rowena (Santa Bárbara, numa encarnação anterior), Arcanjos Samuel e Caridade, e Elohim Órion e Angélica.

É tempo de louvar a Grande Mãe Cósmica, que vai respirando e expandindo o Verbo Criador e, assim, gerando todas as formas e animando todas as consciências...

*

Feliz, coloquei o pé na estrada rumo a Friburgo em plena quarta-feira para comunicar de viva voz a minha família sanguínea o que se segue: que eu estava namorando; que daí a uns quinze dias no máximo traria essa namorada, a Maria Carmen, para morar comigo; que tinha a intenção de casar com ela mas, por ela ainda ser legalmente casada, só poderíamos regularizar nossa situação quando saísse o divórcio dela; que o nenê estava a caminho, por sinal uma menina, linda menina (paizão coruja e babão!), que já se chama Ana Maria.

Ana porque significa alimento divino e *Maria* por motivos óbvios.

Essa que foi minha filha na última encarnação também era discípula de Morya, muitíssimo adiantada, e me substituiria nos trabalhos ritualísticos e na instrução de discípulos quando me retirasse do cenário físico desta vida; tinha uma ligação cármica muito positiva comigo desde a Antiguidade grega e, no tempo de Joshua, quando Carmen estava encarnada como Verônica, foram amigas.

Em tudo, o Amor.

Capítulo IX
DRAGÕES DA SABEDORIA

Um por um, eles foram chegando: João Carlos, Adalberto, Mírian, Heloísa, Teresa e Henrique. Idades, profissões, interesses, formações, situação social, financeira e cultural, enfim, perfis absolutamente diferentes. Por outro lado, muito se assemelhavam entre si pois traziam a mesma chama ardendo no coração e o vislumbre de uma nova Realidade.

Rastreando a Luz, eles vieram e me requisitaram como instrutor. Eu já os aguardava. Sob a orientação de Morya, tinha planejado inclusive o trabalho que faria com o grupo; *esse trabalho,* expliquei a cada um deles desde a chegada, *não se restringirá à realização de rituais nem a simplesmente ministrar aulas teóricas. Não; a proposta tem um alcance bem maior: é prepará-los para que, num futuro breve, vocês também possam entrar em contato direto com ascensionados e se transformarem em pilotis da Obra da Luz neste planeta. Trocando em miúdos: vamos preparar o caminho para a vinda do Senhor, que é o comando pleno da Presença EU SOU. Numa segun da etapa, vocês também haverão de preparar outros discípulos porque a subida na Luz é assim:* mano a mano, *ombro a ombro, e todos juntos. Somos um único corpo e jamais poderemos nos considerar inteiramente livres enquanto houver um único irmão aprisionado em ilusão.*

Assim o Foco de Luz, instituído no meu antigo quarto de solteiro com a bênção do Mestre e sob a vigilância constante do anjo guardião designado para protegê-lo, transformou-se num *ashram* (eu e Carmen passamos a dormir no quarto que fora de Walter e Mônica, e, quando Aninha nasceu, foi instalada no antigo quarto de Ísis.)

A pedra angular de nossa vivência grupal obviamente era a conscientização da verdadeira Identidade.

– Quem eu sou? Quem somos nós? – perguntava-lhes com frequência.

E juntos repetíamos, como se fosse um mantra:

– Filhos de Deus. Presenças Divinas.

A aula continuava:

– Nunca podemos nos esquecer disso: que somos, de fato, Presenças de Deus, que têm que estar em movimento, atuando e se expressando livremente através de tudo o que fazemos. Somos Cristos. A Luz está em nós o tempo todo; é a nossa essência perfeita. A nossa vitória, a nossa imortalidade, depende única e exclusivamente da incorporação deste conhecimento, que deve ser demonstrado até as últimas consequências. A intensidade do Poder de Amor que conseguirmos alcançar é sempre diretamente proporcional ao grau de aceitação de que somos Presenças Divinas. Ignorar a Divindade Interna é, segundo Hermes Trimegistos (no livro Tábua de Esmeralda), o "vício supremo".

E por falar em Hermes Trimegistos, o Três Vezes Grande, e de ter consciência da nossa identidade, observem este símbolo:

Enquanto ajeitava na mesa a cartolina onde estava desenhado o Caduceu de Hermes, ocorreu-me uma frase de Joshua desconhecida por quase toda a humanidade. Ele dissera há quase dois mil anos: "Sede sábios como as serpentes."

Voltei-me para o grupo.

– Todos vocês pelo menos já viram este símbolo, certo? Chama-se *Caduceu de Hermes*. É o símbolo da Medicina (porque só estamos sadios quando unificados com Deus) e também do Segundo Raio, o Dourado, da Iluminação e Sabedoria, na medida em que ilustra graficamente o processo de iluminação interna que ocorre com um discípulo em êxtase espiritual. É a subida do Fogo, isto é, da energia de Vida que está alojada na extremidade inferior da nossa coluna vertebral. Na extremidade superior há uma esfera que representa o centro energético da cabeça. As duas serpentes são as polaridades positiva e negativa (o yang e o yin dos orientais; a centralização e a expansão, a agregação e a desagregação, a força centrípeta e a centrífuga) de nossa energia vital.

"Existe um princípio místico que diz que "*Quando os dois forem um e quando não houver mais masculino e feminino, virá o Reino de Deus*" . Quer dizer: quando o ser está em equilíbrio perfeito, a energia da nossa polaridade feminina (conhecida como *kundalini),* que está alojada no nosso cóccix consegue romper o seu invólucro, atravessa como um fogo a nossa coluna vertebral até encontrar-se com a energia da nossa polaridade masculina concentrada no alto da nossa cabeça. A linguagem mística descreve esse evento como sendo o casamento alquímico: a noiva (energia feminina, a *kundalini*) percorre o longo tapete vermelho do Amor (a nossa coluna vertebral) e encontra o noivo (energia masculina) no altar, que é o alto da cabeça. Os dois se fundem um no outro, e passa a existir somente uma única energia, que é completa em si mesma, pois possui as duas polaridades. Essa energia, ou seja, esse Fogo, sobe então a Deus, atravessando todos os corpos e planos. É quando, simbolicamente, a serpente ganha asas ou plumas, transformando-se no Dragão da Sabedoria, que pode ser definido como *a consciência que se eleva a Deus.* É o Cristo Interno dissolvendo-se no Grande Cristo Solar e Cósmico. É quando se pode, realmente, dizer: "*Eu e o Pai somos um.*"

O Caduceu de Hermes tem muitos significados: o bastão central representa a terra; as asas, o ar; as duas serpentes, o fogo e a água. Na união com Deus Pai-Mãe, o Filho reina sobre os elementos; todos os universos obedecem ao Verbo da autoridade constituída: o Filho de Deus.

Também existe uma outra referência implícita ao quaternário da matéria: as serpentes se cruzam quatro vezes no bastão. Porque são quatro os planos e os corpos inferiores, os pontos cardeais, as condições necessárias para a existência dos planos físico e astral (tempo, espaço, verbo e átomo).

Portanto, o Caduceu sintetiza o processo de subida do Fogo *kundalini* que ocorreu comigo durante o meu primeiro encontro físico com Carmen. Em tempo: não se metam a fazer experiências com a *kundalini,* nem sequer cogitem "desenvolvê-la", pois os resultados são sempre catastróficos, O processo de iluminação interna com a subida do Fogo espinhal é Deus agindo em nós, independentemente de nossa vontade racional; é o coroamento de uma autêntica prática de Amor e ocorre naturalmente. Lembrem-se: a Bela Adormecida só é despertada com um beijo de Amor. Somente dessa forma ela se comunica com o Príncipe. O primeiro mandamento é: Amar a Deus sobre todas as coisas. Temos que buscar, acima de tudo, o Reino dos Céus, porque o resto vem por acréscimo.

*

A princípio, a receptividade de Carmen à Luz só era completa por ocasião do Natal e da Semana Santa. Na Sexta-Feira Santa, então, ela ficava mobilizadíssima. Não se recordava do passado nem eu nunca lhe disse, porém o doce Rabi da Galileia marcara-lhe a alma de uma forma muito especial. E não era pra menos: ela foi Verônica, aquela que, durante a via-crúcis, enxugou o rosto de Joshua quando ele caiu, e depois chorou a morte do Messias. Durante todos os anos em que convivemos nesta minha última encarnação no plano físico, Carmen levantava nas manhãs dos domingos de Páscoa transbordante de alegria; dava para perceber que esse sentimento era espontâneo e vinha lá de dentro ou lá do passado.

(Ah, Carmen, como eu espero a sua chegada! Eu a espero, querida, e sou todo Amor! Com confiança e zelo acompanho de perto sua escalada, rogando aos Céus que ela seja suave. Eu a entrego nas mãos do grandioso Mestre Joshua. Ele, seu Mestre, a conduzirá até os portais da Vitória.)

Excetuando-se essas épocas, ela não demonstrava interesse nenhum pela doutrina ou práticas espirituais. Estava muito cristalizada nessa inútil lógica humana e enrolada naqueles terríveis chavões psicanalíticos. Chegou a participar duas vezes das reuniões do nosso grupo, mas nas duas vezes acabou dormindo a sono solto. De fato, nossos trabalhos serviram-lhe apenas de soporífero, excelente por sinal. Ao término das atividades, ela já saía cambaleando para o quarto e dormia até o dia seguinte. Tinha bagagem para se incorporar à turma mas não queria.

Infelizmente as pessoas só acordam com a dor. No caso de Carmen, seguiu-se a regra: ela só retomou seu crescimento espiritual quando nasceu nosso segundo filho, Lúcio, portador da Síndrome de Down (mongolismo).

Ana Maria estava então com três anos de idade. Nascera, como aliás Lúcio também, de parto normal. Quando começou a emergir do corpo de Carmen, a primeira coisa que distingui foi o halo de Luz em volta da cabeça. A auréola dos santos. A fronte coroada. E quem tivesse olhos para ver que visse.

Quando, na sala de parto, vi pela primeira vez as feições de Lúcio senti um calafrio. Foi involuntário. Também não consegui reprimir as lágrimas que escorriam e molhavam a máscara. Foi um pranto copioso e calado. Meu corpo ficou absolutamente rígido; os músculos permaneceram por incontáveis minutos congelados em súbita tensão; as lágrimas desciam. Contudo, posso dizer com sinceridade que não houve em meu choro nenhum traço de angústia, mesmo porque eu já sabia (e aceitara) o que iria acontecer, até me preparara para esse momento. Mas, por outro lado, eu pressentia nitidamente as dificuldades e a rejeição que este meu filho teria que enfrentar na vida...

Quando, afinal, ergui a cabeça, Morya estava ao lado do obstetra, invisível para os presentes; seus olhos escuros me transmitiram silenciosa mensagem. Por sob a máscara sorri para o Mestre. E depois voltei a olhar para Lúcio. *Está tudo bem,* pensei. *Seja bem-vindo, Lúcio. Para nós, pais e irmãos* (ainda teríamos um terceiro filho), *você representará um lindo aprendizado de Amor e paciência. Estamos juntos para crescer.*

Foi uma delícia acompanhar o crescimento de Ana Maria. Cada detalhe foi saboreado com prazer: as mamadas cujo horário eu controlava religiosamente, os banhos, os primeiros sons, o dentinho que já estava aparecendo, a engraçada comunicação tatibitate com Fernando, filho de Márcio. E principalmente a coroa que refulgia. Com incrível velocidade ela foi crescendo: fez um, dois, três anos. Carmen, que nunca se sentira antes lá muito atraída para a maternidade, estava embevecida. *Estou realizada* – declarou. – *Descobri um novo sentido para a vida. Só não entendo como não percebia isso antes.* Quanto a mim, estava bem consciente da responsabilidade de ter sob a minha guarda um instrumento tão precioso como era a nossa Aninha.

Ao ver o rostinho de Lúcio, Carmen teve um breve instante de inércia seguida de violenta reação. Começou a chorar e a se movimentar tanto que o obstetra teve dificuldade de suturá-la. Dilacerado, agarrei-a com força, balbuciando palavras de conforto. Presa de intensa crise nervosa, ela não ouvia absolutamente nada.

Morya inclinou-se sobre o leito e gentilmente posou-lhe a mão sobre os cabelos molhados de suor atenuando-lhe o choque e fazendo com que o choro enfim terminasse e cedesse lugar a um sono profundo. Antes, porém, que o torpor a dominasse, ainda conseguiu articular uma frase: *Meu Deus, por quê?*, pergunta essa que eu tentaria responder exaustivamente durante meses seguidos.

Começava um dos períodos mais amargos desta minha última vida. Eu vinha tentando dizer-lhe a verdade, inclusive lembrando-a de que, geneticamente, qualquer casal sadio poderia gerar filhos excepcionais. Mas Carmen fazia ouvidos moucos e dispunha de um exemplo de perfeição à sua frente: Ana Maria. Por ironia, antes do nascimento de Lúcio, ela costumava dizer: *Todos os filhos que teremos serão como Aninha: perfeitos, lindos e saudáveis.* Nas duas primeiras vezes em que ela disse isso, eu cheguei a dizer claramente que poderíamos ter filhos diferentes – por exemplo, poderíamos ter uma criança mongoloide – por que não?... Mas Carmen não ouvia porque não queria ouvir; planejei, então, contar-lhe sobre as características do filho que estávamos esperando numa ocasião mais propícia, mas o Mestre me proibiu de fazê-lo, explicando:

– Você já disse tudo, e ela se recusa a ouvir. Não convém, então, antecipar-lhe o sofrimento que só pode ser superado pela compreensão. Só prejudicaria a gravidez e o parto. E mesmo que você não tivesse dito nada, quando a criança nascesse ela se conscientizaria de que sempre soube a verdade, apenas bloqueou a informação. Ela sabe.

Não quero expor aqui os motivos que justificavam o fato de Lúcio nascer com essas alterações morfológicas nem da necessidade de a família ter que passar por isso (refiro-me ao carma familiar). Posso dizer apenas que foi o que tinha de ser. Não se podia evitar e a hora tinha chegado. Consumado estava. Por razões distintas, Lúcio também era um instrumento preciosíssimo e eu estava ciente da grande responsabilidade e da oportunidade de evolução que esse filho estava nos trazendo.

– Filho querido – murmurei, ainda segurando a mão de Carmen, que dormia – seja muito bem-vindo! Tenho absoluta convicção de que, juntos, vamos superar todos os obstáculos que teremos à nossa frente. Venceremos porque a Luz de Deus é sempre vitoriosa!

Também estiveram presentes à sala de parto três grandes Deusas do Amor e da Compaixão: Ísis, aquela que representava a maternidade divina para os antigos egípcios; Kwan-Yin, a Deusa da Misericórdia e reverenciada como Mãe Divina pelos orientais; e, claro, Mãe Maria, a Mãe do Mundo para os filhos da Terra. Ao vê-las, voltou-me à memória uma exortação feita três meses antes por Mãe Maria a um grupo de discípulos reunidos em Creta:

– Sempre que ouvirem um choro ou voz de criança, mesmo ao longe, visualizem a Perfeição para esse pequeno ser. Irradiem para ela e sua família Paz, Harmonia, Saúde.

Foi ela, Mãe Maria, quem me advertiu sobre as dificuldades que enfrentaria com Carmen. De fato, durante muito e muito tempo, aflitivamente eu me perguntava: como fazê-la compreender e aceitar? Como tirar essa revolta estúpida e inútil? Como aquietar-lhe o coração, suavizar o sofrimento, extrair o egoísmo, dissipar a ignorância espiritual? Como substituir a imensa frustração pessoal pelo Amor, só Amor, por um filho que a sociedade considera deficiente, mas que é só diferente?

*

Voltou-me à memória aquele dia distante em que eu reencontrei João Alegre e tive a visão de três Seres de Pura Luz.

Sidarta Gautama, o Buda, é o chefe máximo da Grande Fraternidade Branca neste planeta; ocupa o cargo de Senhor do Mundo, o que significa encarnar o Logos de um planeta, ou seja, pode-se dizer que ele é a consciência planetária e, por isso, o Poder Supremo que emana as diretrizes para que este mundo venha a manifestar, um dia, o Plano que lhe foi destinado dentro da Criação – o Plano que é conhecido esotericamente como o Propósito de Deus. Todas as impressões que esse Grandioso Dirigente da Dinastia da Luz me inspirava podiam ser sintetizadas numa frase: "Um domingo de sol." Mas também poderia ser: "A explosão da vida."

O seu oposto, o ser etéreo de cabelos e olhos acinzentados, alto e esguio, é o grande Rei Melquisedeck, Supremo Sacerdote do Altíssimo. Foi ele quem sagrou Abraão, o Pai dos Hebreus, na Gruta de Salém, que não pode ser identificada como a cidade física de Jerusalém mas como a Jerusalém Celeste (outro nome dado pelos homens a Shamballa, a Ilha Branca).

O terceiro Glorioso Mestre que constitui o triunvirato do Poder da Luz planetária é Maitreya, também conhecido por "Buda do Futuro" e "O Grande Iniciador". Mestre de Joshua, é ele quem vai assumir o posto de Sidarta Gautama, quando este ascensionar a um plano mais elevado.

Foram justamente esses três Magníficos Seres que, por um fugaz momento, pude visualizar, assentados à mesa da sala subterrânea, durante o primeiro encontro com João Alegre. Nove anos se passaram até que eu pudesse ter novamente a oportunidade de contemplá-los e me banhar em sua estupenda aura de Amor; reencontrei-os em reuniões ou solenidades da Fraternidade Branca realizadas em Shamballa, Luxor, no Santuário das Montanhas Rochosas (sede das atividades do Raio da Iluminação) ou no Castelo de Darjeeling, nas quais tive o privilégio de ser admitido.

Nessas ocasiões também tive a oportunidade de travar conhecimento direto com outros dirigentes da Fraternidade que ainda não conhecia. Como exemplos posso citar os casais de Arcanjos Jofiel e Constância e Michael e Astrael (esta conhecida pelos esoteristas como Fé, por manifestar plenamente esse aspecto espiritual) e os casais de Elohim Cassiopéia e Minerva e Hércules e Amazona, respectivamente do Segundo e Primeiro Raio. Quanto ao dirigente do Segundo Raio, todos devem conhecê-lo desde a antiguidade chinesa: é K'ung Fu'tze (Confúcio em português), um oriental de quase dois metros e de aspecto bonachão, com um riso fácil e frequente.

Todos seres de Pura Luz.

*

A neurologista Helena Paiva Ribeiro tirou os óculos, pousando-os sobre a mesa. Avaliou rapidamente o rosto contraído de Carmen e abriu-se num largo sorriso.

– Não há motivos de preocupação. O rapazinho está bem: não é pneumonia. – Após um breve instante de reflexão, ela prosseguiu, dirigindo-se principalmente a Carmen: – Já me ocorreu comparar as crianças portadoras da Síndrome de Down com violinos Stradivarius: são poucos exemplares, por isso valiosos, e sumamente sensíveis.

Profissional competente, respeitadíssima em sua especialidade, Helena era muito perspicaz: desde que adentráramos o consultório pela primeira vez ela percebeu logo os conflitos de Carmen; por isso, em cada consulta, além de examinar Lúcio, sempre dava uma injeção de ânimo na mãe.

– A ética profissional me impede de cobrar honorários de colegas. Porém, eu quero pagamento. O preço desta consulta é que vocês matriculem Lúcio amanhã mesmo na escolinha de natação; vocês não podem mais adiar isso! O tempo está bom, firme; não estamos nos arriscando aos efeitos de mudanças atmosféricas. Eu quero Lúcio nadando o mais brevemente possível, inclusive para curar esse resfriado renitente. – E justificou alegremente: – Afinal, ele é um peixinho. E peixe tem que estar no seu elemento natural, a água. Sem trocadilho, o nosso bebê vai dar um banho nas outras crianças.

"É tão simples a convivência com a criança mongoloide! Ela é naturalmente dócil, meiga, afetuosa; necessita apenas de carinho e compreensão. Não há retardo mental; o que existe é um outro padrão de comportamento e de ser. Por isso eu sempre recomendo aos pais que não lhe imponham os seus próprios padrões comportamentais, que são extremamente agressivos para ela, mas que respeitem os dela. Entrem no barato de seu filho!

"Cantem para ele. Sempre, muito! Usem e abusem de rimas, de música, porque eles aprendem melhor dessa forma. Contem estorinhas infantis de fundo ético para desenvolver lhe o senso de equilíbrio e fraternidade. Para vocês eu receito alegria e canto.

"Meus parabéns ao casal: Lúcio está ótimo."

*

Por fim, veio Marco, o único que me daria netos (cinco).

A vida seguiu num crescendo, em ritmo cada vez mais vertiginoso. Porque é assim que acontece nos anos que antecedem a uma ascensão: tudo se precipita para o ajuste final de contas.

Transformações a cada passo. Por vezes, dolorosas contrações anunciando o parto de Deus-Infante. Dores que, ao final, se revelavam sempre como oportunidades de ouro para o real aprendizado – meu e dos que me cercavam.

Pela natural falta de imunidade orgânica que caracteriza a Síndrome de Down, Lúcio contraiu tuberculose aos doze anos – o que, no caso dele, seria fatal; Carmen teve câncer aos quarenta. Nesse interregno, o carma de Adalberto (um dos meus primeiros discípulos) marcou a data de sua morte violenta; ele seria atingido por um tiro na fronte e outro na jugular. Nenhum dos três, porém, veio a falecer dessas circunstâncias: fazendo uso de um método de transferência cármica que é ensinado aos discípulos de determinado estágio, eu absorvi a tuberculose, o câncer e as sequelas dos tiros que não chegaram a ser disparados fisicamente. E padeci, na carne, com tantas mazelas.

Mas até aí nenhuma novidade: todos os que vão ascensionar optam por (ou se oferecem para) acelerar, de uma forma ou de outra, o processo evolutivo da humanidade e, especificamente, dos que lhes são afins carmicamente.

Transformações. Mortes. Separações. Nascimentos. Viagens. Estudo. Provas e mais provas, sempre.

Até que chega o momento da solidão. Da última solidão. Da divina solidão.

Em algum lugar deste mundo, eu me encontrei sozinho, no deserto, preparando-me para erguer o último véu de Ísis.

Capítulo X
EIS O SANTO GRAAL

Como teriam sido os últimos anos de Daniel no plano físico?

Como e quando teria ocorrido a ascensão de Daniel Filgueira de Carvalho que, segundo as palavras da autora na Introdução deste livro, não passa do voo de sua imaginação, seu conhecimento intelectual, a experiência que ela gostaria de ter?

*

Darjeeling, Índia.

Meu posto de observação é o topo de certa montanha do Himalaya, eternamente coberta pelo manto de neve. De onde estou, vejo, lá embaixo, os fundos do imponente castelo medieval cujas torres emitem um brilho prateado na paisagem. *Minha casa!,* penso com alegria sempre renovada. Conquanto temporariamente baseado em Luxor (onde presto serviços assistindo os aspirantes à ascensão), esta é, verdadeiramente, a minha casa.

Perde-se nas brumas do tempo a primeira vez em que a visitei. Foi em sonhos. Eu me vi diante do castelo, sabendo que ali morava alguém que me era muito caro. Bati à porta, chamei, ninguém atendeu. Aí entrei. Ao som dos majestosos acordes de *Pomp and Circunstance,* de Elgar, (re)encontrei-o. Sim, faz muito tempo!

O vento faz tremular a túnica de seda que estou usando; o manto diáfano faz igualmente suas evoluções. Mas não sinto frio. Nem calor, tampouco. Para mim, a temperatura é amena, pois não sou influenciado por ela. Para mim, tudo é muito aconchegante.

Abaixo da esfera em que me encontro, observo o plano físico. Lá está ela, a Darjeeling física, oprimida pelo peso de sua iniquidade;

a penúria e a ignorância são um agravo à Lei de Abundância do Universo; a fealdade é o castigo justo. Porém, a compaixão de uma mulher é grande o suficiente para acolher muitos aflitos: ela acabou de nascer em um distante país da Cortina de Ferro e se chama Agnes, mas será conhecida pelo nome de Teresa. Um belo dia ela virá a esta cidade para desenvolver a Obra para a qual voluntariamente se ofereceu antes de nascer. Como em poucas ocasiões, os homens perceberão sua Luz e lhe outorgarão, no ano de 1979, o Nobel da Paz. Porque ela merece; ela é muito mais importante do que o seu simples hábito religioso deixaria entrever; e ela virá aqui e estará amparada pelo Amor do Glorioso Mahatma da Vontade de Deus – seu Mestre e Senhor.

*

Não há, aqui, um relato preciso do que aconteceu nos últimos anos da vida física de Daniel, que o teriam conduzido à ascensão; há apenas referência a alguns fatos esparsos, tais como resgates cármicos em favor de outrem (o que é uma rotina, tratando-se de alguém que está a um passo da libertação e, portanto, está pleno de Amor e Compaixão); o nascimento de um terceiro filho, que lhe daria netos; viagens, estudos, provas. Essa imprecisão foi proposital: cada leitor pode preencher esse espaço vazio da forma que quiser, de acordo com sua criatividade e imaginação.

Os planos físico e astral são cenários da mutabilidade: as marés vão e vêm, ao dia se segue a noite, as estações se sucedem, a natureza se transforma, fauna e flora aparecem e desaparecem ciclicamente.

O Sonho de Deus (a Grande Brincadeira Cósmica) se processa nos universos imutáveis e também nos universos mutáveis. Todos os ascensionados (mesmo os atuais Arcanjos e Elohim, que não se encarnam e que dispuseram, para vivenciar o plano físico, apenas do aparato etérico, e mesmo Aqueles cuja magnitude a imaginação humana sequer pode vislumbrar), todos eles já passaram pelo plano físico sem que isso significasse uma Queda, ou seja, uma infração às Leis Universais.

Repito: *a descida à matéria não significa queda ou involução*. A descida à matéria significa, sim, a oportunidade de se vivenciar as leis que regem cada plano da Criação para poder governá-los. Originariamente o fluxo das formas mutantes ocorria dentro dos moldes da Perfeição porque não havia a interferência de agentes desarmônicos. A Mente Divina em Operação é indescritível, fabulosa, inesgotável. Sim, pode existir plenitude dentro da mutabilidade – e viu Deus que era bom. Querem um outro nome para a Grande Mãe Cósmica, o Espírito Santo? Pois aí o têm: Eros. (E Thanatos não existia.)

Vejam, com os olhos da imaginação, Darjeeling da oitava esfera. No momento em que escrevo o último capítulo de *A Gruta do Sol*, é noite em Darjeeling. É inverno em Darjeeling. E depois da noite e do inverno, virão o dia e a primavera. Mas isso não me impediria de, em plena entressafra, comer os frutos que só amadurecem no verão, se assim eu o determinasse. O frio não me abate, o calor também não. A noite das oitavas esferas não é tão escura quanto a noite do plano físico; mas se eu quisesse poderia tornar o sítio em que me encontro tão claro como se estivesse iluminado pelo sol do meio-dia. Percebem? O nefasto não é a mutabilidade do cenário em que nos encontramos mas a identificação com ela; o nefasto é acreditar que somos sujeitos ao mutável. Se, centrados no EU SOU (que é a essência imutável, imaterial e a Suprema Autoridade, decidirmos mudar o palco, ele é modificado agora, neste instante.

Assim, posso criar agora, para meu deleite, no cimo desta montanha gelada, um palácio ou uma tépida piscina ou uma árvore frondosa. Porque, à semelhança de Deus, EU SOU um Sonhador, a quem compete sonhar e criar dentro do Grande Plano evolutivo. Através de todos os sonhos que eu inventar, hei de contribuir para a grandeza deste cenário e para a elevação de todos os que nele habitam. Não há limites que me contenham: as possibilidades são infinitas. E cada filho pródigo, no momento em que decidir, pode voltar à Casa do Pai; é a suprema realização.

Vejam Vênus. É um corpo que faz parte do universo físico e que não tem mais vida física; todos os Filhos de Deus destinados a habitar esse orbe, após se adestrarem no uso da Lei e vivenciarem as delícias do Grande Sonho no físico, já se elevaram a um outro patamar de consciência e de vida. Sem jamais terem sofrido a Queda...

... que aqui houve. Sim, com a infração à Lei, criou-se na Terra uma cadeia desarmônica de causas e efeitos – a roda cármica, feita de ilusões, que os orientais chamam de *roda de sansara*; nessa roda, as leis são as seguintes: "com ferro feres, com ferro serás ferido"; "olho por olho, dente por dente"; "com dor terás filhos"; e "no suor do teu rosto comerás o teu pão". Leis cármicas, materiais, que podem e devem ser transcendidas. Repito: assim como nos embrenhamos na jângal de *mâyâ*, a grande ilusão, podemos voltar pelo mesmo caminho e refazer o percurso. A bússola do Plano Infalível norteará nossos passos.

Podemos refazer a história. Todos podem. Sonhando, a partir deste Eterno Agora, sonhos perfeitos.

Escrevam o último período da vida de Daniel conscientizando-se do poder que têm para reescrever a sua própria história. Aqui e agora.

Já! Não há tempo a perder! A situação é grave. Olhem para o Oriente; os acontecimentos se precipitam. O núcleo, o coração de uma energia sinistra já está formado; se não for transmutado agora, evoluirá para uma terceira guerra mundial. Lembrem-se: um ser em Paz pacifica cem mil pessoas. A proporção é de uma para cem mil!

Reescrevam a sua vida e a história deste planeta, por enquanto ainda tão trevoso, mas predestinado a ser um planeta sagrado. Reescrevam-se, queridos meus! Quando assim o fizerem, perceberão que contam com a inestimável ajuda dos já libertos.

*

Certo dia, num pequeno apartamento localizado no bairro de Botafogo, Rio de Janeiro, ela sentou-se na postura de lótus. Reverenciou primeiramente as estampas de Sri Krishna e de Mestres ascensionados dispostas na parede, cerrou os olhos, aquietou o ritmo respiratório e iluminou os corpos, um a um, conectando-se com o EU SOU. Adorou o Espírito da Vida e Nele viajou até o coração do Grande Centro. Dessa forma, começou a se elevar até Deus o Amor de uma criatura, ainda um pouco inconsistente, imaturo, mas Amor sincero.

À medida que ascendia pelo cordão de prata (o canal energético que liga a personalidade ao corpo de Luz), o Fogo da Adoração limpava o conduto central há tanto congestionado. Simultaneamente, pequenos filamentos luminosos, apenas perceptíveis a uma visão perfeita, foram se precipitando do núcleo de cada átomo, em direção à periferia. Lampejos multicoloridos acumularam-se ao redor dos centros energéticos do corpo, extravasaram-se para os meridianos e atingiram a carne física, que é a cidadela mais densa. Fazia-se a Luz. Daqui eu acompanhava o sempre maravilhoso espetáculo crístico.

No silêncio, a voz dela ressoou decretando que empregaria suas faculdades e talentos próprios de um ser de Primeiro Raio para escrever um livro, e este seria mais um instrumento da Luz na Terra. Ora, "tudo quanto pedirdes em Meu Nome, Eu o farei para que o Pai seja glorificado no Filho" e "Batei e abrir-se-vos-á". Foi aí que me apresentei.

Cada obra que se assina no plano material, seja de que tipo for, conta com muitas outras assinaturas ocultas. E a autora percebeu isso muito bem. De fato, ninguém é uma ilha, ninguém está só. Cada gota de energia emitida em pensamento, sentimento ou ato repercute em toda a extensão e profundidade de um oceano vibratório e recebe dele a força e o alimento para que se repita na mesma tônica e indefinidamente. Ninguém sonha sozinho porque um universo de indivíduos está, neste mesmo instante, compartilhando desse sonho. Ninguém deseja nada por si só; multidões é que desejam nele. Em tudo, existe afinidade vibratória – seja para a ascensão ou para a queda. Ou seja: ninguém sobe sozinho nem desce sozinho.

Mariza Varela, a autora no plano físico, subiu em sua aspiração e encontrou a receptividade de ascensionados. Eu, especialmente, me dispus a inspirá-la, acompanhá-la e garantir o trabalho. Hoje, aqui da oitava esfera, também estou assinando *A Gruta do Sol*.

Do ponto de vista de um Mestre Ascensionado, este livro contém algumas falhas; em certos episódios (muito poucos, felizmente), evidencia-se a falta desse Amor – AMOR! – que caracteriza um ser que está a um passo da Liberdade final. Exemplo: um homem ascensionado sabe amar sua mulher com absoluta plenitude. Em minha última vida física, eu já possuía a visão límpida do Amor; no rosto do meu Raio Gêmeo seria impossível deixar de discernir, por um único instante sequer, o semblante de Deus-Mãe; eu a chamava de Deusa, de minha Rainha, de Mulher Divina. Ao invés de pedir ao Mestre Morya uma clava pré-histórica para conduzi-la a uma caverna, eu pleiteei, sim, uma Coroa de Luz para que você pudesse se elevar e se reunir a mim, no palácio que um dia habitaremos juntos. Desde minhas últimas vidas até hoje tem sido assim, Mariza. (A propósito, sugiro que seja feita uma introspecção no sentido de se detectar um dissimulado sentimento de culpa e desejo de autopunição, para que esses elementos possam ser definitivamente abolidos.)

Se a princípio você não teve consciência de minha Presença ao seu lado, no decorrer do trabalho aguçou a percepção de modo notável. Eu a parabenizo porque, neste livro, há trechos inteiros que foram ditados por mim e transcritos por você na íntegra – palavra por palavra e vírgula por vírgula. Da mesma forma, também conseguiu reproduzir fielmente o teor de minhas reflexões no alto da montanha do Castelo de Morya quando, recentemente, você se transportou a Darjeeling e assistiu, nos registros etéricos, à cena que na verdade ocorreu antes de você nascer nesta vida.

Eu a parabenizo igualmente por ter desejado que Maria Carmen (outro personagem que lhe serviu de *alter ego*) não tardasse em peregrinações terrenas e logo se apressasse a encontrar o Noivo. A compreensão do que é uma espera desse tipo foi uma conquista sua; eu não influenciei, a não ser por estar a seu lado. Já recebo o seu Amor e o elevo à potência máxima que você pode suportar neste momento.

Você me pergunta por que eu, ascensionado, estou assinando com você, nos níveis internos, *A Gruta do Sol* quando existem falhas, como apontei, aqui e acolá. Eu respondo: porque Daniel é seu *alter ego* (na medida em que encarna tudo o que você viu, ouviu, aprendeu e vivenciou até o momento), mas sou eu também. Porque a história dele é a síntese da minha e da sua história e nesse encontro refizemos nossa aliança. Porque esse personagem foi um veículo criado para a transmissão de elevados conhecimentos e representará a Porta para uma Nova Senda, um Novo Tempo, um Novo Nascimento de muitos Filhos de Deus. Porque sempre que alguém decide retornar à Casa recebe a companhia dos que Nela já estão morando. Porque este é o primeiro de uma série infindável de trabalhos de Luz que faremos juntos (e não só no âmbito da Literatura). Porque Deus que É em mim viu que é bom estarmos juntos e nos abençoou.

*

Agora retomo a comunicação com o público leitor.

Convido a todos vocês a entrarem comigo no Palácio onde arde o Fogo da Vontade de Deus.

Reverenciem, neste momento, o brasão triangular, de pontas abauladas, que está afixado à porta de entrada do Castelo; ele mostra a figura da Taça Sagrada e, acima dela, uma mão segurando a Espada.

Mentalmente prostrem-se diante dos Sagrados Símbolos do Primeiro Raio, roçando a fronte no chão, anulando o eu inferior, em irrestrita e absoluta entrega à Vontade de Deus. Que se faça em mim, ó Pai, a Tua Vontade, e não a minha! Da crucificação simbólica e voluntária a que agora se submetem, nesse gesto ritualístico com que todo discípulo se rende ao seu Deus Interior (e é nesse ponto que realmente se inicia o retorno à Casa Paterna), saúdem em Presença os Grandiosos Senhores do Primeiro Raio. Roguem a eles que lhes seja permitido ingressar em local tão sagrado.

Em nossos corpos ainda crucificados no solo indiano, sentimos o pulsar de um Novo Alento, desde a cabeça até os pés. É o Fogo da Vontade-Poder de Deus, que já começa a circular nas células e na corrente sanguínea. Ele irrompe como uma carícia – é Bálsamo, é Cura, é o Poder do Amor, é Força, Proteção e Fé, é Luz e Vida.

Erguemo-nos do chão. Olhem-se agora: estamos todos vestidos de luminosas túnicas e ricos mantos cravejados de pedras preciosas; as sandálias são de ouro. Assim é a Lei de Deus: Abundância. Somos em Paz.

A porta do Castelo abre-se amplamente, podemos entrar. Vamos permanecer no primeiro pavimento, porque eu quero que conheçam a Sala do Trono. Seguindo por este corredor da direita. Ultrapassando a antessala, e a entrada para a Torre Direita (segundo pavimento), onde estão localizadas as salas do Arcanjo Michael e do Elohim Hércules, também diretores do Primeiro Raio.

É aqui. Sentiram, já do corredor? Estes raios de coloração rubi, provenientes da Sala do Trono, demonstram que a Vontade de Deus é Amor.

Entrem. E contemplem, com reverência, o Trono do Amado Mestre Morya – poderosíssimo foco de irradiação do Primeiro Aspecto da Luz para este planeta! Saboreiem essa explosão de Amor que se apossa de seus corpos...

Abaixo do Trono e de todo o assoalho do aposento vocês já estão conseguindo ver, a olho nu, um Graal de Ouro gigantesco, que gira ininterruptamente em torno do próprio eixo como um sol e cuja base repousa nas fundações do Castelo, fundações essas que são diretamente ligadas ao Grande Centro Crístico planetário – Shamballa.

Este é o Graal Ardente de Darjeeling. No interior de sua copa flameja o Fogo Dourado da Iluminação, que revela ao Filho a Verdade do Plano Imaculado. A haste é preenchida pelo Fogo do Amor, o Caminho que leva ao Pai. Na base da Taça arde o Fogo da Vontade de Deus, essência da Vida no Palácio de Darjeeling.

A Taça contém o Caminho, a Verdade e a Vida. Contemplem-Na com adoração, permitindo que sua visão se aclare e a Vontade de Deus resplandeça em suas frontes.

Agora sentem-se, por favor, nas cadeiras dispostas à frente do Trono e ouçam-me com atenção.

Sei que muitos de vocês chegaram aqui exaustos por tão longa jornada. Mas eu os recebo a todos de braços abertos, cheios de Consolo e de Amor. Minha Presença é refrigério e suprimento para todos os que clamam no deserto. Eu lhes darei de comer e beber e nunca mais poderão sentir fome ou sede. Respirem, suavemente, a Luz de suas Presenças e depositem aos meus pés – que são os pés de seu próprio Deus Interno – todos os fardos. Desvencilhem-se deles e eu os conduzirei ao Pai.

Meu nome é o mesmo que usei há muitos séculos atrás quando trabalhava, ao lado do hoje ascensionado Mestre Serapis Bey, como médico-sacerdote (chamado *kalu*) de Arcádia, a antiga Escola de Mistérios de Ur, na Caldéia. Eu me chamo APEK.

E lhes prometo, solenemente, que me dedicarei com afinco ao sublime mister de restaurar-lhes a pureza prístina e extrair de seus corpos o Fogo com que ressuscitarão a carne, pois IGNI NATURA RENOVATUR INTEGRA (o Fogo renova a Natureza integralmente). E como diz meu Mestre, o Glorioso e Divino Mahatma El Morya Khan, "a Vitória é inevitável".

Sim, eis o Santo Graal: você(s)!